治国理政现代化

主　编／肖冬松
副主编／郭凤海　李海涛

人民出版社

目 录

导　论

　　治国理政是党带领人民治理国家、处理各项事务的总称，包括治国治党治军等各个领域，涉及内政外交国防、改革发展稳定等各个方面。治国理政现代化，既是全面建成小康社会、建设和建成社会主义现代化国家的基本途径，也是其基本内容。随着改革开放和中国特色社会主义事业的深入发展，推进治国理政现代化，越来越成为实现"两个一百年"目标和中华民族伟大复兴需要探索回答的重大课题。党的十八大以来，我们党围绕协调推进"四个全面"战略布局，从经济、政治、文化、社会、生态文明建设以及党的建设、国防和军队建设等各个领域，从理念、制度体系、制度执行能力、治理方式等各个方面，着力推进治国理政现代化，取得突出实践成果，同时形成了党的治国理政思想，开创了马克思主义中国化的新境界和中国特色社会主义事业发展的新阶段。

一、如何推进治国理政现代化，越来越成为全面建成小康社会、建设和建成社会主义现代化国家、实现中华民族伟大复兴需要回答的一个重大课题

近代中国，在帝国主义侵略和西方工业文明冲击下，中华民族面临"三千年未有之变局"和"亡国亡种亡文"的全面危机，实现中华民族伟大复兴成为最响亮的时代口号、最崇高的历史使命和最伟大的世纪梦想。实现中华民族伟大复兴的过程，是不断探索、回答和解决重大课题的过程。在这些重大课题中，首要的根本的是道路选择问题。为了探索回答实现中华民族伟大复兴的科学道路，中国人先后举起天国大同、制器自强、变法维新、"三民主义"等旗帜，先后进行了太平天国运动、洋务运动、戊戌变法、辛亥革命等社会变革，先后探索尝试了王朝封建主义、改良封建主义、君主立宪资本主义、民主共和资本主义等发展道路，虽然没能从根本上改变中国社会的命运，但其进取精神和实践成果为后续探索奠定了重要基础。中华民族在"诸路皆走不通"的情况下选择马克思主义和"俄国道路"，是历史的必然、人民的意愿、科学的选择。我们党把马克思主义与中国实际和时代特征相结合，不断推进马克思主义中国化，成功开创出了实现中华民族伟大复兴的科学道路：一条是新民主主义革命道路，这是建国立国之路；一条是中国特色社会主义道路，这是富国强国之路。

中国特色社会主义道路，是通向民族复兴的光明之路，也是前无

古人的探索之路，面临一系列新情况新机遇，需要回答一系列新挑战新课题。改革开放以来，我们党坚持问题导向，深刻回答了"什么是社会主义、怎样建设社会主义""建设什么样的党、怎样建设党""实现什么样的发展、怎样发展"等重大课题，创立了邓小平理论、"三个代表"重要思想、科学发展观等重大理论成果，不断把马克思主义中国化和中国特色社会主义事业推向前进。

当前，我国发展进入"两个一百年"的目标任务接续升级、叠加推进的特殊时期。与改革开放以来直面"第一个百年"的目标任务，聚力破解阻碍全面建设和建成小康社会的矛盾问题不同。党的十八大以来，我们既要完成全面建成小康社会的任务，又要在更高起点上开启全面建设社会主义现代化国家、实现中华民族伟大复兴的步伐。这一时期，我们直面的是"双重任务"特别是"全面建设和建成社会主义现代化国家"的目标任务，"现代化"问题越来越成为一个重大时代课题摆在我们面前。

要看到，经过改革开放近40年的发展和积累，我国综合国力、人民生活水平、国际影响力都跃上一个大台阶，为全面建成小康社会、建设和建成社会主义现代化国家、实现中华民族伟大复兴奠定了物质和思想基础。同时要看到，在前进道路上也面临一系列突出矛盾和问题。比如，发展中不平衡、不协调、不可持续问题依然突出，科技创新能力不强，产业结构不合理，发展方式依然粗放；法治观念法治思维不强，有法不依、执法不严、违法不究现象比较严重，执法不规范、不严格、不透明、不文明现象较为突出；哲学社会科学发展战略还不十分明确，文化管理体制和文化生产经营机制还不完善，现代文化市场体系还不成熟，现代公共文化服务质量不高，现代文化素质亟待提高；居民收入分配差距依然较大，教育、就业、社会保障、医疗、住房等矛盾问题明显增多，社会领域制度创新力度不够，社会治理体制还不完善；保护环境意识还不够强，环境治理效果有待提高，环境污染严重、生态系统退化的问题十分严峻，人民群众对清新空气、干净饮水、安全食品、优美环境的要求越来越强烈；形式主义、官僚主义、享乐主义和奢靡之风问题还没有彻底解决，一些领域消极腐败现象易发多发，反腐败斗争形势依然严峻，现代化执政能力有待增强，等等。

从特点看，这些矛盾问题是全局性、深层次、体系化的矛盾问题。所谓全局性，是指这些矛盾问题不是单一的或局部的，而是表现在中国特色社会主义建设和社会生活各领域、各方面；所谓深层次，是指这些矛盾问题不是表层的，而是我国改革进入深水区攻坚期所面临的矛盾问题，是"难啃的硬骨头"。所谓体系化，是指这些矛盾问题不是孤立的，而是相互交织、相互牵扯，具有很强的关联度，是"问题风险综合体"。从作用看，这些矛盾问题严重制约全面建成小康社会和社会主义现代化建设进程。从实质看，这些矛盾问题多种多样，归根结底是"治国理政现代化程度不高与建成社会主义现代化国家的目标要求之间的矛盾"。什么是治国理政现代化、如何推进治国理政现代化，是这一时期必须着力探索回答的重大课题。

二、围绕协调推进"四个全面"战略布局，破解重大矛盾问题，增强治国理政现代化能力水平，是党的十八大以来推进事业发展的着力基点和突出亮点

党的十八大以来，我们党提出要协调推进"四个全面"战略布局，并强调这是当前党和国家事业发展中必须解决好的主要矛盾。围绕协调推进"四个全面"战略布局，破解重大矛盾问题，提出了一系列原则、思路和举措，其中贯穿的一条红线是，增强治国理政现代化能力水平。

党的十八届三中全会专题研究了全面深化改革若干重大问题并作出《决定》，把完善和发展中国特色社会主义制度，推进国家治理体系和治理能力现代化，确立为全面深化改革的总目标。国家治理体系是在党领导下管理国家的制度体系，包括经济、政治、文化各领域体制机制、法律法规安排，也就是一整套紧密相连、相互协调的国家制度；国家治理能力则是运用国家制度管理社会各方面事务的能力。国家治理体系和治理能力是一个国家制度和制度执行能力的集中体现。习近平强调指出："推进国家治理体系和治理能力现代化，就是要适应时代变化，既改革不适应实践发展要求的体制机制、法律法规，又不断构建新的体制机制、法律法规，使各方面制度更加科学、更加完善，实现党、国家、社会各项事务治理制度化、规范化、程序化。"①

---

① 《十八大以来重要文献选编》（上），中央文献出版社 2014 年版，第 549 页。

就是要"更加注重治理能力建设，增强按制度办事、依法办事意识，善于运用制度和法律治理国家，把各方面制度优势转化为管理国家的效能，提高党科学执政、民主执政、依法执政水平"①。

推进治国理政现代化，最紧要的是推进治国理政的制度体系和制度执行能力的现代化。党的十八届三中全会把完善和发展中国特色社会主义制度，推进国家治理体系和治理能力现代化作为全面深化改革的总目标，抓住了推进治国理政现代化的"命门"，充分体现了治国理政现代化的本质要求，是推进治国理政现代化的根本之举。这次全会还提出了改革路线图，涉及15个领域、330项较大的改革举措，全方位深层次破解矛盾问题，这是对治国理政现代化的有力推动。

党的十八届四中全会专题研究了全面推进依法治国若干重大问题并作出《决定》。法治是治国理政的基本方式，依法治国是党带领人民治理国家的基本方略。推进治国理政现代化，必须推进法治现代化，这是重点领域，也是关键环节。立法不科学、执法不严格、司法不公正，与治国理政现代化格格不入，与建设社会主义现代化国家背道而驰。这次全会全面深入地研究了这些问题，把建设中国特色社会主义法治体系，建设社会主义法治国家，确立为全面依法治国的总目标，并作出全面部署，提出的重大举措就有180多项，涵盖了依法治国各个方面。这抓住了治国理政现代化的重点领域和关键环节，对于推进治国理政现代化具有重大战略意义。

党的十八届五中全会专题研究了全面建成小康社会若干重大问

---

① 《十八大以来重要文献选编》（上），中央文献出版社2014年版，第549页。

题，围绕国民经济和社会发展第十三个五年规划作出《建议》和部署，提出了用创新、协调、绿色、开放、共享的发展理念引领发展的重大思想。发展理念是战略性、纲领性、引领性的东西，是发展思路、发展方向、发展着力点的集中表现。推进治国理政现代化，首先需要发展理念的现代化。这次全会之所以深入研究并提出新的发展理念，就是要从根本处着力，破除全面建成小康社会的理念障碍；就是要适应现代化的发展要求，确立与之相协调的新的发展理念，为推进治国理政现代化、建设社会主义现代化国家提供先进的思想引领。

党的十八届六中全会专题研究了全面从严治党若干重大问题，通过了《关于新形势下党内政治生活的若干准则》《中国共产党党内监督条例》并作出重大部署。我们党是治国理政的核心领导力量，推进治国理政现代化，一个根本要求是管党治党现代化。这次全会着力围绕理论、思想、制度构建体系，围绕权力、责任、担当设计制度，推动解决党内政治生活和党内监督存在的突出矛盾和问题；着力把党章关于党内政治生活和党内监督的要求具体化，把改革开放以来特别是近年来党中央出台的相关文件规定和要求系统化，推动党内政治生活和党内监督制度化、规范化、程序化，把尊崇党章、贯彻党章、维护党章落到实处；要求加强党内政治文化建设，以党内政治文化建设强党兴党，实现思想建党、制度治党、文化强党相辅相成、相得益彰。这些都充分体现了推进治国理政现代化的根本要求，是从党的建设领域推进治国理政现代化的有力举措。

三、党的治国理政思想是在探索回答如何推进治国理政现代化过程中形成的重大理论成果，是由一系列观点组成的科学思想体系

党的十八大以来，我们党立足治国理政现代化的实践探索，着力进行经验总结、理论概括和思想创新，创立了党的治国理政思想，其基本观点主要有：

一是关于"建成社会主义现代化国家的中国梦"的思想。推进治国理政现代化，根本的是为了在全面建成小康社会基础上，全面建设和建成社会主义现代化国家，实现中华民族伟大复兴的中国梦。围绕中国梦，我们党提出了中国梦是中华民族近代以来最伟大的梦想，实现中国梦就是要实现国家富强、民族振兴、人民幸福，中国梦必须紧紧依靠人民来实现、必须不断为人民造福，实现中国梦必须走中国道路、弘扬中国精神、凝聚中国力量，只有通过实干才能实现中国梦等一系列基本观点。

二是关于"实现社会主义现代化的必由之路"的思想。推进治国理政现代化，建设和建成社会主义现代化国家，实现中国梦，必须走适应中国国情的发展道路，这就是坚持和发展中国特色社会主义。围绕这一思想，我们党提出了中国特色社会主义是科学社会主义理论逻辑和中国社会发展历史逻辑的辩证统一，是历史的选择、人民的选择、科学的选择，是党和人民长期实践取得的根本成就，是由道路、理论体系、制度构成的有机整体，是当代中国发展进步的根本方向和

实现中国梦的必由之路，是一项长期的艰巨的历史任务，要继续把中国特色社会主义这篇大文章写下去等一系列基本观点。

三是关于"建设社会主义现代化国家的'两大布局'"的思想。推进治国理政现代化，建设社会主义现代化国家，既要坚持全面发展、整体布局，又要抓住主要矛盾、重点布局。党的十八大以来，我们党提出了"五位一体"总布局和"四个全面"战略布局的重大思想，围绕统筹推进经济、政治、文化、社会、生态文明五位一体建设和协调推进全面建成小康社会、全面深化改革、全面依法治国、全面从严治党，提出了促进现代化建设各方面相协调、促进生产关系与生产力以及上层建筑与经济基础相协调，全面建成小康社会是实现中国梦的关键一步，完善和发展中国特色社会主义制度、推进国家治理体系和治理能力现代化，建设中国特色社会主义法治体系、建设社会主义法治国家，坚持思想建党和制度治党紧密结合，加强党内政治文化建设等一系列基本观点。

四是关于"用新发展理念引领现代化"的思想。理念是行动的先导，一定的发展实践都是由一定的发展理念来引领的。发展理念是否对头，从根本上决定着发展成效乃至成败。推进治国理政现代化，要用新的发展理念指导建设，引领发展。围绕这个问题，我们党提出了坚持创新、协调、绿色、开放、共享的发展理念，坚持以人民为中心的发展思想；提出了把创新作为引领发展的第一动力，不断增强发展整体性，推进美丽中国建设，发展更高层次的开放型经济，使全体人民在共建共享发展中有更多获得感，提高全面系统贯彻五大发展理念的能力和水平等一系列基本观点。

五是关于"推进国家治理体系和治理能力现代化"的思想。推进治国理政现代化，根本的是推进治国理政制度体系和制度执行能力的现代化。党的十八大以来，我们党坚持以经济体制改革为重点，协调推进各领域体制改革，着力推动形成系统完备、科学规范、运行有效的制度体系，提出了紧紧围绕使市场在资源配置中起决定性作用深化经济体制改革，紧紧围绕坚持党的领导、人民当家作主、依法治国有机统一深化政治体制改革，紧紧围绕建设社会主义核心价值体系、社会主义文化强国深化文化体制改革，紧紧围绕更好保障和改善民生、促进社会公平正义深化社会体制改革，紧紧围绕建设美丽中国深化生态文明体制改革，紧紧围绕提高科学执政、民主执政、依法执政水平深化党的建设制度改革，完善党的领导体制和执政方式等一系列基本观点。

六是关于"推进法治现代化"的思想。法治是治国理政的基本方式。推进治国理政现代化，一个根本要求是推进法治现代化。党的十八大以来，我们党坚持中国特色社会主义法治道路，建设中国特色社会主义法治体系，提出了依法治国是实现国家治理体系和治理能力现代化的必然要求，坚持依法治国、依法执政、依法行政共同推进，坚持法治国家、法治政府、法治社会一体建设，实现科学立法、严格执法、公正司法、全民守法，完善以宪法为核心的中国特色社会主义法律体系、加强宪法实施，深入推进依法行政、加快建设法治政府，保证公正司法、提高司法公信力，增强全民法治观念、推进法治社会建设等一系列基本观点。

七是关于"推进国防和军队现代化"的思想。推进国防和军队现代化，既是推进治国理政现代化、建设社会主义现代化国家的重要内容，又是安全保证。党的十八大以来，我们党大力加强国防和军队现代化建设，提出了实现强军目标、建设世界一流军队，推动军事战略方针要求进入军队建设、改革和军事斗争准备工作实践，深入贯彻"五个更加注重"的战略指导，加强政治建军、从思想上政治上建设和掌握部队，牢固树立战斗力这个唯一的根本的标准，全面实施改革强军战略，深入推进依法治军从严治军、强化法治信仰和法治思维，大力推动科技兴军，深入实施军民融合发展战略，全面加强军队党的建设、为实现强军目标提供可靠保证等一系列基本观点。

八是关于"推进全球治理现代化"的思想。治国理政既包括国内治理，也包括参与全球治理。推进全球治理现代化，与推进国内治理现代化相辅相成、辩证统一，从空间维度展现了治国理政现代化的丰富内涵。在各国相互联系日益紧密、相互依存空前加深的当代社会，我们党高度重视、积极探索回答这个问题，提出了人类只有一个地球，各国共处一个世界，牢固树立命运共同体意识，推动建立以合作共赢为核心的新型国际关系，坚持走和平发展道路，坚持互利共赢的开放战略，积极推进"一带一路"建设，建立新型大国关系和周边关系，推动与各方关系全面发展，积极推动不同文明相互尊重、和谐共处，携手解决人类共同面临的各种挑战等一系列基本观点。

九是关于"推动管党治党科学化"的思想。我们党是治国理政的核心领导力量，推进治国理政现代化，必然要求同步提升新形势下管党治党的科学化水平。党的十八大以来，我们党着力解决党的建设领域存在的突出矛盾问题，取得丰硕实践成果，提出了办好中国的事情，关键在党，关键在党要管党、从严治党，增强管党治党意识，落实管党治党责任，严肃党内政治生活，加强党内监督，用铁的纪律维护党的团结统一，持续深入改进作风，坚持以零容忍态度惩治腐败，始终保持党同人民群众的血肉联系，确保党始终成为中国特色社会主义事业的坚强领导核心等一系列基本观点。

十是关于"增强解决治国理政矛盾问题的本领"的思想。推进治国理政现代化，必须不断增强解决各种矛盾问题的本领。在我国发展起来后不断出现的新情况新问题面前，增强本领是关乎事业发展的大事，破解"本领恐慌"是重大的时代课题。党的十八大以来，我们党不断加强本领建设，着力提高能力水平，提出了认识和解决好各种问题的唯一途径就是增强我们自己的本领，本领只有通过学习和实践才能获得，要有本领不够的危机感、加强学习和实践的紧迫感，认真学习马克思主义理论是我们做好一切工作的看家本领，坚持学习、学习、再学习，坚持实践、实践、再实践，依靠学习走向未来等一系列基本观点。

这十个方面有机统一、相互贯通，构成一个科学完整的思想体系。在这个思想体系中，建成社会主义现代化国家的中国梦是宏伟目标，居于引领地位。其他方面都围绕这个宏伟目标展开，系统回答了推进治国理政现代化、全面建成小康社会、建设和建成社会主义现代化国家的种种问题。这个思想体系，把我们党对共产党执政规律、社会主义建设规律、人类社会发展规律的认识提升到了一个新的高度，是马克思主义中国化的最新成果，具有重大的理论意义；是全面建成小康社会、建设社会主义现代化国家、实现中华民族伟大复兴中国梦的思想指导和行动指南，具有重大的实践意义。

四、党的治国理政思想继承和发展了马克思主义思维方式，学习贯彻党的治国理政思想，根本的是用这一思维方式分析和破解矛盾问题、规划和引领事业发展

我们可以从多个角度来认识把握马克思主义精髓要义。从知识论看，马克思主义是科学的世界观体系；从方法论看，马克思主义是科学的思维方法体系，是由一系列根本思维方法如人本思维、实践思维、批判思维、历史思维、全球思维等构成的有机整体，是一种科学的思维方式。这一思维方式集中展现了马克思主义的思维品格和思想高度，是马克思主义最深层、最稳定、最本质、最重要的内容。党的治国理政思想，之所以成为马克思主义中国化的最新成果、实现中华民族伟大复兴的行动指南，就在于它既坚持了马克思主义思维方式的根本原则，又赋予其鲜活的时代内容和鲜明的中国特色，成为我们坚定立场、把握本质、推动工作、引领事业发展的强大思想武器。

党的治国理政思想继承和发展了马克思主义的人本思维，通篇贯穿着造福人民的根本立场和价值追求。马克思主义人本思维的突出标志是，始终坚持以人为本，把人的解放和人的自由全面发展作为最高价值，并围绕如何坚守和实现这一最高价值来认识世界和社会。马克思主义人本思维对于西方人本思维传统，既是继承又是超越。它摒弃抽象谈论人的传统做法，把人看成是社会的人。在马克思、恩格斯那

里，实现人的解放和人的自由全面发展，与实现共产主义这个最高社会价值目标，是高度统一、相辅相成的过程。人本思维集中展现了马克思主义的价值立场和价值取向。党的治国理政思想体系始终强调以人民为中心，把人民对美好生活的向往作为奋斗目标。始终强调，造福人民，使人民享有更好的教育、更稳定的工作、更满意的收入、更可靠的社会保障、更高水平的医疗服务、更舒适的居住条件、更优美的生产生活环境，让生活在我们伟大祖国和伟大时代的中国人民，共同享有人生出彩的机会，共同享有梦想成真的机会，共同享有同祖国和时代一起成长与进步的机会，这就是我们的最高责任。这些思想，表达了中国共产党人的核心价值，揭示了造福人民的时代内涵。学习贯彻党的治国理政思想，一个根本要求是，坚持和运用人本思维，坚守人民立场，虚心向人民学习，把实现好、维护好、发展好最广大人民的根本利益作为我们一切工作的出发点和落脚点。

党的治国理政思想继承和发展了马克思主义的实践思维，通篇贯穿着立足实践、深入实践、推动实践的根本要求。马克思主义实践思维的突出标志是，始终坚持从实践特别是物质生产实践出发来分析回答各种问题。为了科学回答资本主义身患何病、向何处去的时代课题，马克思、恩格斯在运用一系列哲学方法未能奏效后，提出了实践观点，确立了以实践为基点来认识人的本质以及社会发展规律的科学思路。继而分析了物质生产实践的矛盾及其作用，创立了唯物史观。用这一历史观分析资本主义的形成发展及其趋势，创立了马克思主义。离开了实践观点和实践思维，马克思主义的形成、丰富和发展是不可想象的。实践思维集中展现了马克思主义的认识基点及其思想的展开方式。党的治国理政思想始终强调实践观点，把实践看作认识的起点、理论的源泉、提高本领的途径。要求立足我国国情和发展实践，揭示新特点新规律，提炼和总结我国实践发展的规律性成果，把实践经验上升为系统化的学说，不断开拓当代中国马克思主义发展新境界；要求在学习中深化实践，在实践中深化学习，坚持学习、学习、再学习，坚持实践、实践、再实践。学习贯彻党的治国理政思想，一个根本要求是，坚持和运用实践思维，强化实践观点，以我们正在做的事情为中心，着力推进强国实践、强军实践和岗位实践。

党的治国理政思想继承和发展了马克思主义的批判思维，通篇贯穿着强烈的问题意识和创新进取精神。马克思主义批判思维的突出标志是，始终把反思客观存在、揭示矛盾问题、提出思想思路、引领实践发展作为认识和思考的重点和主线。批判思维的本质是创新和变革。马克思说，哲学家们只是以不同的方式解释世界，而问题在于改变世界。马克思写了《黑格尔法哲学批判》《政治经济学批判》《哥达纲领批判》等一系列批判性著作，其目的就是为了揭示真理、变革世界。批判思维集中展现了马克思主义变革世界的理论宗旨和创新品格。党的治国理政思想始终强调问题导向，把问题看成是矛盾的表现形式，承认问题就是承认矛盾的普遍性、客观性，解决问题就是破解矛盾。始终认为，我们党领导人民干革命、搞建设、抓改革，从来都是为了解决中国的现实问题。要求增强问题意识，坚持问题导向，把认识和解决问题作为打开工作局面的突破口。学习贯彻党的治国理政思想，一个根本要求是，坚持和运用批判思维，以问题为牵引，着力分析和破解矛盾问题特别是重大矛盾问题，把它作为认识研究和工作实践的着力点和主线。

党的治国理政思想继承和发展了马克思主义的历史思维，通篇贯穿着强烈的历史意识、高超的历史分析、丰富的历史智慧、厚重的历史底蕴。马克思主义历史思维的突出标志是，始终坚持把认识对象作为自然历史过程加以思考和分析，并从中揭示其本质和规律。马克思、恩格斯把资本主义社会作为一个历史过程来分析，既看到了它形成的必然性和进步性，又看到了它的腐朽性和衰亡的必然性；把人类社会由低级向高级发展作为一个历史过程来分析，既看到了共产主义取代资本主义的必然性，提出了"两个必然"，又看到了这一过程的曲折性，提出了"两个绝不会"。历史思维集中展现了马克思主义的辩证特性和厚重底色。党的治国理政思想始终强调历史分析，要求从五千多年中华文明史、一百七十多年中国近代史、九十多年中国共产党斗争史、六十多年建国史以及近四十年改革开放史，来把握当代中国所处的历史方位、取得的伟大成就、面临的矛盾问题以及中国的未来发展；要求从中国优秀历史文化中汲取营养和智慧，增强前进的力量。学习贯彻党的治国理政思想，一个根本要求是，坚持和运用历史思维，厚植历史情感，培育历史眼光，坚持历史分析，增强民族自豪感和自信心，增强分析问题的历史底蕴。

党的治国理政思想继承和发展了马克思主义的全球思维，通篇贯穿着世界眼光、人类胸怀和全球考量。马克思主义全球思维的突出标志是，始终坚持立足世界不同区域、民族和国家的相互联系、相互作用来思考、分析和回答各种问题。全球思维体现在马克思、恩格斯关于世界市场、世界文学、世界历史以及东西方民族相互作用和影响的一系列文章和著作之中，集中展现了马克思主义的辩证特性和宽广视野。党的治国理政思想体系始终强调世界视野，要求从世界多极化、经济全球化深入发展，文化多样化、社会信息化持续推进，和平发展合作共赢成为时代潮流的世界发展大势中认清站位，把握机遇，迎接挑战，谋划发展；要求把国内发展与对外开放更好统一起来，把中国发展与世界发展更好联系起来，把中国人民利益与各国人民共同利益更好结合起来，不断朝世界舞台中心迈进。学习贯彻党的治国理政思想，一个根本要求是，坚持和运用全球思维，强化全球眼光，从世界发展、人类发展来看待当代中国的国家地位、战略选择和责任使命，以更加开放的心态和行动来推进工作实践和事业发展。

第一章

建成社会主义现代化国家的中国梦

推进治国理政现代化，根本目的就是实现中华民族伟大复兴，这是近代以来中国人民最伟大的梦想。党的十八大之后，习近平鲜明提出并深刻阐述了实现中华民族伟大复兴的中国梦。中国梦，基本内涵是实现国家富强、民族振兴、人民幸福；奋斗目标是到中国共产党成立100年时全面建成小康社会，到新中国成立100年时建成富强民主文明和谐的社会主义现代化国家。中国梦是对中华民族伟大复兴的形象概括、通俗表达，其实质内容是建成富强民主文明和谐的社会主义现代化国家。

一、中国近代以来最伟大的梦想

民族复兴和大国崛起，就像一枚硬币的两面，大国崛起是从横向比较的意义上讲的，侧重于国家在世界格局中的地位；民族复兴，则是从纵向比较的角度讲的，它的参照系是本民族的历史辉煌。强盛的古代中国，是世界的一个梦。近代以后，中国落伍了，实现复兴就成了中国的一个梦。现在我们讲实现中华民族伟大复兴，就是要建成富强民主文明和谐的社会主义现代化国家，再现中华民族的历史辉煌，再创领先世界的卓越地位，为人类文明进步作出更大贡献。

（一）古代中国长期屹立于世界东方

中华民族是伟大的民族。在五千多年的文明发展历程中，我们的民族为人类文明进步作出了不可磨灭的贡献。正如《大国的兴衰》作者保罗·肯尼迪所说，在 500 年前，中国是世界上唯一的超级大国；当许多欧洲人还住在土坯房里时，中国已经是地球上最强大的经济和军事国家。

在长达数千年的时间内，中国在社会经济和科学文化发展水平上都居于世界前列，我们曾经长期站在农业文明的巅峰。在不使用化肥的情况下，中国很早以前就达到种子与产量 1∶10，而欧洲农业种子与产量的比例长期只有 1∶4，直到 18 世纪，欧洲农业的效率才接近中国历史上早已达到的水平。欧洲工业革命之所以能够发生，一个重要原因是农业产量提高，由此带来人口的增长使得一部分原先从事农业生产的劳动力能够转到工业领域。在工业革命之前，欧洲其实还有一个农业革命的阶段。这场农业革命不是"纯粹的西方发明"，而主要是通过各种东方技术的全球传播来帮助完成的。英国学者约翰·霍布森在《西方文明的东方起源》一书中指出，造成欧洲农业革命的一系列新技术，包括风车、水车、重型铧犁等，都源自于中国。①

　　欧洲农业通过向中国学习而得到长足发展，不局限在中世纪时期，而是延续到文艺复兴以后的较长时期。1911 年出版的《牛津简明英文词典》里面还讲："东方：是指光芒四射的、闪光的、高贵的、兴盛的、光明的所在，是宜居之所，是理性关系的确立，是确定自我方位的所在"，充满溢美之词。到了 1980 年《剑桥美语词典》则改成了一句话："东方，指中东的东部，尤其指东亚。"长期以来，东方文明对西方的超越是全方位的。历史学家戴逸在《18 世纪的中国与世界》一书中统计：当时，全世界有 9 亿人口，中国有 3 亿，占世界的 1/3；中国的粮食产量居于世界首位，占世界的 1/3；工业产值（主要是手工业）高于整个欧洲产值，也占世界的 1/3；全世界超过 50 万人口的大城市有 10 个，中国占了 6 个：北京、南京、扬州、苏州、杭州、广州。中国在盛唐时期，首都长安（今西安）人口达到百万以上，外国使者、商人、留学生等总数不下 10 万人，唐朝的文化科技、政治制度、饮食风俗等，至今在世界尤其是亚洲各国还有广泛影响。

　　如今仍然有历史学家在孜孜不倦地探索中国社会自发步入现代社会的种种可能，但是历史不能假设。现实是，东方文明传入西方，引领西方完成农业革命，激发西方开启工业革命。伴随新航路的开辟、新大陆的发现，人类历史进入到世界历史的新阶段，人类从孤立和分散状态逐步发展成为一个密切联系的整体。西方列强的入侵打破了中国社会自然发展的历程，中国追求现代化的道路被迫与实现救亡图

---

① 　[英] 约翰·霍布森：《西方文明的东方起源》，孙建党译，山东画报出版社 2009 年版，第 114 页。

存、民族复兴的道路相重合。

（二）实现复兴是近代中国的一个梦

长期以来，"世界之中""万国来朝"的思想在中华民族的心中根深蒂固。然而，当人类进入到 18 至 19 世纪，当中国的清朝政府依然陶醉于天朝上国的迷梦时，在遥远的欧洲，一场改变世界历史进程的工业革命开始了。工业革命带来资本主义经济的迅速发展，使得西方的资本家迫切需要掠夺海外殖民地作为商品市场和原料供应地，于是地大物博、人口众多的中国便成为他们向东方侵略的重要目标。

1840 年，英国发动了鸦片战争，中国因这场战争的爆发而被强行纳入世界历史行进的轨道中，这个曾经有着灿烂而辉煌历史、长期居于世界文明发展先进行列的民族，转瞬之间坠入了强邻环列、蚕食鲸吞、瓜分豆剖的危难境地。从 1840 年到 1949 年的百余年间，随着帝国主义列强的入侵，中华民族数千年的灿烂文明，因遭此劫难而失去昔日的光辉，甚至沦落到亡国灭种的境地。西方列强通过各种手段，屠杀中国人民，毁灭中华文化，侵占中国大片领土，掠夺中国巨额财富，这些暴行罪恶滔天，罄竹难书。这段由血泪书写的历史，每一个中国人都刻骨铭心。回顾这段历史，习近平指出："近代以后，中华民族遭受的苦难之重、付出的牺牲之大，在世界历史上都是罕见的。"①

历史的兴盛与近代的衰败，远古的辉煌与百年的屈辱，灿烂的文

---

① 《十八大以来重要文献选编》（上），中央文献出版社 2014 年版，第 83 页。

明与割裂的悲惨，形成了巨大反差。中华民族是一个伟大的民族，绝不会将自己的命运任由别人摆布，更不会在亡国灭种的危险来临之际而无动于衷。在那个风雨如磐的年代，为改变中华民族的命运，中国各阶层有志之士开始"睁眼看世界"，并反思自己的积弊与落后的缘由。

为了救国救民于水火，中国人民进行了艰苦卓绝的探索和不屈不挠的斗争。为了切实挽救民族危亡、改变国家命运、实现民主自由，他们或上溯古典，下求诸野，或把深切的目光投注于西方，试图通过自己的努力来寻求救国救民的真理，找寻救亡图存的道路。农民阶级的反抗运动，地主阶级改革派外抗夷敌、内求变革的思想，洋务派"中学为体、西学为用"的主张，资产阶级改良派的变法维新，资产阶级革命派的"三民主义"等都给侵略者以有力的打击，都给灾难中挣扎的中华民族带来一次次渺茫的希望。1894 年，孙中山提出了"振兴中华"的口号。1902 年，梁启超首先使用了"中华民族"这一概念。20 世纪 30 年代，"民族复兴"口号开始流行。当时，蒋介石国民党政府也曾抓住民族复兴这面大旗，以教育公众。1934 年，蒋介石把他相关的 10 篇言论汇集成《复兴民族之要道》一书大量发行。国民党特务机构军统的前身复兴社，全称就是"中华民族复兴社"，社长就是蒋介石。

历史以无情的事实证明：封建复辟和资本主义道路无法改变中国的命运，无法在中国行通。习近平指出："实现中华民族伟大复兴始终是近代以来中国人民最伟大的梦想。无数志士仁人前仆后继、不懈探索，寻找救国救民道路，却在很长时间内都抱憾而终。太平天国运动、戊戌变法、义和团运动、辛亥革命接连而起，但农民起义、君主立宪、资产阶级共和制等种种救国方案都相继失败了。战乱频仍，民生凋敝，丧权辱国，成了旧中国长期无法消除的病�。"① 历史再次向这个伟大民族提出了时代课题：实现梦想的出路到底在哪里？ 1921年 7 月，中国共产党在上海宣告成立，灾难深重的中国人民有了可以信赖的组织者，中国革命有了坚强的领导核心，从此迎来民族复兴的曙光。

（三）实现民族复兴已经大势所趋

经过 90 多年的不懈奋斗，特别是改革开放 30 多年的发展，我们比历史上任何时期都更接近中华民族伟大复兴的目标，比历史上任何时期都更有信心、有能力实现这个目标。

首先，我国已经是主权独立的国家。独立是民族复兴的前提，主权独立意味着不依附于人，近代以来任何民族的强盛都是从争取主权独立、建立民族国家开始的，这是我们党带领人民经过 28 年的浴血奋斗取得的。20 世纪 70 年代我们在联合国安理会恢复了常任理事国席位，随着综合国力的提升，国际政治影响力日益增强，比如说在国际组织中发挥作用越来越大、担任重要职务的人越来越多。中国的国际话语权在提升，国内社会动员力也在显著提升，"三峡移民""南水北调""抗震救灾"等都充分展示了这一点。国外分析家就讲，像这样的"大手笔"，不仅在中国的历史上不可想象，今天的西方大国也

① 《十八大以来重要文献选编》（上），中央文献出版社 2014 年版，第 688 页。

很难做得到。

其次，我国已经是世界第二大经济体。国富是民族复兴的基础，这是 60 多年社会主义建设特别是改革开放 30 多年走中国特色社会主义道路取得的。在我们党的文献中，"实现中华民族伟大复兴"开始是作为社会主义初级阶段的奋斗目标提出来的，最早出现在党的十三大全会报告中。伴随着中国特色社会主义的历史进程，从党的十三大到十八大，"中华民族伟大复兴"这个重大命题的内涵越来越清晰，目标、步骤越来越具体。建设中国特色社会主义的总任务，就是实现社会主义现代化和中华民族伟大复兴。

第三，我国已经是新兴国家中的突出一员。当今世界格局正在发生前所未有的深度调整，为我们实现民族复兴提供了难得机遇。随着世界资源能源布局的变化和交通的发展，世界经济贸易中心正在由大西洋沿岸向太平洋沿岸转移。交通和通讯的发展让世界变小了、变平了，也引起世界中心的偏移，历史证明处于世界中心的国家容易成为当时崛起的新兴国家。以 3D 打印为代表的数字化制造、以大数据为代表的信息技术、以绿色能源为代表的新能源技术、太空技术等，这些技术创新标志着新一轮科技革命即将到来，正在悄悄地改变着世界。历史上几乎每一次科技革命都使得一些国家迅速崛起。2008 年以来国际金融经济危机仍在加深，标志着世界经济步入较长时间的衰退期、调整期。危机可以葬送一个强国，也可以催生一个新的强国。

习近平指出，我们前所未有地靠近世界舞台的中心，前所未有地接近实现中华民族伟大复兴的目标，前所未有地具有实现这个目标的能力和信心。这三个"前所未有"是对中国发展大势的深刻把握，是基于中国发展历史方位的重大判断。这表明，中国梦决不是一个虚无缥缈的梦想，实现民族复兴已经是大势所趋。习近平提出伟大中国梦，既记录着中华民族的历史辉煌，也记录着近代以来中华民族的历史屈辱，还寄托对未来的美好愿景，深刻揭示了中华民族的前途命运和当代中国的发展走向，充分反映了当今中国亿万人民的强烈政治诉求，展示了新一届中央领导集体的强国雄心和使命担当。当今中国面临的时代课题，就是在这个最接近民族复兴的历史阶段，如何走好复兴之路。

二、实现国家富强、民族振兴、人民幸福

1935 年 12 月 27 日，毛泽东在陕北瓦窑堡的一次重要会议上指出，我们中华民族有同自己的敌人血战到底的气概，有在自力更生的基础上光复旧物的决心，有自立于世界民族之林的能力。在积贫积弱的旧中国，这是一种非凡的气概和伟大的志向。2012 年 11 月 15 日，习近平在接见中外记者时庄严宣告：“我们的责任，就是要团结带领全党全国各族人民，接过历史的接力棒，继续为实现中华民族伟大复兴而努力奋斗，使中华民族更加坚强有力地自立于世界民族之林，为人类作出新的更大的贡献。”①经过近代以来170多年艰苦卓绝的奋斗，实现中华民族伟大复兴已经是一个现实具体的目标。中国梦的核心是

---

① 《十八大以来重要文献选编》（上），中央文献出版社 2014 年版，第69—70 页。

实现中华民族伟大复兴，基本内涵是实现国家富强、民族振兴、人民幸福。实现了国家富强、民族振兴、人民幸福，也就实现了中华民族伟大复兴。

（一）中国梦是国家富强梦

国家富强是中国梦的第一要义和根本标志。国家的强弱，代表着民族的兴衰。国家既是民族的物质载体，也是民族的精神依托，民族振兴、人民幸福都离不开国家富强。实现中国梦，首要的目标是实现国家富强，建成富强民主文明和谐的社会主义现代化国家。

旧中国，是一个半殖民地半封建国家，国运衰落，面临生存危机；新中国建立之初，人民虽然在政治上获得翻身解放，但是国家一穷二白，人民生活水平和综合国力，与世界发达国家差距很大；改革开放开始，邓小平指出，中国是一种初级阶段的社会主义，是不成熟、不合格的社会主义。30 多年来，尽管遇到各种困难，但我们创造了第二次世界大战结束后一个国家经济高速增长持续时间最长的奇迹。我国经济总量在世界的排名，改革开放之初是第 11 位；2000 年超过意大利，居第 6 位；2005 年超过法国，居第 5 位；2006 年超过英国，居第 4 位；2007 年超过德国，居第 3 位；2009 年超过日本，居第 2 位。2014 年中国 GDP 总量达到 10.4 万亿美元，成为继美国之后第二个超过 10 万亿美元的经济大国。我们用几十年时间走完了发达国家几百年走过的发展历程，创造了世界发展的奇迹。经济是政治、军事、文化、外交等的基础，强大的物质基础为国家富强创造了必要条件。

但是大国乃至富国，还远远不是强国。事实上，鸦片战争时期的中国不可谓不富，1860 年中国的 GDP 超过英法两国之和，1890 年是日本的 5 倍。如今虽然中国 GDP 总量世界第二，但是在国民生活水平、文化教育、科技水平等方面，我们距离日本还有很大差距，在军事实力、国际影响力上还远远不如美国。从内部看，我国是唯一没有实现完全统一的大国，还存在民族分裂的威胁。在经济高速发展的同时，存在社会矛盾突出、生态环境恶化、经济发展方式转变缓慢等问题。从外部看，守成大国从来都不会坐等新兴大国崛起，尤其是我们还是社会主义国家，我们与周边邻国日本、印度、越南等几乎都存在领海或领土争端。而且我们越发展壮大，遇到的阻力和压力就会越大，面临的风险挑战就会越多，甚至复兴进程随时面临被打断的危险。这些都是我国由大到强无法回避的挑战，是实现民族复兴绕不过的门槛。

（二）中国梦是民族振兴梦

民族振兴是中国梦的主题，是实现中华民族伟大复兴的本质体现。民族振兴与民族复兴的意义相同，都是指实现中华民族繁荣昌盛，走在世界民族之林的前列，为人类文明发展作出更大贡献。

中华民族提出实现复兴的课题，有着充分的历史依据。几千年中国在经济、科技、文化、政治制度等方面领先于世界的历史纪录，是我们中华民族自豪感、自信心的根源所在。1894 年 11 月 24 日，孙中山在《兴中会章程》中提出，中国"可发奋为雄，无敌于天下""是会与设，专为振兴中华"。这是中国人在近代历史上第一次提出"振兴中华"的目标，这个目标的具体内容包括：世界最强、富甲天下、政治最良、民众最快乐。在积贫积弱、风雨飘摇的年代，孙中山能够提出如此宏伟的目标实在是难能可贵。1895年广州起义失败之后，孙中山亡命海外，从此周游列国。到武昌起义前，他已经七次周游世界，八次进入欧美，每两年环绕地球一周。所以，他提出"振兴中华"的目标不仅是出于民族感情，也是经过反复比较，经过深思熟虑的。在《建国方略》一文中，孙中山将中国与美国进行了一个比较，提出中国有三个方面的优势：中国的土地资源在美国之上，居世界第一；人口数量世界第一；民族素质世界第一，历史上千百年一直雄踞世界之首，这些优势决定了这个民族一定能够走向复兴。

1949年新中国成立，中华民族以独立的姿态傲立于世界民族之林，实现民族振兴有了现实基础和光明前景。1956年，毛泽东曾经指出，中国有那么多人，有那么一块大地方，资源那么丰富，还搞的社会主义，如果搞了五六十年还不能超过美国，那就要从地球上开除你的"球籍"。与孙中山的分析相比较，人口数量、国土资源这两个方面是一致的，最后孙中山突出强调了中华5000年的文化优势，毛泽东突出强调了社会主义的制度优势。总的看，世界上唯一的5000年从未中断的文化和文明，大国的领土，世界上五分之一的人口，社会主义制度，这四个方面都是支撑我们实现民族复兴的战略资源。在追求民族振兴的道路上，我们也曾经盲目自信，急于求成，走过弯路。但党的十一届三中全会以来，我们党总结历史教训，借鉴国际经验，推动社会主义现代化建设取得了举世瞩目的伟大成就，民族振兴展示出光明前景。

（三）中国梦是人民幸福梦

人民幸福是国家富强、民族振兴的根本目的，是实现中华民族伟大复兴中国梦的出发点和落脚点。现代文明意味着一组价值，包括平等、公正、和谐、权利以及自由、幸福、安全、尊严等。在这些价值当中，前四个属于群体性价值，"平等不平等、公正不公正"只有在群体之中体现出来，一个人无所谓平等、公正；后四个则属于个体性价值，"自由不自由、幸福不幸福"主要还是看个体自身的感受。在这些个体性价值当中，幸福又居于核心地位，幸福在其现实性上意味着生活上得到更多满足，价值追求得到更多实现，包括权利得到维护，尊严得到尊重等等。我们党把人民幸福与国家富强、民族振兴相并列，作为全党的奋斗目标，体现出我们党对个体性价值的尊重，凸显了对人民主体地位的新认识。

新时期以来，我国在保障和改善民生方面同样创造了东方奇迹，不仅实现了人民生活从贫穷到温饱再到总体小康的历史性跨越，而且最大限度地使改革发展成果惠及全体人民，包括在中国历史上第一次实现了"无徭无赋"的千年梦想，彻底结束了农民缴纳"皇粮国税"的历史；第一次实现了"学有所教"的千年梦想，构建起世界上规模最大的免费义务教育体系；第一次正在实现"老有所养"的千年梦想，构建起世界上惠及人口最多的城乡基本养老保险体系；第一次正在实现"病有所医"的千年梦想，构建起世界上覆盖面最广的社会医疗保险体系；第一次正在实现"城乡一体"的千年梦想，从南到北兴起了世界上最为壮观的推进城镇化浪潮，等等。在当代中国，民生水准的显著提升，其政治意义非常重大。这些年，我们持续力推的社会历史转型、体制机制转轨、发展方式转变这场"数千年未有之大变局"，其剧烈程度世所罕见，波及广度世所罕见，触及深度世所罕见，裂变强度世所罕见，但整个国家依然镇定如山，这说到底是得益于民生水准的普遍提升，得益于广大老百姓对执政党的真诚拥戴。

中国梦是国家富强、民族振兴、人民幸福三者的有机统一。这三者的有机统一至少包含了三层含义。第一，三者有机统一，构成了一个目标体系，这个目标体系统摄了民族复兴的整个目标任务，集中回答了在中国梦实现之时，中国到底是一个什么样的国家。如果从中国特色社会主义总体布局的角度，可以概括为"富强中国""民主中国""文明中国""和谐中国""美丽中国"和"强大军队"的有机统一。无论怎么概括，这个目标体系涵盖经济、政治、文化、社会、军事、外交等方方面面，它表明中华民族伟大复兴是全面的复兴。第二，三者有机统一，内含了一个发展战略，这个发展战略规划了实现民族复兴的路线图。中国梦，不仅回答了如何建成全面的小康社会，而且回答了我们建成小康社会之后怎么办。如何实现国家从大国到强国，民族从自立到兴盛，人民生活从小康到幸福呢？具体讲就是分"两步走"，就是我们常说的"两个一百年"目标。第三，三者有机统一，塑造了一个命运共同体，这个命运共同体提供了实现民族复兴的根本动力。没有国家富强和民族振兴，就根本不可能有人民幸福，没有人民的富裕幸福，也根本谈不上国家富强和民族振兴。三者互为条件，不可分割。中国梦的最大特点，就是把国家利益、民族利益和每个人的具体利益紧紧联系在了一起，国家、民族和个人联结成为一个命运共同体。人民群众为中国梦奋斗，也就是在为自己的利益而奋斗，这就是"命运共同体"的深层意蕴，这才是推动党和国家事业发展的根本动力。

（四）中国梦不仅造福中国人民，而且造福各国人民

中国梦是国家的、民族的，也是每一个中国人的。习近平指出："中国梦归根到底是人民的梦，必须紧紧依靠人民来实现，必须不断为人民造福。"[①] 把人民的梦作为中国梦的本质属性，是中国梦的核心价值所在，也是中国梦最富有生命力的构成。

中国梦是全体中国人的梦，意味着中华民族自立于世界民族之林。中华民族自立于世界民族之林，不是要高人一等，不是建立霸权，而是要成为世界各民族中的平等一员，享有应有的地位和尊严。中国梦是每个中国人的梦，意味着每一个人都能在为中国梦的奋斗中实现自己的梦想。当今中国进入了一个人人追梦的时代，中国梦归根到底是每个中国人自己的梦，因而是接地气的梦。强国梦只有与个人梦融合起来，梦想才有生命，有根基，有力量。每个草根都有梦想有追求，国家才更有希望。中国梦，是党的治国理政理论向人民群众这个社会实践主体的拓展，把实现宏大目标与实现个人价值追求融为一体，更好地调动和激发了人民群众的积极性创造性。

中国梦是亿万中国人民的民族复兴之梦，也是与世界各国人民携手共进、合作共赢之梦。随着改革开放和社会主义事业的推进，中国

---

① 《十八大以来重要文献选编》（上），中央文献出版社 2014 年版，第 235 页。

逐步走向世界舞台中心。中国的发展越来越离不开世界，世界的发展也越来越需要中国。中国梦不仅造福中国人民，而且造福各国人民。"穷则独善其身，达则兼济天下。"这是中华民族始终崇尚的品德和胸怀。中国坚持开放包容、合作共赢，越来越多的国家正在从中国的发展中受益。随着国力不断增强，中国将进一步发挥负责任大国的作用，在力所能及的范围内承担更多国际责任和义务，为人类和平与发展作出更大贡献。

三、坚持中国道路、弘扬中国精神、凝聚中国力量

习近平指出，实现中国梦必须走中国道路，必须弘扬中国精神，必须凝聚中国力量。这"三个必须"深刻阐明了实现中国梦的现实条件，是需要我们牢牢把握的重要遵循。

（一）实现中国梦必须走中国道路

道路关乎党的命脉，关乎国家富强、民族振兴、人民幸福。中国道路，是一条实现国家富强、民族振兴、人民幸福的康庄大道。1985年加纳总统罗林斯访问中国，向邓小平当面请教中国改革开放的经验。邓小平告诉他，如果说中国有什么适用的经验，恐怕就是实事求是，也就是说，按照自己国家的实际情况来制定自己的政策和计划。罗林斯随后又参观考察了厦门，考察结束后，他对我们当地的官员讲，西方人总是给你规定一个模式，只能照搬，但你们的邓小平说，

千万不要照搬西方的模式，而是要实事求是。有几千年文明的国家才能讲出这样的话，这是一种西方远远不及的智慧。像中国这样一个独特的发展中大国，没有人能够提供给我们可以照搬照抄的模式。独特的文化传统、独特的历史命运、独特的基本国情，注定了我们必然要走适合自己特点的发展道路。经过长期的艰苦的探索，我们终于找到这样一条发展道路，所以我们要做到不为任何风险所惧，不为任何干扰所惑，任何时候都不能跑偏。

改革开放30多年，中国作为世界性大国快速崛起，创造了中国奇迹，最根本的原因就是因为我们正确选择并始终坚持了这条中国道路。20世纪80年代，我们刚刚打开国门的时候，美国舆论就曾预言：中国会逐渐变成美国。但是，美国人失望了。30多年过去了，我国经济社会发展发生了翻天覆地的变化，成为国际舞台上具有重要影响力的世界大国，赢得了世界的认可和尊重。英国《经济学人》周刊提到，以实现人均实际收入增加一倍为指标，英国用了58年、美国用了47年、日本用了34年，而中国仅用10年就实现了。哈佛大学校长、曾经担任过美国财政部长的劳伦斯·萨默斯指出，如果说英国工业革命期间，一个人的生活水平在自己生命周期里翻了一倍的话，那么在中国当今这场现代化大潮中，一个中国人的生活水平在自己的生命周期内可翻7倍。中国道路为什么能够创造中国奇迹？根本就在于中国特色社会主义找准和把握了中国发展进步走向及其规律要求。欧洲崛起是千万级人口与工业文明的结合，美国崛起是1亿级人口与工业文明的结合，中国崛起是10亿级人口与工业文明的结合，中国特色社会主义是引导中国快速步入现代文明的正确道路。改革开放30

多年中国之所以能够高速、稳定、持续发展，就因为我们始终坚持这条道路不动摇、不懈怠、不折腾。

（二）实现中国梦必须弘扬中国精神

中国梦唤起了海内外中华儿女无上的光荣、自豪和责任，激发了当代中国人说梦、解梦、追梦、圆梦的空前热情。把这种强烈的责任和热情，转化为实现伟大中国梦的正能量，需要用中国精神铸魂强魄、凝心聚力。中华民族是一个勤劳、勇敢、智慧的民族，也是一个非常注重精神世界的修炼和砥砺的民族。在跌宕起伏、踯躅前行的漫长文明演进过程中，中华民族创造了以爱国主义为核心的民族精神；在披荆斩棘、奋发有为的改革浪潮中，中国共产党带领广大人民群众又创造了以改革创新为核心的时代精神。这两种精神融合汇通、相互传承，共同构成了推动中华民族不断发展进步的中国精神。

爱国主义始终是把中华民族坚强团结在一起的精神力量。几千年来，爱国主义以其特有的凝聚力、感召力，为祖国的发展和社会的进步作出过积极的贡献，成为中华民族发展进步、生生不息的强大精神支柱。在近代社会，爱国主义主要表现为：对外反对帝国主义列强的侵略，捍卫祖国的独立和领土完整；对内反对依附于帝国主义并出卖国家主权的反动统治阶级，要求改变亡国灭种的悲惨命运，推翻造成祖国贫弱、阻碍祖国振兴的封建专制制度。鸦片战争以后，帝国主义的侵略和封建统治者的丧权辱国，中国沦为半殖民地半封建社会，国家积贫积弱，社会战乱不断，人民饥寒交迫。为了把灾难深重的祖国从危亡中拯救出来，中国人民在爱国主义的感召下，进行了不屈不挠、前仆后继的英勇斗争，并最终在中国共产党的领导下，实现了国家解放、民族独立。在社会主义建设和改革开放时期，中华民族固有的爱国主义优良传统得到了进一步发扬。广大人民群众在中国共产党的团结和带领下，用自己的行动谱写了一曲曲壮丽的爱国诗篇。中华人民共和国成立初期，面对外敌的挑衅，数十万志愿兵在"抗美援朝，保家卫国"的感召下，义无反顾，奔赴朝鲜，奋力杀敌，保卫了国家安全。在改革开放的新时期，面对外来的威胁和内生的问题挑战，爱国主义同社会主义紧密融合，成为振奋民族精神、激发亿万民众投身现代化建设的强大力量。

改革创新始终是鞭策我们在改革开放中与时俱进的精神力量。当代中国最鲜明的特点就是在中国共产党领导下坚定不移地推行改革开放。在这一时代条件下，逐步产生了在全社会具有普遍性的追求变革、勇于创新的精神文化。随着改革开放向纵深推进，改革创新精神不断展现为反思精神、科学精神、创业精神、开放精神、自由精神等各个方面。在社会存在与社会意识双重变革、螺旋演进的过程中，改革创新精神在整个时代精神中发挥着核心作用：一方面统领时代精神中的其他组成部分，不断激发和调动各社会阶层和全体建设者持续不断推进理论创新、制度创新、科技创新、文化创新；另一方面，在不同的历史时期又体现为诸如抗洪精神、抗震救灾精神等具体的精神，从而形成以改革创新为核心的时代精神的总体风貌。这一时代精神，已经成为中国特色社会主义最重要的品格，并深深熔铸在中华民族的生命力、创造力和凝聚力之中。

（三）实现中国梦必须凝聚中国力量

中国梦是亿万人民的梦，没有全社会的共同参与、各阶层的同心同德，任何梦想都是不能实现的。实现中国梦必须凝聚中国力量，中国力量就是中国各族人民大团结的力量，就是 13 亿人心往一处想、劲往一处使，汇集起来的力量。个人梦想可能千差万别，但实现国家梦想的征程上，同心同德、群策群力，就有无坚不摧的磅礴力量。

凝聚中国力量是实现国家富强的前提。实现中国梦，基础在于不断提升我国的综合国力。只有加快经济发展，才能提升综合国力，为实现中国梦奠定坚实的物质基础。改革开放以来，是中国经济的一个巨大上升期。因为经济的快速发展，中国与世界上其他国家的综合国力差距发生了明显变化。当前，我国作为世界第二大经济体，贸易实力居世界前列，已经成为世界经济新的最大的增长发动机。据国际货币基金组织估算，2016 年中国对全球经济增长的贡献率达到 39%，超过美、欧、日三大经济体贡献率的总和。在新的历史起点上继续推动经济发展，仍然需要一个安定和谐的政治局面。凝聚中国力量，不仅有利于创造良好的经济发展环境，推动经济持续健康发展，提升我国综合国力；而且可以把各方面的压力转化为发展的动力，进而有效化解矛盾、推动发展，加快实现国家富强。

凝聚中国力量是实现民族振兴的关键。回顾我们党领导人民进行革命、建设和改革的历史，我们之所以能够击败强敌、化解难题，取得一个又一个胜利，靠的就是全党全国各族人民的团结奋斗。近代中国为什么落伍？这是一个见仁见智的问题。但是有一个最基本的问题还是大家公认的，那就是中国民众变成了毫无战斗力的"一盘散沙"。孙中山就曾经感叹说，一个"一盘散沙"的民族如何崛起？在中国共产党的领导下，中国改变了"一盘散沙"的局面。历史启示我们，中华民族只有众志成城，才能战无不胜。邓小平也曾指出，如果搞得乱七八糟、一盘散沙，那还有什么希望？过去帝国主义欺侮我们，还不是因为我们是一盘散沙？当今中国，利益格局多样化、社会意识多样化和人民利益诉求多样化相互交织，增进共识、凝聚力量显得更加必要和紧迫。只有凝聚中国力量，在不同社会阶层中形成最大限度的理想认同和价值认同，才能把中华民族伟大复兴事业不断推向前进。

凝聚中国力量是实现人民幸福的基础。中国梦不仅仅是国家和民族的宏伟目标，更是亿万人民群众的福祉所系。让广大人民群众享受到发展的成果、感受到生活的幸福，是中国梦的一个基本价值取向。凝聚中国力量，汇集来自中国特色社会主义事业各个领域、各条战线、各行各业的力量，团结一切可以团结的力量，形成改革合力、攻坚合力、追梦合力，不断使改革取得新突破、发展取得新成就，就能不断为广大人民群众造福，让人民群众得到看得见、摸得着的实惠，让人民群众生活得更加幸福、更有尊严。

四、用实干托起民族复兴伟大梦想

梦在前方，路在脚下。从寻梦、追梦到筑梦、圆梦，是朝着光辉顶点不懈攀登的过程，是朝着胜利彼岸破浪前行的过程。我们已经取得辉煌成就，正在向着梦想一步步靠近，但越是接近目标，越需要奋力拼搏，越需要苦干实干。习近平指出，面向未来，全面建成小康社会靠实干，基本实现现代化要靠实干，实现中华民族伟大复兴要靠实干。

（一）实现中国梦根本靠奋斗

奋斗是创造历史的法宝，是成就事业的基石，是胸怀理想与脚踏实地的统一。实现中国梦，根本的是靠奋斗。中国梦哲学底蕴的一个突出特点，就是着眼于明确的目标，立足现实又超越现实，坚定不移地追求这个目标，因此从更深层次看，它是一种希望哲学，是面向未来、创造未来的哲学，更加强调志存高远，强调真抓实干，强调攻坚克难。黑格尔在《法哲学原理》的序言中说，"哲学要直到显示结束其形成过程并完成其自身之后才会出现"，就像猫头鹰一样，"要等黄昏到来才会起飞"。有人把黑格尔哲学称为"猫头鹰哲学"，也就是一种一味强调尾随于现实之后的历史哲学。马克思主义认为哲学不仅要解释世界，更重要的是改造世界，因此既高度重视在总结历史中把握规律，也突出强调在批判现实中开创未来。我国著名哲学家、北京大学张世英教授就明确提出，现代哲学的发展趋势，就是要以希望哲学代替"猫头鹰哲学"。

中华民族经过几代人奋斗，历经苦难艰辛，才取得了今天这样的辉煌成就，正在向着梦想一步步靠近。但犹如负重登山，越是接近目标，越是需要克服阻力和障碍。尤其是，我国仍处于并将长期处于社会主义初级阶段的基本国情没有变，人民日益增长的物质文化需要同落后的社会生产之间的矛盾这一社会主要矛盾没有变，我国是世界上最大发展中国家的国际地位没有变。这"三个没有变"就决定了在从大国走向强国过程中，可能面对更多艰巨的困难，遇到更多难以预料的矛盾问题，遭遇更多风险挑战，更需要始终顽强奋斗、艰苦奋斗、不懈奋斗。

习近平强调胸怀理想，就是告诉我们要增强定力、坚定自信，相信"两个一百年"的奋斗目标一定能实现，中华民族伟大复兴一定能实现，共产主义一定能实现。习近平强调脚踏实地，就是要求我们牢记"空谈误国、实干兴邦"的古训，讲实话、干实事，敢作为、勇担当，言必信、行必果，要有"逢山开路、遇河架桥"的闯劲，锐意进取；要有"踏石留印、抓铁有痕"的狠劲，干出实绩；要有"钉钉子一钉到底"的韧劲，善始善终，善做善成；最后还要追求"功成不必在我"的境界，虚怀若谷。

（二）实现中国梦需要攻坚克难

辉煌蓝图不会一蹴而就，美丽梦想不能一夜成真。中国古人讲"功崇惟志，业广惟勤"，意思是取得伟大功业，需要伟大志向；成就伟大功业，需要辛勤耕耘。习近平多次引用这句话，强调"真抓才能攻坚克难，实干才能梦想成真"。

空谈误国，实干兴邦。习近平指出，我们正在进行具有许多新的历史特点的伟大斗争，面临的挑战和困难前所未有。面对世情、国情、党情发生的深刻变化，我国发展依然处在重要战略机遇期，但战略机遇期的内涵、条件正在发生新的变化；我们比以往任何时候都更加接近实现中华民族伟大复兴的目标，但面临的难题更加集中、肩负的任务更加繁重。

从世情看，世界正面临着前所未有之大变局，天下还很不太平。这个"大变局"，集中表现为"四个变化"：一是国际力量对比发生了历史性变化，西方力量总体下降，新兴市场国家力量显著上升；二是全球治理体系发生历史性变化，西方强国靠战争、殖民、划分势力范围治理全球的方式行不通了，需要世界各国共同制定规则，协调关系；三是地缘政治棋局发生了历史性变化，亚太地区成为全球经济和战略重心，成为大国博弈的焦点；四是综合国力竞争发生了历史性变化，新一轮科技革命、产业革命、军事革命成为综合国力竞争的焦点。这个大变局近代以来几百年不曾有过。在这个大变局下，各种国际力量加快分化组合，大国关系进入全方位角力新阶段，围绕权力和利益再分配的斗争更加激烈，不同制度模式、发展道路的深层较量和博弈更加激烈。

从国情看，改革发展任务仍然艰巨繁重。改革开放以来，我国社会生产力获得了空前的大解放和大发展。与此同时，我国社会主义政治建设、文化建设、社会建设以及其他各个方面建设都取得了重大进展，国家的政治整合力、文化影响力、社会自治力、生态修复力、军事威慑力、科技创新力、外交运筹力等，有了显著提升。而作为综合国力的集中体现，国家应对重大风险挑战、抗御重大自然灾害、实施重大决策部署的战略能力，也获得了前所未有的提升。我国综合国力、核心竞争力、抵御风险能力显著增强，同时，我国发展中的矛盾也发生广泛而深刻的变化，面临的风险之多、挑战之大也前所未有。在国家经济繁荣的同时，贫富差距拉大，人们对社会不公的抱怨增多，社会阶层出现严重分化，各阶层的利益诉求严重分化；在主流意识形态鲜明的同时，社会思潮日益多元化，有的社会思潮实际上已经超出了学术话语的范围，甚至企图改变中国的政治走向；在政治体制稳固的同时，社会凝聚力有待增强，有人甚至认为目前中国存在两种截然不同的话语体系，突出表现为电视上一个中国、网络上一个中国。当前，世界经济持续低迷对我国经济的影响不可低估，我国发展传统比较优势正在削弱的态势不可低估，既得利益集团对我国改革进程阻挠的力度不可低估。

从党情看，党的建设面临严峻挑战和考验。中国共产党是实现中国梦的领导核心。我们党的自身建设取得明显成效，我们党员干部队伍的主流始终是好的。但党群关系既是我们党的最大优势，也是当前我们面临的最大问题。2015 年中央党校的青年学者出版了一本书，叫《大道之行：中国共产党与中国特色社会主义》。这本书在序言中讲，在改革开放 30 多年后，我们党需要认真回答六大新问题，其中包括：为什么群众生活质量越来越高，群众的生活却越来越艰难；为什么经济发展水平越来越高，劳动大众的文明素质越来越低；为什么政府官员的学位越来越高，政府的质量却越来越低——拿百姓钱不当钱，胡作非为、奢侈浪费、贪污腐败；共产党搞革命需要人民，搞建设是不是只需要资本家；等等。这些问题都十分尖锐。最后作者讲，共产党执政已经 60 多年了，我们要高度警惕共产党"国民党化"。①

---

① 　参见鄢一龙等：《大道之行：中国共产党与中国特色社会主义》，中国人民大学出版社
2015 年版，序二。

什么是"国民党化"，就是要警惕脱离群众，警惕"烂根"现象。我们党的卓越贡献是有目共睹的，但如何保持青春活力、如何保持先进性纯洁性也十分紧要。

人间万事出艰辛，越是美好未来，越需要付出艰辛努力。中华民族五千多年的文明历史，是中华儿女接续奋斗创造的人间奇迹；我国改革开放 30 多年翻天覆地的沧桑变化，是党领导全国各族人民埋头苦干取得的巨大成就。机遇稍纵即逝，改革不进则退，时代呼唤只争朝夕、真抓实干的行动者，中国需要胸怀理想、脚踏实地的筑梦人。

（三）实现中国梦尤其需要两岸同胞共同努力

"宝剑锋从磨砺出，梅花香自苦寒来。"实现中国梦，意味着中国经济实力和综合国力、国际地位和国际影响力大大提升，意味着中华民族以更加昂扬向上、文明开放的姿态屹立于世界民族之林，这是全体中国人民的共同追求，需要海内外中华儿女共同奋斗。

实现民族复兴是全体中华儿女的共同愿望，尤其需要两岸同胞共同努力。中国是包括 2300 万台湾同胞在内的 13 亿中国人民的中国，大陆是包括 2300 万台湾同胞在内的 13 亿中国人民的大陆，台湾也是包括 2300 万台湾同胞在内的 13 亿中国人民的台湾。共同的血脉、文化，共同的两岸关系前途，共同的中华民族伟大复兴愿景，把两岸同胞紧紧地连在一起。没有任何力量可以隔断我们相连的血脉，没有任何力量可以损害我们炽热的同胞情谊。

两岸同胞同属中华民族，是血脉相连的命运共同体。两岸关系发展的历程说明，两岸分则两害、合则两利。中国梦与台湾的前途息息相关，台湾同胞是我们的骨肉兄弟，是发展两岸关系的重要力量，也是遏制"台独"分裂活动的重要力量。"台独"分裂势力以任何名义、任何方式造成台湾从中国分裂出去的事实，或者发生将会导致台湾从中国分裂出去的重大事变，或者和平统一的可能性完全丧失，都直接威胁着国家主权和领土完整，直接损害着中华民族的根本利益。

中国梦是两岸共同的梦，需要两岸同胞一起来圆。两岸同胞要相互扶持，不分党派，不分阶层，不分宗教，不分地域，都参与到民族伟大复兴进程来。携手共圆中华民族伟大复兴的中国梦，应该成为两岸关系的主旋律，成为两岸中华儿女的共同使命。"长风破浪会有时，直挂云帆济沧海。"我们一定要牢记使命，同心同德、同舟共济、同心协力，以苦干续写中国辉煌，用实干托起中国梦想，用勤劳和智慧创造美好未来。

第二章

实现社会主义现代化的必由之路

推进治国理政现代化、建设社会主义现代化国家，必须坚持正确的道路和方向。中国特色社会主义，是当代中国发展进步的根本方向，是全面建成小康社会、加快推进社会主义现代化、实现中华民族伟大复兴的必由之路。这是回首近代以来中国波澜壮阔的历史，展望中华民族充满希望的未来，得出的一个基本结论，也是党的十八大以来党中央和习近平总书记反复强调的一个基本原则。围绕坚持和发展中国特色社会主义，党中央和习近平总书记提出了一系列重大观点和论断，不断推动着理论创新、实践创新、制度创新。

一、科学社会主义理论逻辑和中国社会发展历史逻辑的统一

中国特色社会主义，是马克思主义基本原理与中国实际和时代特征相结合的产物。习近平指出："中国特色社会主义，是科学社会主义理论逻辑和中国社会发展历史逻辑的辩证统一，是根植于中国大

地、反映中国人民意愿、适应中国和时代发展进步要求的科学社会主义。"①追溯 500 年来社会主义的思想发展史和近代以来中国社会发展史，我们可以更加清晰地看到中国特色社会主义思想发展的脉络，更加充分地认识中国特色社会主义的历史必然性和科学真理性。

（一）中国特色社会主义是对科学社会主义的遵循和发展

任何事物总具有区别于他物的本质规定性。以常见的钢为例，它的基本性质就是含碳量小于 2% 的铁碳合金，在这一基础上我们可以加上各种不同的合金元素，从而成为用处不同的合成钢。但是，无论我们怎么加元素，碳的含量都不能超过 2%，否则就不再是钢，而成了铁或其他金属。中国特色社会主义也是如此。"中国特色社会主义是社会主义，不是别的什么主义。"②中国特色社会主义遵循科学社会主义的基本原则，是社会主义发展的逻辑延伸，这是它本质的规定性。2013 年初，习近平在关于坚持和发展中国特色社会主义的主题讲话中，从世界社会主义 500 年的视角，对中国特色社会主义历史逻辑作过梳理，从六个时间段分析了社会主义思想从提出到现在的历史过程，内容包括空想社会主义产生和发展，马克思、恩格斯创立科学社会主义理论体系，列宁领导十月革命胜利并实践社会主义，苏联模式逐步形成，新中国成立后我们党对社会主义的探索和实践，我们党作出进行改革开放的历史性决策、开创和发展中国特色社会主义。

社会主义发展的第一个阶段是空想社会主义。1516 年，英国大

---

① 《十八大以来重要文献选编》（上），中央文献出版社 2014 年版，第 118 页。
② 《十八大以来重要文献选编》（上），中央文献出版社 2014 年版，第 109 页。

法官托马斯·莫尔发表了《乌托邦》一书，标志着空想社会主义的诞生。这本书深刻揭露了资本主义原始积累过程中的悲惨景象，同时描绘了一个没有剥削、人人平等的理想社会。此后，德国农民战争领袖闵采尔、意大利的康帕内拉、英国掘地派运动领袖温斯坦莱、法国的摩莱里和马布利等人延续了对未来社会制度的空想描写。19 世纪初，三大空想社会主义思想家——法国的圣西门、傅立叶和英国的欧文，深刻揭露了资本主义社会的罪恶，批判资本主义制度的全部基础，对未来社会提出了一些积极主张和有价值的猜测。但是，由于空想社会主义者的思想建立在唯心史观的基础上，因此其无法找到实现社会理想的正确道路和社会力量。

马克思、恩格斯以唯物史观和剩余价值学说为理论基石，创立科学社会主义，实现了社会主义从空想到科学的飞跃。空想社会主义产生发展 300 多年后，人类历史迈入 19 世纪中叶，资本主义社会化大生产不断发展，工人阶级开始作为独立的政治力量登上历史舞台。马克思、恩格斯深入考察资本主义经济社会状况，批判继承德国古典哲学、英国古典政治经济学和法国、英国空想社会主义的思想成果，创立了唯物史观和剩余价值学说。正是由于这两大发现，社会主义思想才被置于科学的理论基础之上，从而实现了从空想到科学的伟大飞跃。科学社会主义深刻分析了资本主义社会的基本矛盾，科学论证了社会主义代替资本主义的历史必然性，并对未来社会主义的发展过程和一般特征作出了科学的设想。当然，在论证资本主义必然灭亡、社会主义必然胜利"两个必然"结论的同时，经典作家还提出了"两个决不会"的思想，即"无论哪一个社会形态，在它所能容纳的全部生产力发挥出来以前，是决不会灭亡的；而新的更高的生产关系，在它的物质存在条件在旧社会的胎胞里成熟以前，是决不会出现的"①。

20 世纪初，列宁领导十月革命取得成功，建立了世界上第一个社会主义国家，实现了社会主义从理论到实践的飞跃。列宁把马克思主义基本原理同俄国具体实际结合起来，创造性地提出社会主义可能在一国或数国首先取得胜利的理论，并且通过十月革命建立起世界上第一个社会主义国家。十月革命胜利后，新生的苏维埃政权曾按照马克思、恩格斯的设想进行社会主义建设，在 1918 年下半年到 1921 年春实行了战时共产主义政策。尽管该政策对捍卫和巩固新生苏维埃政权发挥了重要作用，但其暴露出的问题和造成的政治经济危机，引起了列宁的深刻反思。列宁着手对战时共产主义政策进行了深刻调整，并用新经济政策取而代之。此后，斯大林在领导苏联社会主义建设中，逐步形成了单一生产资料公有制和自上而下的指令性计划经济体制、权力高度集中的政治体制。尽管苏联模式在特定的历史条件下发挥了重要作用，但随着时间的推移，其弊端也日益暴露。20 世纪 80年代末 90 年代初，苏联和东欧国家在对这种模式的调整中偏离了正确方向，最终导致东欧剧变、苏联解体。

中国共产党在实践探索中，特别是在汲取我国和苏联社会主义建设经验教训的基础上，作出了进行改革开放的历史性决策，开创和发展了中国特色社会主义。对于在中国这样一个经济文化落后的东方大国如何建设社会主义，我们没有经验，只能在探索中前进。我国的社

---

① 《马克思恩格斯选集》第 2 卷，人民出版社 2012 年版，第 3 页。

会主义建设，曾经历过照搬苏联模式的时期，在认识到其不足和局限后，开始探索适合中国国情的社会主义建设道路。邓小平在回顾这段历史时指出："坦率地说，我们过去照搬苏联搞社会主义的模式，带来很多问题。我们很早就发现了，但没有解决好。"[①] 正是在重新思考和探索"什么是社会主义，怎样建设社会主义"的过程中，中国逐步突破了苏联模式的桎梏，开创和发展了中国特色社会主义，深化了对社会主义、对社会主义建设规律的认识。中国特色社会主义贯穿并发展了科学社会主义的科学内涵、精神实质和基本原则，并将这些原则同中国实际和时代发展相结合，实现了科学社会主义基本原则在当代中国的创造性运用和丰富发展。

（二）中国特色社会主义是近代以来中国社会发展的必然选择

中国特色社会主义道路是在对近代以来 170 多年中华民族发展历程的深刻总结中走出来的，是在对中华民族 5000 多年悠久文明的传承中走出来的。它寄托着无数先辈先烈的夙愿和期待，凝结着全体中华儿女的智慧和心血，是中华民族历史上的伟大创举。

1840 年鸦片战争之后，近代中国屡遭西方列强的侵略和蹂躏，逐步沦为半殖民地半封建社会，陷入国弱民穷的深重灾难。中华民族在外部帝国主义和内部封建主义的双重挤压下，出现了"三千年未有之变局"，面临着亡国亡种亡文的全面危机。拯救民族危亡、实现民族振兴成为亟待解决的历史性课题，成为牵引中国人为之探索奋斗的

---

① 《邓小平文选》第三卷，人民出版社 1993 年版，第 261 页。

根本任务。为了破解这一历史性课题、完成这一根本任务，中国人先后进行了一系列探索。太平天国运动以"基督天国"和"社会大同"为号召，试图通过革命建立新王朝以实现民族振兴，这是一条王朝封建主义道路，结果没有走通；洋务运动以"中体西用"为指针，试图在保持原有国体基础上通过局部改革以达到富强，这是一条改良封建主义道路，结果没有走通；戊戌变法以"变法维新"为引领，试图通过温和的制度变革建立君主立宪资本主义国家以走进世界民族之林，这是一条英国式的资本主义道路，结果没有走通；辛亥革命以"三民主义"为旗帜，试图通过暴力手段建立民主共和资本主义国家以求得民族独立解放和人民幸福，这是一条法国式美国式的资本主义道路，结果仍没有走通。

辛亥革命以后，中国的有识之士开始了更为广泛的探索。一时间，无政府主义、国家主义、民粹主义、新村主义、工团主义，还包括当时中国人了解并不多的社会主义等各种主义和思潮蜂拥而起。俄国十月革命的胜利，给处在苦闷彷徨中的中国人民指明了前进方向。以李大钊、陈独秀等为代表的先进分子，在对各种主义反复进行比较后，认识到只有社会主义才能救中国，最终选择了走俄国十月革命的道路。中国共产党领导人民经过 28 年艰苦卓绝的革命斗争，终于推翻了"三座大山"，取得了新民主主义革命的胜利，建立起人民民主专政的新中国，实现了民族独立和人民解放。近代中国救亡图存的历史告诉人们一个真理：只有社会主义才能救中国。

新中国成立后，我国开始进入社会主义革命和建设时期。以毛泽东为代表的中国共产党人推动着社会主义改造，对社会主义建设进行了初步探索，推动了经济社会的发展。由于没有更多可供借鉴的经验，我国的社会主义建设是从学习苏联开始的，但很快就发现苏联模式的不足，并开始探索适合中国国情的社会主义建设道路。当然，在这一过程中，我们党在探索中发生了一些曲折和失误，对社会主义的认识严重偏离了科学社会主义的原则，脱离了马克思主义的正确轨道，中国社会主义也陷入前所未有的困境。

1978 年党的十一届三中全会后，中国共产党深刻总结社会主义建设中正反两方面的经验，借鉴世界社会主义的历史经验，作出把党和国家工作中心转移到经济建设上来、实行改革开放的历史性决策，开创了中国特色社会主义。在短短 30 多年的时间里，中国创造出令世界瞩目的伟大成就，充分彰显出中国特色社会主义制度的优越性和生机活力。社会主义建设的实践反复证明：只有中国特色社会主义才能发展中国。这是历史的选择，人民的选择。

（三）中国特色社会主义是科学社会主义理论逻辑和中国社会发展历史逻辑的统一

就理论逻辑与历史逻辑的关系而言，理论逻辑蕴藏于历史逻辑之中，历史逻辑是理论逻辑的现实基础。世界社会主义 500 多年发展的历史实践，特别是中国特色社会主义的成功实践充分证明，"中国特色社会主义，既坚持了科学社会主义基本原则，又根据时代条件赋予其鲜明的中国特色。"[1]坚持和发展中国特色社会主义，是遵循科学社

---

[1] 《十八大以来重要文献选编》（上），中央文献出版社 2014 年版，第 109 页。

会主义的基本原则，依据中国社会发展的历史实践，并使二者有机统一的过程。

中国特色社会主义是社会主义而不是其他什么主义，是对科学社会主义基本原则的创造性坚守和运用。中国特色社会主义立足于中国仍处于并将长期处于社会主义初级阶段的国情，它作为一种政治理论、社会实践、社会制度，归根结底属于科学社会主义范畴。近些年来，国内外有些人对中国特色社会主义的社会性质提出疑问，认为中国现在搞的不是社会主义而是"资本社会主义""国家资本主义""新官僚资本主义"，其依据仍然是把市场经济这种资源配置方式作为判断社会性质的根本标志。这是对当代中国社会性质和社会形态的错误认识，是动摇中国特色社会主义理想信念的错误思潮。实际上，科学社会主义的基本原则是中国特色社会主义的灵魂所在，是建设和发展中国特色社会主义的"脉"。我们说中国特色社会主义是社会主义，那就是不论怎么改革、怎么开放，我们都始终要坚持中国特色社会主义道路、中国特色社会主义理论体系、中国特色社会主义制度，坚持党的十八大提出的夺取中国特色社会主义新胜利的基本要求。这就包括在中国共产党领导下，立足基本国情，以经济建设为中心，坚持四项基本原则，坚持改革开放，解放和发展社会生产力，建设社会主义市场经济、社会主义民主政治、社会主义先进文化、社会主义和谐社会、社会主义生态文明，促进人的全面发展，逐步实现全体人民共同富裕，建设富强民主文明和谐的社会主义现代化国家；包括坚持人民代表大会制度的根本政治制度，中国共产党领导的多党合作和政治协商制度、民族区域自治制度以及基层群众自治制度等基本政治制度，中国特色社会主义法律体系，公有制为主体、多种所有制经济共同发展的基本经济制度。这些都是在新的历史条件下体现科学社会主义基本原则的内容，如果丢掉了这些，那就不成其为社会主义了。

中国特色社会主义是扎根于当代中国的科学社会主义，既坚持马克思主义基本原理，又根据当代中国实践和时代发展不断推进马克思主义中国化。理论逻辑与历史逻辑相统一，其实质是理论与实践的统一。中国特色社会主义在坚持科学社会主义理论逻辑的同时，也将理论逻辑融入并揭示了中国社会发展的历史逻辑，彰显出中国特色。马克思主义经典作家多次强调，科学社会主义原理的运用随时随地都要以具体的历史条件为转移。世界社会主义运动的实践也表明，社会主义理论必须与实际条件相结合，如果用科学社会主义理论逻辑强制社会发展历史逻辑，就会犯教条主义的错误。中国特色社会主义不仅是科学社会主义在中国的运用，同时也是科学社会主义的中国创造，是用中国社会发展的历史逻辑证实并丰富科学社会主义的理论逻辑，由此赋予了其鲜明的中国特色。这种中国特色可以概括为实践特色、理论特色、民族特色和时代特色。中国特色社会主义的实践特色，是社会主义道路与中国国情相结合而形成的，中国国情决定了这一社会主义实践不同于经典作家的某些设想。改革开放和社会主义现代化建设的伟大实践，为中国特色社会主义奠定了深厚的实践基础，赋予其鲜明的实践品格。中国特色社会主义的理论特色，集中体现于中国特色社会主义理论体系。它是对科学社会主义基本原则的坚持和发展，又充分凝结着中国经验，是当代中国共产党人在不断总结历史经验和实践基础上的理论升华。中国特色社会主义的民族特色，既体现中华民族优秀文化传统和中国人民的共同价值追求，也是社会主义文化精神和价值追求在当代中国的现实反映。中国特色社会主义的时代特色，既生动表明了马克思主义与时俱进的品格，同时也体现了当代中国把握时代主题、顺应时代潮流、走在时代前列的精神风貌。

二、改革开放开创社会主义现代化建设新局面

中国特色社会主义的探索形成不是一蹴而就的过程，是党和人民90多年奋斗、创造、积累的根本成就，特别是改革开放30多年实践的根本总结。改革开放开创了社会主义现代化建设的新局面，是党在新的时代条件下带领人民进行的新的伟大革命，是坚持和发展中国特色社会主义的必由之路。习近平指出："改革开放最主要的成果是开创和发展了中国特色社会主义，为社会主义现代化建设提供了强大动力和有力保障。"[1]中国特色社会主义在改革开放中产生，同样也需要在改革开放中发展壮大。

（一）中国特色社会主义是改革开放30多年实践的根本总结

中国特色社会主义是伴随着改革开放伟大觉醒而形成和发展起来的。"改革开放是决定当代中国命运的关键一招，也是决定实现'两个一百年'奋斗目标、实现中华民族伟大复兴的关键一招"[2]。经过30

---

① 《十八大以来重要文献选编》（上），中央文献出版社 2014 年版，第 511 页。
② 《十八大以来重要文献选编》（上），中央文献出版社 2014 年版，第 494 页。

多年的艰苦奋斗，党领导人民取得了举世瞩目的伟大成就，充分解放和发展了生产力、实现了社会主义生产目的，有效解决了一系列带有根本性和战略性、事关我国前途命运和人民幸福的重大问题，成功探索出一条富强复兴之路，以实践证明中国特色社会主义道路选择、理论指导和制度坚持的正确。

改革开放新时期，我们党成功开创了中国特色社会主义。党的十一届三中全会以后，以邓小平同志为核心的党的第二代中央领导集体，重新确立了解放思想、实事求是的思想路线，彻底否定了"以阶级斗争为纲"的错误理论和实践，以巨大的政治勇气和理论勇气提出进行改革开放，并明确提出必须搞清楚"什么是社会主义、怎样建设社会主义"这个重大理论和实际问题。1982 年邓小平在党的十二大上发出响亮的号召：把马克思主义的普遍真理同我国的具体实际结合起来，走自己的道路，建设有中国特色的社会主义。经过实践探索，我们党提出了社会主义初级阶段理论，深刻揭示了社会主义本质，确立了社会主义初级阶段基本路线，第一次比较系统地初步回答了在中国这样的经济文化比较落后的国家如何建设社会主义、如何巩固和发展社会主义的一系列基本问题，用新的思想观点继承和发展了马克思主义，开拓了马克思主义新境界，把我们党对社会主义的认识提高到新的科学水平，创立了邓小平理论，成功开创了中国特色社会主义。

世纪之交，我们党成功把中国特色社会主义推向 21 世纪。党的十三届四中全会以后，以江泽民同志为核心的党的第三代中央领导集体，在国内外形势十分复杂、世界社会主义出现严重曲折的严峻考验面前捍卫了中国特色社会主义。我们党始终坚持党的基本理论、基本路线，并依据新的实践确立了党的基本纲领、基本经验，确立了社会主义市场经济体制的改革目标和基本框架，确立了社会主义初级阶段的基本经济制度和分配制度，提出依法治国基本方略，坚持法治与德治紧密结合，推进党的建设新的伟大工程，创立了"三个代表"重要思想，开创了全面改革开放新局面，成功把中国特色社会主义推向21世纪。

新世纪新阶段，我们党在新的历史起点上坚持和发展了中国特色社会主义。党的十六大以后，以胡锦涛同志为总书记的党中央，抓住重要战略机遇期，在全面建设小康社会进程中推进实践创新、理论创新、制度创新，强调坚持以人为本，全面协调可持续发展，加快转变经济发展方式，提出构建社会主义和谐社会，加快生态文明建设，形成中国特色社会主义事业总体布局，着力保障和改善民生，促进社会公平正义，坚持和平发展，推动建设和谐世界，推进党的执政能力建设和先进性建设，形成了科学发展观，成功在新的历史起点上坚持和发展了中国特色社会主义。

党的十八大以来，我们党开辟了中国特色社会主义的新境界。以习近平同志为核心的党中央团结带领全国各族人民，紧紧围绕实现"两个一百年"奋斗目标和中华民族伟大复兴的中国梦，举旗定向、谋篇布局、攻坚克难、强基固本，开辟了治国理政新境界，开创了党和国家事业发展新局面。习近平总书记系列重要讲话，内涵丰富、思想深邃、博大精深，是一个系统完整的科学理论体系，涵盖了改革发展稳定、内政外交国防、治党治国治军的方方面面，包括坚持和发展中国特色社会主义，实现"两个一百年"奋斗目标，实现中华民族伟大复兴中国梦，"五位一体"总布局，"四个全面"战略布局，以新发展理念引领发展，总体国家安全观，中国特色强军之路，等等。习近平治国理政新理念新思想新战略，升华了马克思主义发展新境界，丰富和发展了党的科学理论，为我们在新的历史起点上实现新的奋斗目标提供了根本遵循，续写了中国特色社会主义事业新篇章。

（二）正确认识和评价改革开放前后两个历史时期

以党的十一届三中全会为标志，我们党领导人民进行社会主义建设，有改革开放前和改革开放后两个历史时期，这是两个相互联系又有重大区别的时期，但本质上都是我们党领导人民进行社会主义建设的实践探索。我们应坚持辩证唯物主义和历史唯物主义的观点，把握两个历史时期的辩证统一关系，不能用改革开放后的历史时期否定改革开放前的历史时期，也不能用改革开放前的历史时期否定改革开放后的历史时期。

改革开放前社会主义的实践探索为改革开放后社会主义的实践探索提供了重要条件。中国特色社会主义是在改革开放历史新时期开创的，但也是在新中国已经建立起社会主义基本制度并进行了近30年建设的基础上开创的。在这一时期，我们党团结带领人民全力推进社会主义建设，各方面建设取得了巨大成绩，经过实践探索特别是总结经验教训，党就探索适合中国国情的社会主义建设道路逐步形成了一些十分重要而又具有长远指导意义的思想观点。虽然我们也出现了挫折和失误，但党对社会主义建设的实践探索和理论思考所取得的积极成果是极其宝贵的。党在这一时期的经验总结和认识成果，为开创和发展中国特色社会主义提供了重要思想来源。而改革开放后的历史时期所赖以进行社会主义现代化建设的物质技术基础，是在这个时期建设起来的；经济文化建设等方面的骨干力量及其工作经验也是在这个时期培养和积累起来的。历史已经证明，如果没有 1949 年建立新中国并进行社会主义革命和建设，积累了重要的思想、物质、制度条件，积累了正反两方面经验，改革开放将很难顺利推进，中国特色社会主义也很难成功开创。对改革开放前的社会主义实践探索，要坚持实事求是的思想路线，分清主流和支流，坚持真理，修正错误，发扬经验，吸取教训。割断两个历史阶段的相互联系，是极为错误的。

　　改革开放后社会主义实践探索是对改革开放前社会主义实践探索的坚持、改革、发展。早在改革开放初期，邓小平就指出："现在我们还是把毛泽东同志已经提出、但是没有做的事情做起来，把他反对错了的改正过来，把他没有做好的事情做好。今后相当长的时期，还是做这件事。"① 我们党在改革开放前的社会主义建设实践中提出的许多正确主张，当时没有真正落实，在改革开放后得到了真正贯彻。改革是新的时代条件下进行的新的伟大革命，但绝不是否定中国共产党的领导和社会主义制度，而是社会主义制度的自我完善和发展。改革开放使我国成功实现了从高度集中的计划经济体制到充满活力的社会主义市场经济体制、从封闭半封闭到全方位开放的伟大历史转折。如果没有 1978 年我们党果断决定实行改革开放，并坚定不移推进改革开放，坚定不移把握改革开放的正确方向，社会主义中国就不可能有

---

① 《邓小平文选》第二卷，人民出版社 1994 年版，第 300 页。

今天这样的大好局面，就可能面临严重危机，就可能遇到像苏联、东欧国家那样的亡党亡国危机。历史证明，改革开放是决定当代中国命运的关键抉择，是发展中国特色社会主义、实现中华民族伟大复兴的必由之路。

坚持用历史的观点、实践的观点、辩证的观点正确看待改革开放前后两个历史时期。马克思曾说："人们自己创造自己的历史，但是他们并不是随心所欲地创造，并不是在他们自己选定的条件下创造，而是在直接碰到的、既定的、从过去承继下来的条件下创造。"① 我们需要用辩证唯物主义和历史唯物主义的思想方法和科学态度科学评价这两个历史时期，在联系中看到差别，在差别中认识联系，把握历史过程曲折性与前进性的辩证统一关系。应当说，改革开放前后两个历史时期是两个相互联系又有重大区别的时期。一方面，我们应看到两者的重大区别，主要是指在进行社会主义建设的思想指导、方针政策、实际工作上有着很大差别，也包括进行社会主义实践探索的内外条件、实践基础等方面存在很大差别。但另一方面，我们更应看到两者的相互联系，就是说这种联系并不只是时间上的顺延和承续，而是在坚持社会主义发展方向、基本制度、根本任务、奋斗目标基础上的联系，两者决不是彼此割裂的，更不是根本对立的。我们不能用今天的时代条件、发展水平、认识水平去衡量和要求前人，不能苛求前人干出只有后人才能干出的业绩来。只有正确认识这种区别与联系，才能看到，无论用哪一个历史时期否定另一个历史时期，都是对自己这

---

① 《马克思恩格斯选集》第 1 卷，人民出版社 2012 年版，第 669 页。

个历史时期的否定，也才能更加自觉地坚持"两个不能否定"。

三、道路、理论体系和制度构成的有机整体

中国特色社会主义是道路、理论、制度的紧密结合，其中中国特色社会主义道路是实现途径，中国特色社会主义理论体系是行动指南，中国特色社会主义制度是根本保障，三者统一于中国特色社会主义伟大实践。这是中国特色社会主义的最鲜明特色。习近平明确指出："中国特色社会主义特就特在其道路、理论体系、制度上，特就特在其实现途径、行动指南、根本保障的内在联系上，特就特在这三者统一于中国特色社会主义伟大实践上。"①在当代中国，只有坚持和发展中国特色社会主义，才是真正坚持社会主义，真正坚持马克思主义。

（一）中国特色社会主义道路是实现途径

道路问题是关系党的事业兴衰成败的首要问题。它不仅关乎党的命脉，而且关乎国家前途、民族命运和人民幸福。我们党在革命、建设、改革的各个历史时期，都坚持从中国国情出发，积极探索符合中国实际的道路。90 多年来，我们党紧紧依靠人民，把马克思主义基本原理同中国具体实际与时代特征相结合，开辟了一条适合中国国情

---

① 《十八大以来重要文献选编》（上），中央文献出版社 2014 年版，第 74 页。

的中国特色社会主义道路。中国特色社会主义道路，是指在中国共产党领导下，立足基本国情，以经济建设为中心，坚持四项基本原则，坚持改革开放，解放和发展社会生产力，建设社会主义市场经济、社会主义民主政治、社会主义先进文化、社会主义和谐社会、社会主义生态文明，促进人的全面发展，逐步实现全体人民共同富裕，建设富强民主文明和谐的社会主义现代化国家。它包括中国特色社会主义经济发展道路、政治发展道路、文化发展道路、生态文明道路等一系列具体道路，是实现我国社会主义现代化的必由之路，是创造人民美好生活的必由之路。

中国特色社会主义道路，既坚持以经济建设为中心，又全面推进政治建设、文化建设、社会建设、生态文明建设以及其他各方面建设。这一道路努力实现经济建设与社会全面进步的统一，既使社会全面发展具有坚实的物质基础，又使经济发展具有体制保障、智力支持和良好社会氛围，从而实现重点突破与全面推进的有机统一。中国特色社会主义道路，既坚持四项基本原则，又坚持改革开放。这既使得中国的改革开放始终保持正确的方向，又能使中国特色社会主义始终充满活力，使中国面向世界学习借鉴一切有益于中国特色社会主义的东西。中国特色社会主义道路，既不断解放和发展社会生产力，又逐步实现全体人民共同富裕、促进人的全面发展。社会主义的根本目的是实现人的自由全面发展，而实现这一目标，一方面要大力发展生产力，使物质财富极大丰富；另一方面要推动人们对物质财富的平等占有，这就要求通过经济解放进而实现人的政治解放、社会解放、精神解放，充分发挥出中国特色社会主义的优越性。

中国特色社会主义道路既不是"传统的",也不是"外来的",更不是"西化的",而是我们"独创的"。经过改革开放 30 多年的发展,中国特色社会主义事业取得令世人瞩目的成就,中国特色社会主义道路经受了历史和实践的检验。中国特色社会主义道路的成功开辟和不断拓展,破除了人们对西方资本主义现代化模式和道路的迷信,彰显了人类文明发展道路和现代化模式的多样性,雄辩地证明了马克思主义"过时论"、社会主义"失败论"、资本主义"终结历史论"等理论的荒谬,为发展中国家实现现代化开辟了一条全新的发展道路。历史实践已充分证明,无论是封闭僵化的老路,还是改旗易帜的邪路,都是绝路、死路;只有中国特色社会主义道路而没有别的道路,能够引领中国进步、实现人民幸福。我们唯有科学认识和准确把握世情、国情、党情的变化,以逢山开路、遇河架桥的精神,勇于变革、锐意创新,才能使中国特色社会主义道路越走越宽广。

(二)中国特色社会主义理论体系是行动指南

改革开放 30 多年来,我们党科学判断世界形势的深刻变化,科学总结我国社会主义建设实践的经验,认真汲取其他社会主义国家兴衰成败的经验教训,紧紧围绕改革发展稳定的各种重大理论与现实问题进行探索,大力推进理论创新,实现了马克思主义中国化的第二次历史飞跃,形成和发展了中国特色社会主义理论体系。中国特色社会主义理论体系,是指包括邓小平理论、"三个代表"重要思想、科学发展观等在内的科学理论体系,是对马克思列宁主义、毛泽东思想的坚持和发展。中国特色社会主义理论体系是不断发展的开放的理论体系。习近平总书记系列重要讲话，是中国特色社会主义理论体系的最新成果，是马克思主义中国化最新成果，是鲜活的马克思主义。由此可见，中国特色社会主义理论体系，是中国共产党带领全国人民在社会主义现代化建设和改革开放的伟大历史进程中，把马克思主义基本原理同中国实际相结合的创造性成果，是我们党领导的改革开放和社会主义现代化建设伟大实践的理论结晶。

中国特色社会主义理论体系秉承马克思主义与时俱进的理论品质，创造性地提出了一系列适应时代发展要求的新思想、新观点、新论断，深入探索和科学回答了"什么是社会主义、怎样建设社会主义""建设什么样的党、怎样建设党""实现什么样的发展、怎样发展"等重大理论和现实问题。这一理论体系在回答建设中国特色社会主义的思想路线、发展道路、发展阶段、发展战略、根本任务、发展动力、依靠力量、国际战略、领导力量和根本目的等问题上，形成了一系列独创性的重大理论观点。正如习近平指出："邓小平理论、'三个代表'重要思想以及科学发展观等重大战略思想，都坚持从实际出发，注重总结改革开放不同时期、不同阶段的新鲜经验，注重探索和回答不同时期、不同阶段遇到的新矛盾、新问题，在理论创新和理论发展上都作出了各自的独特贡献。它们既相互贯通又层层递进，体现了新时期以来我们党理论创新成果的科学性体系、阶段性成果和发展性要求的内在统一。"[①] 中国特色社会主义理论体系丰富和发展了马克思主义对共产党执政规律、社会主义建设规律、人类社会发展规律的科学

---

① 《十七大以来重要文献选编》（上），中央文献出版社 2009 年版，第 244—245 页。

认识。

中国特色社会主义理论体系是同马克思列宁主义、毛泽东思想既一脉相承又与时俱进的科学理论。这一理论体系谱写出科学社会主义的"新版本"，是深深扎根于中国大地、符合中国实际的当代中国马克思主义。它生动而具体地坚持了马克思列宁主义、毛泽东思想，生动而具体地发展了马克思列宁主义、毛泽东思想，把科学社会主义基本原则的理论要求与中国社会发展的现实要求在理论上统一起来。坚持和发展中国特色社会主义理论体系，应坚持马克思列宁主义、毛泽东思想，丢了这一条就丧失了根本。同时，我们应要以我国改革开放和现代化建设的实际问题、以正在做的事情为中心，着眼于马克思主义理论的运用，着眼于对实际问题的理论思考，着眼于新的实践和新的发展，不断开拓马克思主义新境界，发展扎根于中国大地、符合中国实际的当代中国马克思主义。在当代中国，坚持中国特色社会主义理论体系，就是真正坚持马克思主义。

（三）中国特色社会主义制度是根本保障

制度在社会历史发展中带有根本性、全局性、稳定性和长期性。中国特色社会主义既是一种理论和实践，也是一种社会制度。而制度是实践的结果，是理性认识的结晶，是实践和理论创新的最高成就。中国特色社会主义制度，是包括人民代表大会制度这一根本政治制度，中国共产党领导的多党合作和政治协商制度、民族区域自治制度以及基层群众自治制度等构成的基本政治制度，中国特色社会主义法律体系，公有制为主体、多种所有制经济共同发展的基本经济制度，以及建立在根本政治制度、基本政治制度、基本经济制度基础上的经济体制、政治体制、文化体制、社会体制等各项具体制度。这一社会制度实现了三个"有机结合",即"坚持把根本政治制度、基本政治制度同基本经济制度以及各方面体制机制等具体制度有机结合起来,坚持把国家层面民主制度同基层民主制度有机结合起来,坚持把党的领导、人民当家作主、依法治国有机结合起来"①。中国特色社会主义制度,既坚持了社会主义的根本性质,又借鉴了古今中外制度建设的有益成果,反映了中国的国情实际和时代特征。

中国特色社会主义制度,作为当代中国发展进步的根本制度保障,深刻揭示了中国特色社会主义的本质属性和鲜明特色。中国特色社会主义制度根植于改革开放和社会主义现代化建设的生动实践。中国特色社会主义形成和发展的进程,是一个不断把实践中的成功经验和理论上的科学认识转化和定型为制度的过程,也是一个不断进行制度创新和完善的历史进程。中国特色社会主义建设的实践充分证明,中国特色社会主义制度符合我国国情,顺应时代潮流,有利于调动广大人民群众和社会各方面的积极性、主动性、创造性,有利于解放和发展社会生产力、推动经济社会的全面发展,有利于维护和促进社会公平正义、实现全体人民共同富裕,有利于维护民族团结、社会稳定,能够有效应对前进道路上的各种风险挑战,具有巨大的优越性和独特优势。

中国特色社会主义制度不是一成不变的,而是要在改革实践中不

---

① 《十八大以来重要文献选编》(上),中央文献出版社 2014 年版,第 75 页。

断发展完善。邓小平曾指出，我们建立的社会主义制度是个好制度，必须坚持。而随着中国特色社会主义事业的不断发展，我们不但要始终坚持中国特色社会主义制度，也要在回应和处理时代课题中不断推动这一制度的改进和完善。我们应当把制度建设摆在突出位置，以实践基础上的理论创新推动制度创新，坚持和完善现有制度，从实际出发，及时制定一些新的制度，构建系统完备、科学规范、运行有效的制度体系，使我国制度体系更加成熟、更加定型，为夺取中国特色社会主义新胜利提供更加有效的制度保障。

应当看到，中国特色社会主义道路、理论和制度是内在统一的，三者统一于中国特色社会主义伟大实践。中国特色社会主义是包括实践、理论、制度紧密结合的有机整体，而道路、理论体系、制度都是在探索中国特色社会主义的进程中形成的，是中国共产党人对中国特色社会主义规律的深刻把握。在当代中国，我们党既把成功的实践上升为理论，又以正确的理论指导新的实践，还把实践中已见成效的方针政策及时上升为党和国家的制度。中国特色社会主义道路、理论体系、制度，构成了探索中国特色社会主义过程中形成的实践维度、理论维度和制度维度的成果，是中国特色社会主义不可分割的三个重要方面。

四、继续把中国特色社会主义这篇大文章写下去

中国特色社会主义是一项开拓性的事业，我们对中国特色社会主

义建设规律的认识并没有完结，发展中国特色社会主义任重而道远。习近平指出："坚持和发展中国特色社会主义是一篇大文章，邓小平同志为它确定了基本思路和基本原则，以江泽民同志为核心的党的第三代中央领导集体、以胡锦涛同志为总书记的党中央在这篇大文章上都写下了精彩的篇章。现在，我们这一代共产党人的任务，就是继续把这篇大文章写下去。"①

（一）夺取中国特色社会主义新胜利的基本要求

党的十八大报告明确提出，在新的历史条件下夺取中国特色社会主义新胜利必须牢牢把握八个基本要求，即必须坚持人民主体地位，必须坚持解放和发展社会生产力，必须坚持推进改革开放，必须坚持维护社会公平正义，必须坚持走共同富裕道路，必须坚持促进社会和谐，必须坚持和平发展，必须坚持党的领导。这"八个必须"的基本要求，实现了党的领导核心地位与人民主体地位的统一，增强社会发展动力与强化社会和谐的统一，总结我国社会主义发展成果与借鉴人类文明成果的统一，进一步回答了在新的历史征程上坚持和发展中国特色社会主义的基本问题，深化了对中国特色社会主义建设规律的认识，为继续推进中国特色社会主义事业提供了理论指南和行动纲领。

"八个必须"基本要求，是对"什么是社会主义、怎样建设社会主义"这一基本问题的深化思考和回答，是对中国特色社会主义道路、理论、制度的根本原则和根本价值的高度概括，与改革开放 30 多年

---

① 《十八大以来重要文献选编》（上），中央文献出版社 2014 年版，第 114 页。

来我们党对社会主义社会发展规律的认识一脉相承。改革开放以来，我们坚持把解放和发展生产力作为社会主义建设的根本任务，丰富和发展了社会主义本质理论；正确认识把握社会主义从低级到高级的发展规律，提出了社会主义初级阶段论；正确认识和处理社会主义基本经济制度与经济体制的关系，创立了社会主义市场经济理论；坚持以生产资料公有制为基础，创立了以公有制为主体、多种所有制经济共同发展的经济发展方式；全面推进经济、政治、文化、社会和生态文明建设，形成了社会主义建设"五位一体"总体布局；协调推进全面建成小康社会、全面深化改革、全面依法治国、全面从严治党，形成了"四个全面"的战略布局，推动着科学社会主义在当代中国的创造性运用和发展。

"八个必须"基本要求，既是中国特色社会主义科学内涵的丰富拓展，又是对当前我国经济社会存在的突出问题的积极回应；既是坚持和发展中国特色社会主义实践经验的科学总结，又是夺取中国特色社会主义新胜利的基本遵循。"八个必须"基本要求，既涉及生产力和生产关系又涉及经济基础和上层建筑，既涉及党的建设新的伟大工程又涉及统筹国内国际两个大局，是新时期改革发展稳定、内政外交国防、治党治国治军的正确指引。中国特色社会主义是亿万人民自己的事业，必须发挥人民的主人翁精神，更好保证人民当家作主。解放和发展生产力是中国特色社会主义的根本任务，必须坚持以经济建设为中心，推动全面协调可持续发展。改革开放是坚持和发展中国特色社会主义的必由之路，必须把改革创新精神贯彻到治国理政的各个环节，不断推进我国社会主义制度的自我完善和发展。公平正义是中国特色社会主义的内在要求，必须加紧建设对保障社会公平正义具有重大作用的制度，逐步建立和完善社会公平保障体系。共同富裕是中国特色社会主义的根本原则，必须使发展成果更多惠及全体人民，朝着共同富裕方向前进。社会和谐是中国特色社会主义的本质属性，必须团结一切可以团结的力量，最大限度增加社会和谐因素，确保人民安居乐业、社会安定有序、国家长治久安。和平发展是中国特色社会主义的必然选择，必须坚持开放、合作和共赢，推动建设持久和平、共同繁荣的和谐世界。中国共产党是中国特色社会主义事业的领导核心，必须加强和改善党的领导，充分发挥党的领导核心作用。

（二）必须进行具有许多新的历史特点的伟大斗争

人们对事物的认识总是需要一个过程。经过几十年的理论与实践探索，我们对社会主义的认识、对中国特色社会主义规律的把握，已经达到了一个前所未有的新高度。但同时也要看到，我们对社会主义的认识和把握仍然非常有限。我国社会主义仍处在初级阶段，我们还面临着许多没有弄清楚的问题和待解的难题，对许多重大问题的认识和处理尚在不断深化的过程之中。我们的事业越前进、越发展，新情况新问题就会越多，面临的风险挑战就会越多，面对的不可预知的状况就会越多。为此，我们必须把发展中国特色社会主义作为一项长期的艰巨的历史任务，在实践中大胆探索、深化发展，必须准备进行具有许多新的历史特点的伟大斗争。我们这一代共产党人的历史重任，就是要以更加坚定的信念、更加顽强的努力，毫不动摇坚持和发展中国特色社会主义，不断丰富中国特色社会主义的实践特色、理论特色、民族特色、时代特色，团结带领全国各族人民，努力实现全面建成小康社会各项目标任务，继续实现推进现代化建设、完成祖国统一、维护世界和平与促进共同发展这三大历史性任务。

当今中国处在历史大变革、结构大调整、格局大变动的新的历史起点上。这种新的历史起点上的历史特点可概括为："力量转移、时空压缩、结构调整、社会分化、安全困境、命运决断。"[①] 当前，我们党推进中国特色社会主义伟大事业，既具有充分的条件，也面临艰巨的任务，前进道路并不平坦，诸多矛盾叠加、风险隐患增多的挑战依然严峻复杂。正如习近平指出的那样："不发展有不发展的问题，发展起来有发展起来的问题，而发展起来后出现的问题并不比发展起来前少，甚至更多更复杂了。"[②] 这些矛盾问题涉及的范围广泛，触及的利益深刻，不确定不稳定的因素较多，各种因素之间的联动性明显增强，其风险挑战必然是空前的。如果应对不好，任何一项斗争举措出现失误，都可能带来意想不到的连锁式风险效应，甚至会发生系统性风险、犯颠覆性错误。针对这些问题，以习近平同志为核心的党中央立足全局、统筹谋划、勇于担当，积极应对我们党面临的诸多挑战，应对"四大考验"和"四种危险"，努力破解中国特色社会主义伟大事业发展中出现的诸多难题，提出了一系列治国理政的新理念新思想新战略。习近平治国理政思想，是中国特色社会主义理论体系的最新成果，是指导具有许多新的历史特点的伟大斗争的鲜活的马克思主

---

① 韩庆祥：《思想的力量——新一届中央领导集体治国理政的基本思路》，中共中央党校出版社 2014 年版，第 14 页。

② 《十八大以来重要文献选编》（中），中央文献出版社 2016 年版，第 833 页。

义。作为逻辑严密的有机整体，它深刻回答了新形势下党和国家事业发展的一系列重大理论和现实问题，既坚持了老祖宗，又讲了很多新话，进一步深化了我们党对共产党执政规律、社会主义建设规律、人类社会发展规律的认识，升华了马克思主义发展新境界，续写了中国特色社会主义事业新篇章。

在新的时代条件下，我们党带领人民进行具有许多新的历史特点的伟大斗争，实质上就是要以敢于斗争的革命胆略和善于斗争的科学方略，为坚持和发展中国特色社会主义排除困难和障碍，化解矛盾和风险，增强动力和活力。进行具有许多新的历史特点的伟大斗争，既展示出一种昂扬向上的精神状态，又体现为一种攻坚克难的实际行动，是我党执政的精神气质、精神气概和精神气度的反映。习近平指出，在推进中国特色社会主义建设伟大事业进程中，我们一定要真正做到求真务实、真抓实干、敢于担当。而进行具有许多新的历史特点的伟大斗争，正是当代中国共产党人的使命担当。面对歪风邪气，我们必须敢于亮剑、坚决斗争，这是政治担当；面对艰难险阻任务，我们必须豁得出去、顶得上去，这是使命担当；面对中国特色社会主义事业前进道路上的困难问题，我们必须攻坚克难，寻求出路，这是历史担当。只有敢于担当，敢于斗争，敢于啃硬骨头、涉险滩，才能有所作为。

（三）必须坚定中国特色社会主义道路自信、理论自信、制度自信、文化自信

自信，是一个国家、一个民族和一个政党对自身价值的充分肯

定，对自身生命力的坚定信念。习近平曾指出："当今世界，要说哪个政党、哪个国家、哪个民族能够自信的话，那中国共产党、中华人民共和国、中华民族是最有理由自信的"①。今天，我们只有对自己的道路、理论、制度、文化有坚定的信心，才能获得坚守的从容，鼓起奋发的勇气，焕发创造的活力，才能不断开创中国特色社会主义事业新局面。

我们对中国特色社会主义的自信，来源于实践、来源于人民、来源于真理。中国特色社会主义是经过全党全国各族人民长期奋斗取得的，也是经过长期实践检验的。改革开放 30 多年来，我们不仅在经济建设上创造了令世界瞩目的"中国奇迹"，而且在政治建设、文化建设、社会建设、生态文明建设和党的建设上都取得了历史性进步，综合国力显著增强。中国以前所未有的速度发展起来，中国人民以前所未有的速度富裕起来，中国的国际地位以前所未有的速度提高起来。这同改旗易帜的一些原社会主义国家相比，同困于金融危机、债务危机难以自拔的一些西方国家相比，同陷入发展陷阱、动乱危机的一些发展中国家相比，中国特色社会主义充满勃勃生机，开辟了中华民族伟大复兴的光明前景。这也使得曾鼓吹"历史终结论"的美国学者弗朗西斯·福山不得不修正自己的观点，在 2009 年接受日本《中央公论》杂志采访时承认："客观事实证明，西方自由民主可能并非人类历史进化的终点。随着中国崛起，所谓'历史终结论'有待进一步推敲和完善，人类思想宝库需为中国传统留有一席

---

① 《十八大以来重要文献选编》（上），中央文献出版社 2014 年版，第 459 页。

之地。"①

中国特色社会主义事业是开创性事业，艰辛探索、艰苦奋斗必然伴随其中，遭遇挑战、攻坚克难也必然伴随其中。我们唯有坚定道路自信、理论自信、制度自信和文化自信，才能敢于战胜各种可以预料和难以预料的风险挑战，不断交出坚持和发展中国特色社会主义的合格答卷。习近平在庆祝中国共产党成立 95 周年大会上提出了坚持不忘初心、继续前进的八个要求，其中第三个要求讲道："坚持不忘初心、继续前进，就要坚持中国特色社会主义道路自信、理论自信、制度自信、文化自信，坚持党的基本路线不动摇，不断把中国特色社会主义伟大事业推向前进。"② 我们要进一步坚定道路自信，既不走封闭僵化的老路、也不走改旗易帜的邪路，坚定不移走中国特色社会主义的康庄大道；进一步坚定理论自信，既不忘老祖宗、又要讲新话，坚定不移用马克思主义中国化的最新成果武装头脑、指导实践；进一步坚定制度自信，既不照抄照搬、又不故步自封，更好地发挥中国特色社会主义制度的优越性。

坚定中国自信，本质上是坚定文化自信。"文化自信，是更基础、更广泛、更深厚的自信。"③ 坚定中国特色社会主义道路自信、理论自信、制度自信，说到底是要坚定文化自信。文化自信是一个民族、一

① ［美］弗朗西斯·福山：《历史的终结及最后之人》，黄胜强等译，中国社会科学出版社 2003 年版，代序。

② 习近平：《在庆祝中国共产党成立 95 周年大会上的讲话》，人民出版社 2016 年版，第 12 页。

③ 习近平：《在庆祝中国共产党成立 95 周年大会上的讲话》，人民出版社 2016 年版，第 13 页。

个国家以及一个政党对于自身文化价值的充分肯定和积极践行，同时对这种文化的生命力保持坚定信心。在推动中国特色社会主义伟大事业中，我们必须认识到，包括"自强不息"的奋斗精神、"革故鼎新"的创新思想、"天人合一"的社会理想、"与人为善"的处世之道等在内的中华优秀传统文化，是我们最深厚的文化软实力，其核心内容已成为中华民族最基本的文化基因；而井冈山精神、长征精神、延安精神、西柏坡精神等革命文化，是我们党领导人民进行革命斗争实践的结晶，是我们坚持文化自信的重要资源；包括"两弹一星"精神、大庆精神、抗震救灾精神、载人航天精神等在内的社会主义先进文化，始终坚持以马克思主义为指导，既传承和弘扬着中华民族优秀传统文化，又体现了当代历史和人类文明的发展趋势。所以说，在五千多年文明发展中孕育的中华优秀传统文化、在党和人民伟大斗争中孕育的革命文化和社会主义先进文化，积淀着中华民族最深层的精神追求，奠定了我们文化自信的强大底气。我们唯有进一步坚定文化自信，既不厚古薄今、又不盲目崇外，大力弘扬社会主义核心价值观，大力弘扬民族精神和时代精神，用共同理想信念凝聚民族意志，不断增强全党全国各族人民的精神力量。我们只有在持续增强硬实力的同时，不断推动文学艺术、哲学社会科学等各领域的文化大发展大繁荣，提升国家文化软实力，建设社会主义文化强国，才能夯实文化自信的根基。我们唯有坚定中国自信，坚持中国道路，弘扬中国精神，凝聚中国力量，才能不断把中国特色社会主义伟大事业推向前进。

第三章

建设社会主义现代化国家的"两大布局"

治国理政是党带领人民治理国家、处理各项事务的总称，涉及社会主义建设的各个领域、各个环节，是一项复杂的系统工程。因此，推进治国理政现代化，建设社会主义现代化国家，必须整体布局、统筹兼顾、协调推进。党的十八大以来，我们党形成并积极推进经济建设、政治建设、文化建设、社会建设、生态文明建设"五位一体"的总体布局，形成并积极推进全面建成小康社会、全面深化改革、全面依法治国、全面从严治党"四个全面"的战略布局，为开创中国特色社会主义事业新局面，为实现"两个一百年"的奋斗目标提供战略支撑。2016 年 7 月 1 日，习近平在庆祝建党 95 周年大会上强调："坚持不忘初心、继续前进，就要统筹推进'五位一体'总体布局，协调推进'四个全面'战略布局，全力推进全面建成小康社会进程，不断把实现'两个一百年'奋斗目标推向前进。"① 这是以习近平同志为核心的党中央站在时代发展前沿，立足我国发展新要求，对治国理政现代

---

① 习近平：《在庆祝中国共产党成立 95 周年大会上的讲话》，人民出版社 2016 年版，第 14 页。

化作出的战略设计。

一、"五位一体"总体布局是治国理政现代化的重要成果

改革开放以来，随着我们党治国理政现代化的不断深化和拓展，统筹推进中国特色社会主义事业"五位一体"总体布局的战略思路在实践中逐步形成和展开。这充分体现了我们党对社会主义发展战略的准确把握，表明对社会主义现代化建设规律的认识达到了新高度。

（一）对中国特色社会主义总体布局的认识历程

进入改革开放新时期，从"两个文明"到"三位一体"，从"四位一体"再到"五位一体"，我们党对中国特色社会主义总体布局的认识，经历了一个逐步深化、日趋完善的过程。

第一阶段："两个文明"。在经历了"文革"之后，党的十一届三中全会决定"把全党工作的着重点和全国人民的注意力转移到社会主义现代化建设上来"，提出"实现四个现代化，要求大幅度地提高生产力"①。随着改革开放的日益深入，在强调以经济建设为中心的同时，为了抵制思想领域中腐朽思想侵入，逐渐把精神文明建设提上重要日程。1979 年 10 月，在中国文学艺术工作者第四次代表大会上，

---

① 《三中全会以来重要文献选编》（上），中央文献出版社 2011 年版，第 3—4 页。

邓小平在祝词中指出："我们要在建设高度物质文明的同时，提高全民族的科学文化水平，发展高尚的丰富多彩的文化生活，建设高度的社会主义精神文明。"①1982 年 9 月，党的十二大首次厘清了物质文明和精神文明的科学内涵及相互关系，提出"我们在建设高度物质文明的同时，一定要努力建设高度的社会主义精神文明。这是建设社会主义的一个战略方针问题"②。从而将精神文明建设与物质文明建设摆到同样的战略高度，成为我们党在探索建设中国特色社会主义进程中的最初布局。

第二阶段："三位一体"。1986 年 9 月，党的十二届六中全会第一次明确提出："我国社会主义现代化建设的总体布局是：以经济建设为中心，坚定不移地进行经济体制改革，坚定不移地进行政治体制改革，坚定不移地加强精神文明建设，并且使这几个方面互相配合，互相促进。"③由此开始，经济体制改革、政治体制改革、精神文明建设便成为我国社会主义现代化建设的总体布局。1987 年 10 月，党的十三大确定了党在社会主义初级阶段的基本路线，把"富强、民主、文明"确立为社会主义现代化"三位一体"的战略目标。1989 年党的十三届四中全会之后，以江泽民同志为核心的党中央明确提出了党在社会主义初级阶段的基本纲领，对建设中国特色社会主义经济、政治、文化作了新的系统性阐述。1992 年 10 月，党的十四大指出："要围绕经济建设这个中心，加强社会主义民主法制和精神文明建设，促

---

① 《邓小平文选》第二卷，人民出版社 1994 年版，第 208 页。

② 《十二大以来重要文献选编》（上），中央文献出版社 2011 年版，第 21 页。

③ 《十二大以来重要文献选编》（下），中央文献出版社 2011 年版，第 121 页。

进社会全面进步。"①1997 年 9 月，党的十五大从经济、政治、文化三个维度论述了社会主义初级阶段的基本纲领，强调"建设有中国特色社会主义的经济、政治、文化的基本目标和基本政策，有机统一，不可分割，构成党在社会主义初级阶段的基本纲领"②。

　　第三阶段："四位一体"。党的十六大之后，随着我国改革开放和中国特色社会主义事业的不断推进，尤其是科学发展观和构建社会主义和谐社会等重大战略思想提出之后，我们党对中国特色社会主义事业总体布局的认识也有了新的拓展。2005 年 2 月，胡锦涛在省部级主要领导干部提高构建社会主义和谐社会能力专题研讨班上指出："随着我国经济社会的不断发展，中国特色社会主义事业的总体布局，更加明确地由社会主义经济建设、政治建设、文化建设三位一体发展为社会主义经济建设、政治建设、文化建设、社会建设四位一体。"③ 自此之后，中国特色社会主义事业"四位一体"的总体布局成为全党共识。2007 年 10 月，党的十七大决定，"在党章中把党的基本路线中的奋斗目标表达为把我国建设成为富强民主文明和谐的社会主义现代化国家"，"把经济建设、政治建设、文化建设、社会建设四位一体的中国特色社会主义事业总体布局写入党章。"④

　　第四阶段："五位一体"。良好的生态环境是经济社会发展的前提条件，资源能源短缺，环境污染和生态恶化正成为阻碍我国可持续发

---

① 《十四大以来重要文献选编》（上），中央文献出版社 2011 年版，第 14 页。
② 《十五大以来重要文献选编》（上），中央文献出版社 2011 年版，第 17 页。
③ 《十六大以来重要文献选编》（中），中央文献出版社 2011 年版，第 696 页。
④ 《十七大以来重要文献选编》（上），中央文献出版社 2009 年版，第 45 页。

展的重要因素。在这种情况下，我们党审时度势，将生态文明建设纳入社会主义现代化建设的伟大实践中。党的十七大在论述实现全面建设小康社会奋斗目标新要求时，在强调加强经济建设、政治建设、文化建设、社会建设的同时，明确提出"建设生态文明"的新要求。2008 年 9 月，胡锦涛提出："必须走生产发展、生活富裕、生态良好的文明发展道路，全面推进社会主义经济建设、政治建设、文化建设、社会建设以及生态文明建设。"① 第一次把生态文明建设与经济建设、政治建设、文化建设和社会建设并列提出。2012 年 11 月，党的十八大将建设社会主义市场经济、社会主义民主政治、社会主义先进文化、社会主义和谐社会和社会主义生态文明，作为中国特色社会主义道路的主体内容，并明确提出了"建设中国特色社会主义的总布局是五位一体"的科学论断。

（二）对社会主义建设规律在实践和认识上不断深化的重要成果

习近平指出，"五位一体"总体布局"是我们党对社会主义建设规律在实践和认识上不断深化的重要成果。我们要按照这个总布局，促进现代化建设各方面相协调，促进生产关系与生产力、上层建筑与经济基础相协调"② 。改革开放以来，随着中国特色社会主义事业的不断推进，总体布局的内容与结构逐步丰富和完善，反映我们党对社会主义现代化建设的顶层设计更加科学，对社会主义现代化建设规律的认识不断深化。

---

① 《十七大以来重要文献选编》（上），中央文献出版社 2009 年版，第 570 页。
② 《十八大以来重要文献选编》（上），中央文献出版社 2014 年版，第 77 页。

"五位一体"总体布局丰富了马克思主义社会有机体理论。马克思主义认为,社会是一个由各种要素和关系相互影响、相互作用所构成的联系和发展着的有机整体。1859 年马克思在《〈政治经济学批判〉序言》中指出:"物质生活的生产方式制约着整个社会生活、政治生活和精神生活的过程。"① 在这里,马克思提出了社会有机体由经济、政治、社会和文化四个部分组成。"五位一体"总体布局的基本依据就在于社会是一个相互联系、相互制约、相辅相成的有机统一整体,其中"五位"中的每一"位"都有其不同的地位和作用,同时"五位"又互为条件、互相促进,成为"一体"。"五位一体"总体布局坚持全面性、整体性的思维路径,把中国特色社会主义事业作为一项系统工程,只有社会有机体内部各组成要素的相互作用、协同共进,才能推动社会系统不断前进。"五位一体"总体布局的确立,正是我们党对社会有机体内部各组成要素认识的不断深化,是对马克思主义社会有机体理论的丰富和发展。

"五位一体"总体布局是对社会主义现代化建设的系统整合。在"五位一体"总体布局中,经济建设是中心,政治建设是保障,文化建设是灵魂,社会建设是条件,生态文明建设是基础。中国特色社会主义现代化建设必须既重视社会经济的发展,又重视民主政治建设,既重视全社会文明素质的提高,又重视个人自由全面的发展,还强调人与自然的和谐。只有增强经济、政治、文化、社会、生态"五位"的协调性,让"五位"相互作用、相互影响、相互支撑,真正融

---

① 《马克思恩格斯选集》第 2 卷,人民出版社 2012 年版,第 2 页。

为"一体",现代化建设才能更加全面、更加稳妥发展。"五位一体"总体布局是全面推进现代化建设的总体规划,与之相对应,富强、民主、文明、和谐、美丽则是全面实现现代化的总体目标,两者之间相互关联,构成现代化建设的有机整体。"五位一体"总体布局作为中国特色社会主义事业协同发展的实践路径,实现了中国现代化发展的系统表达和整体呈现,从而指引我们在改革开放和现代化建设的新征程上,求真务实、开拓创新,朝着建设富强、民主、文明、和谐、美丽的现代化强国不断奋进。

"五位一体"总体布局创造了向最高社会理想迈进的新范式。从"两个文明"到"三位一体",从"四位一体"再到"五位一体",中国特色社会主义总体布局的价值追求逐步由经济效率转变为全面效益,由经济发展的短期利益转变为可持续发展的长远利益,由以物为本转变到以人为本,明确了发展为了人民、发展依靠人民、发展成果由人民共享的坚持以人民为中心的发展思想。马克思、恩格斯曾反复强调,共产主义的最高理想即每个人自由而全面的发展,人类社会最高价值理想就是自由人的联合体。持续推进"五位一体"的现代化建设总体布局,着力构建以民主法治、公平正义、诚信友爱、安定有序、充满活力、人与自然和谐相处的美好社会,这不仅是中国立足于社会主义初级阶段的现实自觉贯彻人类社会最高价值理想的必经之路,也是在为人类社会向着最高社会理想逐步迈进创造了新的范式。

二、统筹推进"五位一体"总体布局

习近平指出:"强调总布局,是因为中国特色社会主义是全面发展的社会主义。我们要牢牢抓好党执政兴国的第一要务,始终代表中国先进生产力的发展要求,坚持以经济建设为中心,在经济不断发展的基础上,协调推进政治建设、文化建设、社会建设、生态文明建设以及其他各方面建设。"[①]"五位一体"总体布局是管长远、管全局、管根本的,贯穿于中国特色社会主义建设的全过程。

(一)促进经济持续健康发展

我国经济发展进入新常态,是党的十八大以来党中央作出的重大战略判断。因此,要主动适应、把握、引领新常态,推动经济持续健康发展,为如期全面建成小康社会、进而实现社会主义现代化奠定坚实物质基础。

第一,准确把握我国经济发展的大逻辑。习近平指出:"要把适应新常态、把握新常态、引领新常态作为贯穿发展全局和全过程的大逻辑。"[②]新常态下,我国经济发展的增长速度要从高速转向中高速,发展方式要从规模速度型转向质量效率型,经济结构调整要从增量扩能为主转向调整存量、做优增量并举,发展动力要从主要依靠资源和

---

① 《十八大以来重要文献选编》(上),中央文献出版社 2014 年版,第 77 页。
② 习近平:《在省部级主要领导干部学习贯彻党的十八届五中全会精神专题研讨班上的讲话》,《人民日报》2016 年 5 月 10 日。

低成本劳动力等要素投入转向创新驱动。这就要求，推进经济发展要更加注重提高发展质量和效益，从过去主要看增长速度有多快转变为主要看质量和效益有多好；稳定经济增长要更加注重供给侧结构性改革，实现由低水平供需平衡向高水平供需平衡的跃升；实施宏观调控要更加注重引导市场行为和社会心理预期，实现反周期目标；调整产业结构要更加注重加减乘除并举，引导增量，主动减量，发挥创新引领发展第一动力作用，抓好职业培训；推进城镇化建设要更加注重以人为核心，推动更多人口融入城镇；促进区域发展要更加注重人口经济和资源环境空间均衡，着力塑造区域协调发展新格局，重点实施"一带一路"建设、京津冀协同发展、长江经济带建设三大战略；保护生态环境要更加注重促进形成绿色生产方式和消费方式，促进人与自然和谐共生；保障和改善民生要更加注重对特定人群特殊困难的精准帮扶，使他们有现实获得感；进行资源配置要更加注重使市场在资源配置中起决定性作用，政府要集中力量办好市场办不了的事；扩大对外开放要更加注重推进高水平双向开放，提高我国在全球治理中的制度性话语权。

第二，坚持以提高发展质量和效益为中心。发展是解决我国一切问题的基础和关键。发展必须保持一定的速度，但并不是单纯追求增长速度，而是追求有效益、有质量、可持续的发展。面对经济发展进入新常态后出现的一系列困难矛盾、风险挑战，要坚持以提高发展质量和效益为中心，实现实实在在、没有水分的发展，民生改善、就业充分的发展，劳动生产率提高、经济活力增强、结构调整有成效的发展。有质量、有效益的发展，必然是遵循经济规律的科学发展、遵循自然规律的可持续发展、遵循社会规律的包容性发展。提高经济发展质量和效益，要把转方式调结构放到更加重要位置，以结构深度调整、振兴实体经济为主线调整完善相关政策，构建产业新体系，培育一批战略性产业，构建现代农业产业体系，加快建设制造强国，加快发展现代服务业。

第三，处理好政府和市场的关系。在毫不动摇地坚持我国基本经济制度，毫不动摇巩固和发展公有制经济，毫不动摇鼓励、支持和引导非公有制经济发展的前提下，不失时机地加大改革力度，坚持社会主义市场经济改革方向，使市场在资源配置中起决定性作用，在思想上更加尊重市场决定资源配置的规律，在行动上大幅度减少政府对资源的直接配置，推动资源配置依据市场规则、市场价格、市场竞争实现效益最大化和效率最优化，让企业和个人有更多活力和更大空间去发展经济、创造财富。同时，要更好发挥政府作用，保持宏观经济稳定，加强和优化公共服务，保障公平竞争，加强市场监管，维护市场秩序，推动可持续发展，促进共同富裕，弥补市场失灵。

第四，加快实施创新驱动发展战略。实施创新驱动发展战略，是加快转变经济发展方式、提高我国综合国力和国际竞争力的必然要求和战略举措。把创新驱动发展作为面向未来的一项重大战略实施好，就能够推动以科技创新为核心的全面创新，形成新的增长动力源泉，推动经济持续健康发展，加快从经济大国走向经济强国。实施创新驱动发展战略，要紧扣发展大势，跟踪全球科技发展方向，找准我国科技创新主攻方向和突破口，着力攻克一批关键核心技术，加速赶超甚至引领步伐；深化改革，建立健全体制机制，加快推进产学研深度融合，继续深化科研院所改革，推进政府科技管理体制改革；强化激励，大力集聚创新人才，加快形成一支规模宏大、富有创新精神、敢于承担风险的创新型人才队伍；扩大开放，全方位加强国际合作，积极融入全球创新网络，全面提高我国科技创新的国际合作水平。

第五，推进供给侧结构性改革。当前和今后一个时期，我国经济发展面临的问题，供给和需求两侧都有，但矛盾的主要方面在供给侧。解决这些结构性问题，要从供给侧发力，找准在世界供给市场上的定位，把改善供给侧结构作为主攻方向，实现由低水平供需平衡向高水平供需平衡跃升。供给侧结构性改革的重点，是解放和发展社会生产力，用改革的办法推进结构调整，减少无效和低端供给，扩大有效和中高端供给，增强供给结构对需求变化的适应性和灵活性，提高全要素生产率。

（二）发展社会主义民主政治

2014 年 9 月，习近平在庆祝全国人大成立 60 周年大会上指出："人民民主是社会主义的生命。没有民主就没有社会主义，就没有社会主义的现代化，就没有中华民族伟大复兴。"① 社会主义愈发展，民主也愈发展。发展社会主义民主政治，不断提高社会主义政治文明，是治国理政现代化的重要内容，是社会主义现代化建设的重要目标。

第一，坚定不移走中国特色社会主义政治发展道路。中国是一个发展中大国，坚持正确的政治发展道路是关系根本、关系全局的重大

---

① 《十八大以来重要文献选编》（中），中央文献出版社 2016 年版，第 55 页。

问题。坚定不移走中国特色社会主义政治发展道路，要坚持党的领导、人民当家作主、依法治国有机统一，党的领导是人民当家作主和依法治国的根本保证，人民当家作主是社会主义民主政治的本质和核心，依法治国是党领导人民治理国家的基本方略；积极稳妥推进政治体制改革，把坚定制度自信和不断改革创新统一起来，以保证人民当家作主为根本，以增强党和国家活力、调动人民积极性为目标，在坚持根本政治制度、基本政治制度的基础上，不断推进制度体系完善和发展，不断建设社会主义政治文明；坚持正确政治方向，保持政治定力，坚持从国情出发、从实际出发，坚定对中国特色社会主义政治制度的自信，增强走中国特色社会主义政治发展道路的信心和决心。

第二，发展适合中国国情的政治制度。实行工人阶级领导的、以工农联盟为基础的人民民主专政的国体，实行人民代表大会制度的政体，实行中国共产党领导的多党合作和政治协商制度，实行民族区域自治制度，实行基层群众自治制度，是在我国历史传承、文化传统、经济社会发展的基础上长期发展、渐进改进、内生性演化的结果，必须长期坚持、全面贯彻、不断发展。要不断推进社会主义民主政治制度化、规范化、程序化，更好发挥中国特色社会主义政治制度的优越性，为党和国家兴旺发达、长治久安提供更加完善的制度保障。

第三，巩固和发展最广泛的爱国统一战线。统一战线是中国共产党的一大法宝。在新的历史条件下，要把统一战线发展好、把统战工作开展好。这就需要坚持和完善中国共产党领导的多党合作和政治协商制度，发挥人民政协协调关系、汇聚力量、建言献策、服务大局的重要作用，促进政党关系、民族关系、宗教关系、阶层关系、海内外同胞关系的和谐，最大限度调动一切积极因素，共同致力于实现中华民族伟大复兴。要全面贯彻党的民族政策、宗教政策，积极引导各族群众增强对伟大祖国的认同、对中华民族的认同、对中华文化的认同、对中国共产党的认同、对中国特色社会主义的认同。充分发挥宗教界人士和信教群众在推动经济社会发展中的积极作用，促进民族团结、宗教和睦。要全面准确贯彻"一国两制""港人治港""澳人治澳"、高度自治的方针，严格按照宪法和基本法办事，保持香港、澳门长期繁荣稳定；坚持"和平统一、一国两制"方针，巩固和发展两岸关系和平发展的基础，造福两岸同胞。

第四，不断推进行政体制改革。行政体制改革是政治体制改革的重要内容，是推动上层建筑适应经济基础的必然要求，必须随着改革开放和社会主义现代化建设不断推进。要按照建立中国特色社会主义行政体制的目标，深入推进政企分开、政资分开、政事分开、政社分开，持续推进简政放权、放管结合、优化服务，建立权责统一、权威高效的依法行政体制，建设职能科学、结构优化、廉洁高效、人民满意的服务型政府。

（三）建设社会主义文化强国

文化是民族生存和发展的重要力量，没有文明的继承和发展，没有文化的弘扬和繁荣，就没有社会主义现代化的实现。因此，要坚持社会主义先进文化前进方向，坚定文化自信，增强文化自觉，加快文化改革发展，加强社会主义精神文明建设，培育和践行社会主义核心价值观，增强国家文化软实力，建设社会主义文化强国。

第一，培育和践行社会主义核心价值观。在当代中国，我们的民族、我们的国家应该坚守的社会主义核心价值观，就是党的十八大提出要倡导的富强、民主、文明、和谐，自由、平等、公正、法治，爱国、敬业、诚信、友善。社会主义核心价值观把涉及国家、社会、公民三个层面的价值要求融为一体，回答了我们要建设什么样的国家、建设什么样的社会、培育什么样的公民的重大问题。要用社会主义核心价值观凝魂聚力，通过教育引导、舆论宣传、文化熏陶、行为实践、制度保障等，使社会主义核心价值观内化于心、外化于行，更好构筑中国精神、中国价值、中国力量，为中国特色社会主义事业提供源源不断的精神动力和道德滋养。

第二，牢牢掌握意识形态工作领导权和话语权。意识形态工作是党的一项极端重要的工作，在集中精力进行经济建设的同时，必须一刻也不放松和削弱意识形态工作。要把意识形态工作领导权和话语权牢牢掌握在手中，不断巩固马克思主义在意识形态领域的指导地位，巩固全党全国人民团结奋斗的共同思想基础；正确认识、处理党性和人民性的关系，把体现党的主张和反映人民心声统一起来；弘扬主旋律、传播正能量，高举旗帜、引领导向，围绕中心、服务大局，团结人民、鼓舞士气，成风化人、凝心聚力，澄清谬误、明辨是非，联接中外、沟通世界。

第三，传承和弘扬中华优秀传统文化。中华优秀传统文化是中华民族的"根"和"魂"。习近平把中华优秀传统文化作为治国理政的重要思想文化资源，反复强调，中华优秀传统文化是中华民族的突出优势，中华民族伟大复兴需要以中华文化发展繁荣为条件，必须结合新的时代条件传承和弘扬好中华优秀传统文化。为此，要坚持马克思主义的方法，采取马克思主义的态度，坚持古为今用、推陈出新，有鉴别地加以对待，有扬弃地予以继承，取其精华、去其糟粕，用中华民族创造的一切精神财富来以文化人、以文育人；传承和弘扬传统文化的思想精华，处理好继承和创造性发展的关系，实现中华文化的创造性转化和创新性发展。要坚持从本国本民族实际出发，坚持取长补短、择善而从，讲求兼收并蓄，在不断汲取各种文明养分中丰富和发展中华文化。

第四，提高国家文化软实力。文化软实力集中体现了一个国家基于文化而具有的凝聚力和生命力，以及由此产生的吸引力和影响力。要深化文化体制改革，大力繁荣发展文化事业，实施哲学社会科学创新工程，加快发展现代文化产业，夯实国家文化软实力的根基；加强提炼和阐释，拓展对外传播平台和载体，把当代中国价值观念贯穿于国际交流和传播方方面面；把中华民族最基本的文化基因，以人们喜闻乐见、具有广泛参与性的方式推广开来，把跨越时空、超越国度、富有永恒魅力、具有当代价值的文化精神弘扬起来，把继承优秀传统文化又弘扬时代精神、立足本国又面向世界的当代中国文化创新成果传播出去，展示中华文化独特魅力；集中讲好中国故事，传播好中国声音，向世界展现一个真实的中国、立体的中国、全面的中国。

（四）改善民生和创新社会治理

"政之所兴在顺民心，政之所废在轻民生。"改善民生和创新社会治理，与人民群众的生活和利益息息相关，是社会发展最基础的必要条件。因此，要坚持以人为本的执政理念，以民生工作和社会治理为重点，大力推进社会建设，使改革发展成果更多更公平惠及全体人民。

第一，大力保障和改善民生。保障和改善民生是一项长期工作，没有终点站，只有连续不断的新起点。要按照人人参与、人人尽力、人人享有的要求，坚守底线、突出重点、完善制度、引导预期，注重机会公平，着力保障基本民生。要努力办好人民满意的教育，精准发力抓好就业工作，促进收入分配更合理、更有序，建立健全更加公平、更可持续的社会保障制度，把维护人民健康权益放在重要位置，推进健康中国建设，促进人口均衡发展。特别要以更大的决心、更明确的思路、更精准的举措，加大力度、加快速度、加紧进度，众志成城实现脱贫攻坚目标，坚决打赢脱贫攻坚战。

第二，构建全民共建共享的社会治理格局。社会治理是社会建设的重大任务，是国家治理的重要内容。一方面，要创新社会治理体制。坚持完善党委领导、政府主导、社会协同、公众参与、法治保障的体制机制，健全利益表达、利益协调、利益保护机制，改革社会组织管理制度，发挥市民公约、乡规民约、行业规章、团体章程等社会规范在社会治理中的积极作用，加强社会治理基础制度建设。另一方面，要不断改进社会治理方式。坚持系统治理，加强党委领导，发挥政府主导作用，鼓励和支持社会各方面参与；坚持依法治理，加强法治保障，运用法治思维和法治方式化解社会矛盾；坚持综合治理，强化道德约束，规范社会行为，调节利益关系，协调社会关系，解决社会问题；坚持源头治理，标本兼治、重在治本，以网格化管理、社会化服务为方向，健全基层综合服务管理平台，及时反映和协调人民群众各方面各层次利益诉求。

第三，坚持总体国家安全观。国家安全是人民幸福安康的基本要求，是安邦定国的重要基石。当前，我国面临复杂多变的安全和发展环境，各种可以预见和难以预见的风险因素明显增多，各方面风险可能不断积累甚至集中显露，国家安全内涵和外延比历史上任何时候都要丰富，时空领域比历史上任何时候都要宽广，内外因素比历史上任何时候都要复杂，维护国家安全的任务更加繁重艰巨。这就要求我们审时度势、与时俱进，创新国家安全理念，统揽国家安全全局，坚持总体国家安全观，以人民安全为宗旨，以政治安全为根本，以经济安全为基础，以军事、文化、社会安全为保障，以促进国际安全为依托，维护各领域国家安全，构建国家安全体系，走中国特色国家安全道路。

（五）大力推进生态文明建设

建设生态文明是关系人民福祉和民族未来的大计，是实现中华民族伟大复兴中国梦的重要内容。要按照绿色发展理念，树立大局观、长远观、整体观，坚持保护优先，坚持节约资源和保护环境的基本国策，把生态文明建设融入经济建设、政治建设、文化建设、社会建设各方面和全过程，建设美丽中国，努力开创社会主义生态文明新时代。

第一，切实重视生态环境保护。生态文明是人类社会进步的重大成果，是实现人与自然和谐发展的必然要求。建设生态文明，要以资源环境承载能力为基础，以自然规律为准则，以可持续发展、人与自然和谐为目标，建设生产发展、生活富裕、生态良好的文明社会；坚持把节约优先、保护优先、自然恢复作为基本方针，把绿色发展、循环发展、低碳发展作为基本途径，把深化改革和创新驱动作为基本动力，把培育生态文化作为重要支撑，把重点突破和整体推进作为工作方式，切实把工作抓紧抓好，使青山常在、清水长流、空气常新，让人民群众在良好生态环境中生产生活；要正确处理经济发展同生态环境保护之间的关系，更加自觉地推动绿色发展、循环发展、低碳发展，决不以牺牲环境、浪费资源为代价换取一时的经济增长。

第二，以系统工程思路抓生态建设。大自然是一个相互依存、相互影响的系统。因此，要按照系统工程的思路，抓好生态文明建设重点任务的落实，切实把能源资源保障好，把环境污染治理好，把生态环境建设好，为人民群众创造良好生产生活环境。要牢固树立生态红线观念，设定并严守资源消耗上限、环境质量底线、生态保护红线，将各类开发活动限制在资源环境承载能力之内；优化国土空间开发格局，加快实施主体功能区战略；全面促进资源节约，树立节约集约循环利用的资源观，推动资源利用方式根本转变，大幅提高资源利用综合效益；加大生态环境保护力度，以提高环境质量为核心，以解决损害群众健康的突出环境问题为重点，强化大气、水、土壤等污染防治；推动形成公平合理、合作共赢的全球气候治理体系，深度参与全球气候治理，积极承担与我国基本国情、发展阶段和实际能力相符的国际义务。

第三，实行最严格的生态环境保护制度。当前，我国生态环境保

护中存在的突出问题，大都与体制不完善、机制不健全、法治不完备
有关。深化生态文明体制改革，要构建产权清晰、多元参与、激励约
束并重、系统完整的生态文明制度体系，把生态文明建设纳入法治
化、制度化轨道。要完善经济社会发展考核评价体系，建立体现生态
文明要求的目标体系、考核办法、奖惩机制；建立责任追究制度，建
立环保督察工作机制，严格落实环境保护主体责任，完善领导干部目
标责任考核制度；建立健全自然资源资产产权制度、国土空间开发保
护制度、资源总量管理和全面节约制度、资源有偿使用和生态补偿制
度等管理制度，探索实行耕地轮作休耕制度，实行省以下环保机构监
测监察执法垂直管理制度。

三、协调推进"四个全面"战略布局

2014 年 12 月，习近平在江苏调研时强调，要"主动把握和积极
适应经济发展新常态，协调推进全面建成小康社会、全面深化改革、
全面依法治国、全面从严治党，推动改革开放和社会主义现代化建设
迈上新台阶"①。这是第一次提出协调推进"四个全面"。2015 年 2 月 2
日，习近平在省部级主要领导干部专题研讨班开班式上作重要讲话，
首次将"四个全面"定位为新形势下我们党治国理政的战略布局。"四
个全面"战略布局，立足中国实际，直面矛盾问题，总结历史经验，

---

① 《十八大以来重要文献选编》（中），中央文献出版社 2016 年版，第 247 页。

引领时代潮流，回应人民关切，抓住了当前党和国家事业发展的主要矛盾，指明了治国理政的关键环节、重点领域、主攻方向，确立了新形势下党和国家各项工作的战略目标和战略举措，为实现"两个一百年"奋斗目标、实现中华民族伟大复兴中国梦提供了理论指导和实践指南。

（一）"四个全面"战略布局反映了治国理政的新要求

马克思、恩格斯指出："一切划时代的体系的真正的内容都是由于产生这些体系的那个时期的需要而形成起来的。"① 任何科学理论都不是凭空产生的，而是时代的产物、实践的产物。"四个全面"的战略布局，是我们党立足中国发展实际，在党的十八大以来治国理政实践中逐步提出并形成的。

"四个全面"战略布局适应了我国发展的现实需要。当今时代，综合国力竞争既是国家实力的直接较量，更是国家战略能力的深度角逐。"不谋万世者，不足谋一时；不谋全局者，不足谋一域。"战略问题是一个政党、一个国家的根本性问题，战略上判断得准确，战略上谋划得科学，战略上赢得主动，党和人民事业就大有希望。当代中国正处于全面建成小康社会的决胜阶段，中华民族正处于走向伟大复兴的关键时期，我国发展所处的重要战略机遇期没有改变。与此同时，当前中国面临着诸多矛盾叠加、风险隐患增多的严峻挑战，改革发展稳定任务之重前所未有，矛盾风险挑战之多前所未有，

---

① 《马克思恩格斯全集》第 3 卷，人民出版社 1960 年版，第 543 页。

对党治国理政的考验之大前所未有。在这种情况下，如何更好把握发展机遇、赢得新的发展优势、战胜各种风险挑战，迫切需要我们党从战略层面提出治国理政的大格局大战略。"四个全面"战略布局，正是党中央适应我国发展新要求，站在时代最前沿进行的战略谋划和战略部署。

"四个全面"战略布局顺应了人民群众的热切期待。全心全意为人民服务是党的根本宗旨。随着我国迈入中等收入国家行列，人民群众对美好生活的期待不断提升。人民对美好生活的向往，就是我们党的奋斗目标。无论是党的十八届五中全会提出全面建成小康社会要"坚持以人民为中心的发展思想"，还是党的十八届三中全会提出全面深化改革"以促进社会公平正义、增进人民福祉为出发点和落脚点"；无论是党的十八届四中全会提出全面依法治国要"依法维护人民权益、维护社会公平正义"，还是党的十八届六中全会提出全面从严治党要"把坚持全心全意为人民服务的根本宗旨、保持党同人民群众的血肉联系作为加强和规范党内政治生活的根本要求"。每一个"全面"都是对党的宗旨意识的自觉秉承，每一个"全面"都是一项顺民意、解民忧、保民生、得民心的工程。

"四个全面"战略布局回应了发展中的突出矛盾和问题。事业越前进、越发展，面对的新情况新问题就会越多，面对的矛盾就会越多。当前我国发展中不平衡、不协调、不可持续问题依然突出，城乡区域发展差距和居民收入分配差距依然较大，有法不依、执法不严、违法不究等问题依然存在，党风廉政建设和反腐败斗争形势依然严峻复杂。习近平指出："'四个全面'是当前党和国家事业发展中必须解决好的主要矛盾。"① 这是我们党在新的历史条件下治国理政的重要战略判断，为全面解决生产力与生产关系、经济基础与上层建筑之间的突出矛盾、促进现代化发展提供了科学指南。"四个全面"战略布局以问题为导向，破解影响和阻碍发展的突出矛盾，解决人民群众最关切的实际问题，是我们党敢于直面矛盾、不断解决问题的新法宝，使我们的前进方向更加明确，发展布局更加科学，战略举措更加有效。

习近平指出："'四个全面'的战略布局是从我国发展现实需要中得出来的，从人民群众的热切期待中得出来的，也是为推动解决我们面临的突出矛盾和问题提出来的。"②"四个全面"战略布局蕴含着对时代发展大势的科学判断、对中国发展方略的深邃思考、对人民根本利益的深切关怀，既是我们党治国理政历史和实践经验的科学总结，又进一步深化扩展我们党治国理政的理论视野和实践领域，标志着我们党对共产党执政规律、社会主义建设规律和人类社会发展规律的科学把握进入一个新境界。

（二）"四个全面"战略布局是内涵丰富、逻辑严密的有机整体

"四个全面"战略布局并不是每一个"全面"的简单堆砌，更不是对诸多战略举措的机械组合，而是一个内涵博大精深、具有内在逻辑结构的有机统一整体。正如习近平指出："这个战略布局，既有战略目标，也有战略举措，每一个'全面'都具有重大战略意义。"③

---

① 《十八大以来重要文献选编》（中），中央文献出版社 2016 年版，第 247 页。
② 《十八大以来重要文献选编》（中），中央文献出版社 2016 年版，第 249 页。
③ 《十八大以来重要文献选编》（中），中央文献出版社 2016 年版，第 248 页。

全面建成小康社会：第一个百年奋斗目标。到 2020 年全面建成小康社会，是"两个一百年"奋斗目标的第一个百年奋斗目标，是实现社会主义现代化建设第三步战略目标承上启下的必经发展阶段，是实现中华民族伟大复兴的重要基础、关键一步。全面小康和民族复兴是两个相互联系、相互交融的阶段，没有全面小康的实现，民族复兴就无从谈起。今天为全面建成小康社会而奋斗，就是在为实现民族复兴而奋斗。因此，全面建成小康社会是战略目标，在"四个全面"战略布局中居于引领地位。党的十八届五中全会对全面建成小康社会进行了总体部署，发出了决胜全面小康的新的动员令。全面建成小康社会，最重要、最难做到的是"全面"，强调发展的平衡性、协调性、可持续性，要求覆盖的领域要全面，是五位一体全面进步的小康；覆盖的人口要全面，是惠及全体人民的小康；覆盖的区域要全面，是城乡区域共同发展的小康。

全面深化改革：决定当代中国命运的关键一招。全面深化改革是"四个全面"战略布局中具有突破性和先导性的关键环节，是当代中国发展进步的活力之源。党的十八届三中全会描绘了全面深化改革的新蓝图、新远景、新目标，吹响了改革开放新的进军号。全面深化改革，必须坚持社会主义市场经济改革方向，以促进社会公平正义、增进人民福祉为出发点和落脚点，进一步解放思想、解放和发展社会生产力、解放和增强社会活力，坚决破除各方面体制机制弊端，努力开拓中国特色社会主义事业更加广阔的前景。全面深化改革的总目标是完善和发展中国特色社会主义制度，推进国家治理体系和治理能力现代化。必须更加注重改革的系统性、整体性、协同性，加快发展社会主义市场经济、民主政治、先进文化、和谐社会、生态文明，让一切劳动、知识、技术、管理、资本的活力竞相迸发，让一切创造社会财富的源泉充分涌流，让发展成果更多更公平惠及全体人民。

全面依法治国：实现党和国家长治久安的重要保障。全面依法治国是"四个全面"战略布局的重要组成部分，是全面建成小康社会、加快推进社会主义现代化的重要保证。党的十八届四中全会专题研究依法治国问题，并作出我们党历史上第一个关于加强法治建设的专门决定，开启了中国法治新时代。全面推进依法治国，必须坚持党的领导、人民当家作主、依法治国有机统一，坚定不移走中国特色社会主义法治道路，坚决维护宪法法律权威，依法维护人民权益、维护社会公平正义、维护国家安全稳定，为实现"两个一百年"奋斗目标、实现中华民族伟大复兴的中国梦提供有力法治保障。全面推进依法治国，总目标是建设中国特色社会主义法治体系，建设社会主义法治国家。具体要求就是在中国共产党领导下，坚持中国特色社会主义制度，贯彻中国特色社会主义法治理论，形成完备的法律规范体系、高效的法治实施体系、严密的法治监督体系、有力的法治保障体系，形成完善的党内法规体系，坚持依法治国、依法执政、依法行政共同推进，坚持法治国家、法治政府、法治社会一体建设，实现科学立法、严格执法、公正司法、全民守法，促进国家治理体系和治理能力现代化。

全面从严治党：办好中国事情的关键所在。治国必先治党，治党务必从严。办好中国的事情，关键在党，关键在党要管党、从严治党。党的十八届六中全会聚焦全面从严治党这一主题，全面分析党的建设面临的形势和任务，对新形势下加强党的建设作出新的重大部署，立下了全面从严治党的军令状。全面从严治党基础在全面，关键在严，要害在治。"全面"就是管全党、治全党，面向全体党员和党组织，覆盖党的建设各个领域、各个方面、各个部门，重点是抓住领导干部这个"关键少数"。"严"就是真管真严、敢管敢严、长管长严。"治"就是从党中央到省市县党委，从中央部委、国家机关部门党组（党委）到基层党支部，都要肩负起主体责任，党委书记要把抓好党建当作分内之事、必须担当的责任；各级纪委要担负起监督责任，敢于瞪眼黑脸，敢于执纪问责。

"四个全面"战略布局言简意赅、精辟深刻，相互之间密切联系、有机统一，是一个整体战略部署的有序展开，共同支撑起中国特色社会主义事业全局。全面建成小康社会不仅是第一个百年所要实现的既定目标，而且是推动社会主义现代化建设事业顺利发展的"牛鼻子"和实现中华民族伟大复兴的"关键一步"。为了确保这一战略目标如期实现，必须贯彻落实三大战略举措，即以全面深化改革不断破解制约经济社会发展的突出矛盾和问题，以全面依法治国提升国家治理体系和治理能力的法治化水平，以全面从严治党锻造中国特色社会主义事业的坚强领导核心，从而不断为全面建成小康社会提供发展动力、法治保障和组织保证。三大战略举措对实现全面建成小康社会战略目标一个都不能缺。不全面深化改革，发展就缺少动力，社会就没有活力。不全面依法治国，国家生活和社会生活就不能有序运行，就难以实现社会和谐稳定。不全面从严治党，党就做不到"打铁还需自身硬"，也就难以发挥好领导核心作用。

（三）科学推进"四个全面"战略布局

推进"四个全面"战略布局，要更加自觉地运用辩证唯物主义和历史唯物主义基本原理，既要在每一个"全面"上下功夫，又要在科学统筹、协调推进上下功夫，努力做到相辅相成、相互促进、相得益彰。

一是坚持全面性的原则。习近平指出，"四个全面"战略布局是一种很全面的观点，不是单打一。中国特色社会主义事业是全面发展、全面进步的事业。"四个全面"战略布局坚持全面地而不是片面地、系统地而不是零散地、普遍联系地而不是单一孤立地观察事物。一方面，"四个全面"战略布局的每一个方面，在该领域内都应当是全面的，都是一套整合实际、继往开来、勇于创新、独具特色的系统思想，对小康社会的要求是"全面建成"，对改革的要求是"全面深化"，对法治的要求是"全面推进"，对治党的要求是"全面从严"。另一方面，"四个全面"是一个整体，闪耀着系统思维、协同思维、辩证思维的光芒。因此，要协调推进、全面落实，哪一个"全面"都不能短缺、不能放弃，否则整个战略布局就会落空。

二是坚持两点论与重点论的统一。习近平指出："在任何工作中，我们既要讲两点论，又要讲重点论，没有主次，不加区别，眉毛胡子一把抓，是做不好工作的。"①"四个全面"战略布局既统揽全局又突出重点，是我们进行具有许多新的历史特点的伟大斗争中，应该抓住

---

① 《十八大以来重要文献选编》（中），中央文献出版社 2016 年版，第 248 页。

的主要矛盾和矛盾的主要方面，是工作的重点和着力点。比如，对全面建成小康社会既要全面部署，又要精准扶贫、补齐短板；对全面深化改革既要顶层设计，又要突出抓好重要领域和关键环节；对全面依法治国既要系统部署，又要以建设中国特色社会主义法治体系、建设社会主义法治国家为总目标和总抓手；对全面从严治党既要提出一系列要求，又要把党风廉政建设作为突破口，着力解决人民群众反映强烈的"四风"问题，着力解决不敢腐、不能腐、不想腐的问题。所以，习近平强调，"在推进这'四个全面'过程中，我们既要注重总体谋划，又要注重牵住'牛鼻子'"①。

三要坚持统筹兼顾的要求。在"四个全面"战略布局中，每一个"全面"都事关战略大局，但四个"全面"并非简单并列，而是一个相互贯通进而协同的整体，是一盘灵动的棋局谋划、一套缜密的逻辑体系。四个"全面"不可分割，任何一个"全面"都与其他"全面"牵一发而动全身地发生联系。因此，四个"全面"必须有机贯通、相辅相成、相得益彰，也必须协调配合、同频共振、协同并进。习近平曾深刻指出："必须在把情况搞清楚的基础上，统筹兼顾、综合平衡，突出重点、带动全局，有的时候要抓大放小、以大兼小，有的时候又要以小带大、小中见大，形象地说，就是要十个指头弹钢琴。"②协调推进"四个全面"战略布局，要统筹把握、综合施策，始终注意平衡着力，通盘考虑各方面情况和进展，统筹好推进的速度、力度和

---

① 《十八大以来重要文献选编》（中），中央文献出版社 2016 年版，第 247—248 页。
② 《习近平总书记系列重要讲话读本（2016 年版）》，学习出版社、人民出版社 2016 年版，第 49 页。

进度，把握平衡、综合施策，从而激发统筹兼顾的优势，达到更好效果。协调推进"四个全面"战略布局是对党和国家事业发展提出的总要求，各领域、各方面工作都要着力服务这一战略布局，都必须从贯彻落实这一战略布局的高度来谋划和推动。

四、在"两大布局"统筹联动中推进社会主义现代化

习近平在庆祝建党 95 周年大会上指出："'五位一体'和'四个全面'相互促进、统筹联动，要协调贯彻好，在推动经济发展的基础上，建设社会主义市场经济、民主政治、先进文化、生态文明、和谐社会，协同推进人民富裕、国家强盛、中国美丽。"①"五位一体"总体布局和"四个全面"战略布局，不是相互割裂、相互孤立的，而是相互联系、相互支撑的有机整体。我们要从党中央治国理政的宏大视角，从实现"两个一百年"奋斗目标、实现中华民族伟大复兴中国梦的高度，科学认识和把握这"两大布局"的内在联系，协调贯彻好"五位一体"总体布局和"四个全面"战略布局。

（一）在"两大布局"统筹联动中破解发展难题

随着世情、国情、党情的深刻变化，我们党面临的风险挑战前所未有。具体来讲，在经济领域主要是经济发展的不平衡性、不协调

---

① 习近平：《在庆祝中国共产党成立 95 周年大会上的讲话》，人民出版社 2016 年版，第 15 页。

性，以及对粗放经济增长方式的路径依赖；在政治领域主要是权力的越位、缺位和错位，是权力与资本勾结所产生的腐败现象和不良作风，是利益固化的藩篱；在文化领域主要是诚信缺失、贪欲膨胀与精神懈怠；在社会领域主要是公平正义有所弱化，社会流动机制不畅；在生态领域主要是生态平衡遭到破坏，环境污染严重；在党的建设领域主要是存在"四大挑战"和"四大危险"。问题就是时代的声音，历史从来都是在直面问题中展开其波澜壮阔的画卷。中国特色社会主义事业发展的历程，也是不断倾听时代声音、不断发现和解决问题的历程。只有立足于时代去解决特定的时代问题，才能推动这个时代的社会进步；只有立足于时代去倾听这些特定的时代声音，才能吹响促进社会和谐的时代号角。

"五位一体"总体布局是在理清并破解发展难题中逐步形成的。比如，我们在发展经济的同时，在一定程度上造成了生态环境的严重破坏，生态危机相当严峻，不仅制约着我们的发展，而且威胁到我们的生存。正是基于对生态环境问题的清醒认识，党的十八大把生态文明建设纳入总体布局，把总体布局从"四位一体"进一步拓展为"五位一体"。"四个全面"战略布局也是我们党破解突出矛盾问题的战略举措。在社会主义初级阶段，人民日益增长的物质文化需要同落后的社会生产之间的矛盾是社会主要矛盾。因此，要坚持以经济建设为中心，同时要解决贫富差距扩大、生态环境破坏、腐败易发多发等问题。我们党提出"四个全面"，有利于更好破解发展中的突出矛盾问题，达成全面建成小康社会的目标要求。

无论是"五位一体"总体布局，还是"四个全面"战略布局，都立足中国实际、总结中国经验、针对中国问题，深刻回答了"什么是社会主义、怎样建设社会主义"这一时代课题，深刻反映了时代发展趋势和中国特色社会主义建设规律。

（二）在"两大布局"统筹联动中增进人民福祉

坚持以人民为中心的发展思想，以人民群众的根本利益为出发点和落脚点，不断增进人民福祉，促进人的全面发展，这是"两大布局"共同的价值诉求。因此，要时刻倾听人民呼声、回应人民期待，保证人民平等参与、平等发展权利，维护社会公平正义，不断实现好、维护好、发展好最广大人民根本利益，使发展成果更多更公平惠及全体人民。

整体上看，推进"五位一体"总体布局，要坚持以人为本，从人民群众的根本利益出发，切实保障人民群众的经济、政治、文化、社会和生态权益，让发展的成果惠及全体人民。换言之，经济建设要着眼于实现人民群众日益增长的物质需要，政治建设要着眼于保障人民群众依法享有的政治利益，文化建设要着眼于满足人民群众不断增长的精神需求，社会建设要着眼于实现人民群众民生需要和社会公正，生态建设要着眼于建设人民群众共享的美丽中国。

"四个全面"战略布局关系着国家、民族和人民的命运，其价值旨归在于让每个中国人有更出彩的人生。全面建成小康社会本质是让每一个人都生活富裕，全面深化改革是用改革红利让广大人民有获得感，全面依法治国是用法治途径保障人民的权益，全面从严治党是为了更好地贯彻和落实立党为公、执政为民的宗旨。"四个全面"战略布局的每个"全面"都是一项功在千秋的施政工程，每项工程都与每位中国人的自由发展梦想紧紧相连。

（三）在"两大布局"统筹联动中建成全面小康

现阶段中国特色社会主义建设事业的主要任务，就是到 2020 年我们党成立 100 年时实现第一个百年奋斗目标、全面建成小康社会，进而到本世纪中叶新中国成立 100 年时为实现第二个百年奋斗目标、建成富强民主文明和谐的社会主义现代化国家打下坚实基础。全面建成小康社会，是我们党向人民、向历史作出的庄严承诺。习近平指出："为实现这一目标，党的十八大以来，我们党形成并积极推进经济建设、政治建设、文化建设、社会建设、生态文明建设五位一体的总体布局，形成并积极推进全面建成小康社会、全面深化改革、全面依法治国、全面从严治党的战略布局。"[1]以习近平同志为核心的党中央，正在通过统筹推进"两大布局"，完成对当前历史使命的自觉担当。

"五位一体"总体布局是推进全面建成小康社会奋斗目标的客观需要，是实现全面建成小康社会的行动纲领和路径选择。党的十八大提出，到建党 100 年要实现全面建成小康社会的宏伟目标，其主要内容是：经济持续健康发展，人民民主不断扩大，文化软实力显著增强，人民生活水平全面提高，资源节约型、环境友好型社会建设取得重大进展。由此可见，全面建成小康社会的目标要求，与"五位一体"总体布局相对应、相一致。全面小康社会所有指标体系的构建，应当

---

[1]　习近平：《在庆祝中国共产党成立 95 周年大会上的讲话》，人民出版社 2016 年版，第 15 页。

是经济、政治、文化、社会、生态五大建设的目标细化,应当科学、完整地反映"五位一体"总体布局的整体要求。"五位一体"是一个相互联系、相互协调、相互促进、相辅相成的总体布局,不能顾此失彼,必须协同并进,唯此才能达到全面建成小康社会的目标。

在"四个全面"战略布局中,全面建成小康社会是处于对其他三个"全面"引领地位的战略目标。全面深化改革、全面依法治国、全面从严治党支撑着全面建成小康社会的实现,四者统一于推进中国特色社会主义伟大事业的实践进程中。中国已经进入全面建成小康社会的决定性阶段,只有全面深化改革,破除利益藩篱,实现全面小康才有动力;只有全面依法治国,建立规则秩序,推进公平正义,实现全面小康才有保障;只有全面从严治党,锻造领导核心,提供政治支撑,实现全面小康才有保证。

(四)在"两大布局"统筹联动中实现现代化和民族复兴

建设中国特色社会主义的总任务是实现社会主义现代化和中华民族伟大复兴,"两大布局"归根到底都是服从服务于这一总任务。"五位一体"是中国特色社会主义事业的"总布局",它与社会主义初级阶段的"总依据"以及实现社会主义现代化和中华民族伟大复兴的"总任务"具有逻辑上的并列关系。"四个全面"是从坚持和发展中国特色社会主义全局出发,对新常态下治国理政作出的新战略思考、提出的新战略要求、制定的新战略部署,就像一个战略抓手,成为实现社会主义现代化和中华民族伟大复兴中国梦的战略指引。

"五位一体"总体布局为实现现代化和民族复兴进行了顶层设计

和科学规划。加快推进社会主义现代化，实现中华民族伟大复兴，必须坚定不移走中国特色社会主义道路：就是在中国共产党领导下，立足基本国情，以经济建设为中心，坚持四项基本原则，坚持改革开放，解放和发展社会生产力，建设社会主义市场经济、社会主义民主政治、社会主义先进文化、社会主义和谐社会、社会主义生态文明，促进人的全面发展，逐步实现全体人民共同富裕，建设富强民主文明和谐的社会主义现代化国家。简单地讲，就是坚定不移沿着"一个中心、两个基本点"的基本路线，按照"五大建设"的总体布局全面推进，最终实现富强民主文明和谐的社会主义现代化。可以说，"五位一体"总体布局，是我们党从现代化建设的使命和任务出发，在经济、政治、文化、社会、生态等各领域各方面所作的横向规划与机制设计，有利于全面推进、整体实现社会主义现代化和中华民族伟大复兴。

"四个全面"战略布局为实现现代化和民族复兴提供了时间表和路线图。从战略目标而言，"四个全面"战略布局为实现现代化和民族复兴夯实更为坚固的基础。"全面建成小康社会"和"建成富强民主文明和谐的社会主义现代化国家"是中华民族伟大复兴前后衔接的两个阶段。当前，中国已经进入全面建成小康社会的决胜阶段，实现这个目标是实现中华民族伟大复兴中国梦的关键一步。从实现路径上看，以全面深化改革破解现代化中的深层次矛盾问题，以全面依法治国确保现代化建设有序进行，以全面从严治党巩固党的执政基础和群众基础。因此，"四个全面"战略布局更加具体、更加深化、更有直接指向，更有现实针对性、实践操作性和理论指导性，从而为实现社会主义现代化和中华民族伟大复兴提供了科学指向和实践路径。

第四章

用新发展理念引领现代化

推进治国理政现代化，需要确立现代化的发展理念，用它来指导建设，引领发展。党的十八届五中全会适应治国理政现代化的要求，紧紧围绕"在新的历史起点上实现什么样的发展、怎样发展"这一重大时代课题，提出了创新、协调、绿色、开放、共享的发展理念，实现了我们党认识把握发展规律的新飞跃，为全面建成小康社会，特别是推进治国理政现代化、全面建设和建成社会主义现代化国家提供了先进的思想引领。

一、理念更新是推进发展的永恒主题

理念是行动的先导，一定的发展实践都是由一定的发展理念来引领的。发展理念是否对头，从根本上决定着发展成效乃至成败。实践告诉我们，发展是一个不断变化的进程，发展环境不会一成不变，发展条件不会一成不变，发展理念自然也不会一成不变。

（一）从人类社会的发展进步史看，发展实践都是由发展理念来引领的，推进现代化需要发展理念的新突破

发展是一个不断变化的进程。追求进步与发展，是由人类与生俱来的进取本性所决定的。从一定意义上讲，一部人类文明史就是一部不断追求进步与发展的历史。但是，在不同的时代，由于客观世界的复杂性和人们认识能力的局限性，"怎么样发展才是最好的发展"始终是一个困扰人们的首要问题。一个国家或民族能否顺利、快速发展，首先取决于有没有一个科学、合理、可行的发展理念来指导。在《人类简史：从动物到上帝》这本书中，作者尤瓦尔·赫拉利在考察人类发展历史的基础上，得出一个规律性的结论：在人类成为统一体的过程中，有三个主要力量在起作用，即货币、帝国和宗教，而"想象、观念、理念"是支撑这三个东西存在和发展的基础。易言之，理念是最根本、最具决定性的东西。当然，不同时代有不同的发展难题，需要不同的发展理念来支撑和引领。

循史问道，通过理念更新推进发展实践构成了人类发展进步的一条主线。在渔猎时代和农耕时代，由于生产力的落后和生活方式的简陋，发展被局限在狭小的范围之内，并且彼此隔限、封闭，加之当时人们对发展的知识有限，所以发展理念的更新相对缓慢。18世纪开始的工业革命，开启了人类发展的全新时代。随着文艺复兴、启蒙运动，人们的发展理念得到了巨大的突破，极大地促进了人类社会的进步。马克思曾提到："资产阶级在它的不到一百年的阶级统治中所创造的生产力，比过去一切世代创造的全部生产力还要多，

还要大。"① 在这个过程中，走出宗教桎梏、更新发展理念，起到了决定性的作用。但必须承认，这一时期引领人类狂飙突进的发展理念，强调以经济增长为核心，在带给人类丰富物质财富的同时，也带来资源浪费、环境污染、两极分化等严重的社会问题。

人类在付出了高昂代价之后，开始了对增长型发展理念的严肃思考。1962 年，美国作家蕾切尔·卡逊发表《寂静的春天》，对人类发展理念进行了深刻的反思和批判，推动了发展理念演进的步伐。1972 年，罗马俱乐部提出《增长的极限》，该书一反惯常人们对发展的认识，提出了经济增长是有极限的理论观点，认为地球的资源、吸纳消化污染的能力和人类生活的空间都是有限的，世界经济增长已临近自然生态极限，现在必须制止增长，停止对生态环境的破坏，增长极限论一提出，立即引起了全世界的高度关注，人类发展理念更新的步伐开始加快。1972 年联合国斯德哥尔摩会议通过《人类环境宣言》，1987 年联合国环境与发展委员会发表《我们共同的未来》，首次提出"可持续发展"，认为"可持续发展是既满足当代的需求，又不对后代满足需求能力构成危害的发展"，此后，可持续发展这一概念被世界各国所接受和广泛使用；1995 年哥本哈根世界发展首脑会议提出，发展要"以人为中心""社会发展的最终目标是改善和提高全体人民的生活质量"；2007 年亚洲开发银行提出包容性发展理念……

考察这段历史，我们发现人类的发展理念主要经历了四次转变跃升：第一阶段是经济增长论。基本观点是，经济增长是一个国家或地

---

① 《马克思恩格斯选集》第 1 卷，人民出版社 2012 年版，第 405 页。

区发展的"第一"标志，国内生产总值（GDP）的增长是衡量一个国家或地区经济发展的重要尺度。这一发展理念对促进经济增长、迅速积累财富起到了积极作用。但伴之而生的，则是高增长下的分配不公、两极分化、社会腐败、政治动荡、环境污染和生态破坏，出现了"有增长无发展"或"无发展的增长"的现象。第二阶段将发展视为"经济增长＋结构改善"。许多国家逐渐将生产结构、产业结构等作为社会发展的内容。当然，这一发展理念仍然以增长为中心，只是进行了一定程度的修正。第三阶段，把发展看成"经济增长＋结构改善＋社会变革"。这种发展理念一定程度上纠正了以物为主的发展，强调了人的全面发展。第四阶段，把发展看成"经济增长＋结构改善＋社会进步＋后代人的发展"。其核心在于阐述了环境与发展之间的关系以及人类的代际关系，使人们认识到代际公平的重要性。

人类的发展永无止境，理念的更新同样永无止境。当今世界，又到了一个发展理念突破和升级的关键时期。如何结合当代发展实际，把握未来发展趋势，深化认识发展规律，扬弃既往发展理念，成为时代的主题。许多国家正围绕克服国际金融危机的深层影响、提高发展质量和效益，积极创新发展理念、完善发展战略，力争以新理念、新战略赢得发展主动。

（二）从当代中国的发展进程看，我们党始终根据形势和任务变化，适时提出相应的发展理念，引领和指导现代化的发展实践

落后就要挨打，是近代中国留下来的沉痛教训，如何迈向现代化、实现发展、变得强大，是170多年来中国人孜孜以求的梦想。中

国对现代化的探索起步于 19 世纪洋务运动，20 世纪二三十年代，中国出现现代化和民族复兴的概念。但是，历史呼唤巨人，上台的却是侏儒，截止到民国初年，政党派别达 300 多个，因种种局限，它们不可能担当实现中国现代化的历史重任。自从有了中国共产党，才真正开启了中国现代发展的新征程。随着我国经济社会发展的基础、环境、条件和具体目标任务的变化，我们党根据形势和任务的变化，不断深化对我国发展规律的探索，展现出一个发展理念不断更新、发展思路不断升级的过程，发展理论得到不断深化，发展经验得到持续积累，发展境界得到接续拓展。

新中国成立后，百废待兴，怎么首先让 6 亿中国人吃饱饭，成为发展面临的最大课题。毛泽东把能不能发展好，上升到"球籍"的战略高度来思考，系统分析建设发展的重大关系，努力揭示东方大国改变面貌的矛盾规律，积极探索适合中国的发展理念。《论十大关系》提出了很多重要的观点，形成了独特的发展理念。这种发展理念在新中国发展史上发挥了重要的作用，中国建立起独立的比较完整的工业体系和国民经济体系，独立研制出"两弹一星"，成为在世界上有重要影响的大国。当然，我们必须承认，当时的共产党人在发展理念上有过"一大二公"、急于求成等失误，在发展问题上带给我们深刻的教训。

党的十一届三中全会以后，党和国家的工作重心从"以阶级斗争为纲"转移到以经济建设为中心上来，中国进入到改革开放新的历史时期。在和平与发展成为时代主题的历史条件下，邓小平顺应发展的世界潮流，坚定地表示："发展才是硬道理""贫穷不是社会主义"，社会主义的根本任务是解放和发展社会生产力，解决中国所有问题的关键是"要靠自己的发展"。在新发展理念的指引下，我们制定了"一个中心，两个基本点"的基本路线，以"三个是否有利于"作为衡量党和国家工作的根本标准，擘画了我国社会主义现代化建设"三步走"的发展战略，提出了"科学技术是第一生产力"、坚持物质文明和精神文明"两手抓，两手都要硬"等等，开启了中国特色社会主义发展的新航程。

党的十三届四中全会以后，以江泽民同志为核心的第三代中央领导集体，站在新的历史方位，把发展提到了党"执政兴国的第一要务"的高度，创造性地回答了一系列有关发展的重大问题，深化了对社会主义现代化建设规律的认识，丰富和拓展了发展理念。党的十六大以后，针对国内外发生的诸多变化，以胡锦涛同志为总书记的党中央领导集体围绕"什么是发展、怎么样发展"等一系列重大问题，总结我国几十年的发展实践，准确把握发展的阶段性特征，提出科学发展观，对新形势下的中国发展问题作出了新的科学回答，把我们党的发展理念提高到一个新的水平。

时代在前进、实践在发展，理念创新的脚步不断向前迈进。党的十八大以来，习近平着眼新的发展实践，推进党的理论创新，继承和创造性发展了"发展是硬道理""发展是执政兴国的第一要务""科学发展观"等发展理念，推动了马克思主义发展观的理论创新，在发展目标、发展动力、发展布局、发展保障等方面提出了"五大发展理念"，形成了指导"十三五"期间乃至未来发展的思想灵魂。

二、破解发展难题需要树立新发展理念

在实践中发现和解决问题，是我们认识世界、改造世界的重要方法。基辛格在其著作《世界秩序》中说："评判每一代人时，要看他们是否正视了人类社会最宏大和最重要的问题。"①当今世界经济正处在深度调整、中国经济发展正经历新旧动能转换、发展遭遇"瓶颈"、面临一系列新问题新挑战的时代大势。要实现国家治理现代化，适应和引领经济发展新常态，我们就必须确立具有战略性、纲领性、引领性的新发展理念。提出"五大发展理念"，正是直面时代发展难题，推动当代中国发展进步、实现治国理政现代化的伟大创举。

从国际上看，全球经济增长持续低于预期，潜在增长率下滑，国际贸易和投资低迷，世界经济可能出现多个引擎同时失速进而陷入停滞状态。世界经济要从亚健康完全走向健康，很可能经历一个长期曲折的过程。在这种大的国际发展背景下，世界各国在国际市场上争夺更为激烈，贸易保护主义全面抬头，贸易战、汇率战不断升级。世界发展遭遇到前所未有的挑战。

从国内来看，"经过新中国成立 60 多年特别是改革开放 30 多年的努力，我国已经成功走完了现代化'前半程'，迈上了一个更高的发展阶段。但发展起来后的问题比预料的更多，面临的矛盾和困难关

① ［美］基辛格：《世界秩序》，胡利平等译，中信出版社 2015 年版，第 491 页。

联性、叠加性、不确定性越来越突出。"① 如果这些问题不及时化解，矛盾不妥善处理，就可能发生系统性风险、犯颠覆性错误，最终打断现代化的发展进程。撮要错综复杂的"问题群"，核心问题主要有五个方面。

其一，发展动力不足的问题。改革开放 30 多年来我国经济高速发展的动力主要是投资、出口、消费"三驾马车"，在当前经济进入新常态以后，支撑发展的传统动力在减弱。从投资来看，传统产业的投资需求相对饱和供过于求的矛盾凸显；从出口来看，出口的低成本比较优势逐渐消退，世界经济复苏乏力，加之贸易保护主义抬头，外需疲软导致出口受阻；从消费来看，居民收入比例占 GDP 比例过低，且高收入者边际消费率不高，低收入人群虽然边际消费率高，但低收入决定了其支付能力有限导致消费增长乏力。各方面不利发展的因素一起涌来，导致发展动力转换的问题迫在眉睫。当前，我国发展由较长时期的两位数增长进入个位数增长的新常态阶段，传统增长动力不足需要寻找新的替代动力，面对速度换挡节点、结构调整节点和动力转换节点，如果发展动力不能实现有效转换，我国发展面临的一系列难题就无从破解，不仅我国在全球经济竞争中将会处于下风，而且全面建成小康社会和建成社会主义现代化国家的奋斗目标也难以实现。

其二，发展不协调问题。发展不协调是我国一个长期存在的问题，突出表现在区域、城乡、经济和社会、物质文明和精神文明、经济建设和国防建设等关系上。作为一个发展中的大国，国土广袤，人

---

① 刘奇葆：《新发展理念蕴含的理论特质和品格》，《人民日报》2016 年 8 月 17 日。

口众多，具有典型的二元经济的特征，不同地区和城乡之间发展差异本身就很大。早在革命战争年代，毛泽东就认识到了这个问题，并成功利用了这一天然基因，转化成革命的有利条件。在《中国革命战争的战略问题》中分析中国革命战争的特点，毛泽东说，"中国政治经济发展不平衡"，中国是一个大国，"东方不亮西方亮，黑了南方有北方"，不愁没有回旋的余地。到了改革建设发展新时期，很多政策的制定也是考虑到了各地发展不平衡、不协调的实际，1978 年邓小平提出允许一部分地区、一部分企业、一部分工人农民收入先多一些，生活先好起来，也是基于中国发展不平衡。中国科学院的《中国现代化报告》曾提出一个"长江模型"，非常形象地描述了中国发展的不平衡。这个模型显示，2000 年，在长江流域，我们可以依次发现人类文明四个阶段的特征，在长江上游还有一些原始社会的痕迹，中游广大地区是农业社会，下游已经具有工业社会的性质，长江入海口已经出现知识社会的曙光。改革开放 30 多年来，我国经济社会发展创造了举世瞩目的成就，但不平衡、不协调、不可持续问题仍然突出，特别是区域发展不平衡、城乡发展不协调、产业结构不合理、经济和社会发展"一条腿长、一条腿短"等矛盾仍很突出。以城乡发展失衡为例，城乡收入之比 1978 年为 2.56：1；1985 年为 1.86：1；2009 年为 3.33：1；2014 年虽降到 2.92：1，但仍然差距较大。有的地方"城市像欧洲、农村像非洲"，有的地方市民满意、农民失意。这些既是当前经济下行压力加大的重要原因，也将制约长期可持续发展。"在经济发展水平落后的情况下，一段时间的主要任务是要跑得快，但跑过一定路程后，就要注意调整关系，注重发展的整体效能，否则'木桶效应'就会愈加显现，一系列社会矛盾会不断加深。"①

其三，人与自然、经济发展与生态环境之间的矛盾相当突出。我国资源总量不足，人均资源占有量相对较低，我们用几十年时间走完了发达国家几百年走过的发展历程，这是一个伟大的历程。但长期以来的粗放型的、资源依赖型的发展方式，使得发达国家几百年相继出现生态问题，在我们国家叠加式集中显现。"我国资源约束趋紧、环境污染严重、生态系统退化的问题十分严峻"，②如果不能引起足够重视，这些危机将越来越成为制约发展质量提升、实现可持续发展的瓶颈。2013年《全球环境竞争力报告》显示，在全球133个国家中我们仅排在第87位。以水资源为例，全国年缺水500亿立方米，缺口超过8%。地表水资源不足，不得不大量开采地下水，地下水已占到总供水量的18%。北方地区65%的生活用水、50%的工业用水、33%的农业用水来自地下水。国土资源部估计，10至15年后，太行山东麓一些地下水源将濒临枯竭。按照现在的发展方式，如果长期超采，地下水早晚有一天会采光的。更为严重的是，现在的问题还不仅是缺水的问题，当前我们可以利用的水，有很多已经被污染了，这个问题让水危机雪上加霜。与水危机叠加而来的土壤污染、空气污染同样让人十分揪心。环境保护部和国土资源部2014年4月17日公布《全国土壤污染状况调查公报》：我国部分地区土壤污染较重，全国土壤总超标率为16.1%，其中重度污染点位比例为1.1%。2017年是2013年开始实施的"大气污染防治行动计划"（简称"大气十条"）第一

---

① 《十八大以来重要文献选编》（中），人民出版社2016年版，第825—826页。
② 《十八大以来重要文献选编》（中），人民出版社2016年版，第826页。

阶段的最后一年，是各地交出 3 年治霾成绩单的最后期限。"大气十条"明确规定，到 2017 年，全国地级及以上城市 PM2.5 年均浓度要比 2012 年下降 10% 以上，优良天数逐年提高；京津冀、长三角、珠三角地区要分别实现下降 25%、20% 和 15% 左右，其中北京 PM2.5 年均浓度降至每立方米 60 微克。然而，现实的效果却让人们对前景并不乐观。2017 年 1 月初，京津冀及周边地区和陕西省一度有 60 个城市启动重污染天气黄色及以上预警，其中 31 个城市维持红色预警。

其四，发展内外联动问题。改革开放以来，中国成功实现了从封闭半封闭经济向全方位开放型经济的历史转变，我们通过统筹利用国内国外两种资源、两个市场，极大地拓展了发展空间，赢得了大踏步赶上时代的发展机遇，取得了与资本主义竞争的比较优势。但必须清醒地看到，我们"对外开放水平总体上还不够高，用好国际国内两个市场、两种资源的能力还不够强，应对国际经贸摩擦、争取国际经济话语权的能力还比较弱，运用国际经贸规则的本领也不够强，需要加快弥补"①。当前，我国在国际经贸中遭遇越来越多的贸易摩擦，已经连续多次成为全球反倾销措施的最大涉案国。特别是我国石油、铁矿石、铝土矿、铜、钾盐等大宗矿产对外依存度均超过 50% 的警戒线，资源短缺的约束不断强化，积极开展国际资源能源的互利合作，已经成为维护我国经济安全和经济持续发展迫切需要解决的重大问题。加之，2008 年国际金融危机后，贸易保护主义盛行，多边贸易体制发展面临瓶颈，区域贸易摩擦丛生，国际经贸规则制定出现政治化、

①　《十八大以来重要文献选编》（中），人民出版社 2016 年版，第 826 页。

碎片化苗头；我国出口受到严重冲击，出口企业普遍陷入产能过剩困局。总起来看，当前国际经济合作和竞争局面正在发生深刻变化，全球经济治理体系和规则正在面临重大调整，引进来、走出去在深度、广度、节奏上都是过去所不可比拟的，应对外部经济风险、维护国家经济安全的压力也是过去所不能比拟的。

其五，社会公平正义问题凸显。改革开放以来，我国经济社会发展取得巨大成就，但随着"蛋糕"不断做大，在"分蛋糕"问题上存在大量有违公平正义的现象。与人民生活密切相关的住房、医疗、教育、社会保障等民生问题突出；国民收入再分配体系有待完善，居民收入分配差距较大；当前依然存在几千万的贫困人口，已成为制约全面建成小康社会的最大短板。国家统计局 2013 年一次性公开了 2003 年至 2012 年的基尼系数，数据均在 0.4 以上，其中 2008 年达到 0.491 的高点。北京大学"中国家庭追踪调查课题组"以全国 25 个省市 160 个区县的 14960 个家庭为基线样本进行研究，发布的《中国民生发展报告 2015》显示，顶端 1% 的家庭占有全国约三分之一的财产，底端 25% 的家庭拥有的财产总量仅在 1% 左右。分配不公、贫富差距拉大，会带来很多的社会问题，特别是随着广大群众主体性的觉醒和公平意识的不断增强，人们对社会不公问题越来越不满，由此诱发社会动荡的可能性增强。

面对纷繁复杂的国内外矛盾问题，习近平提出"五不让"：不让小风险演化为大风险，不让个别风险演化为综合风险，不让局部风险演化为区域性或系统性风险，不让经济风险演化为社会政治风险，不让国际风险演化为国内风险，"力争不出现重大风险或在出现重大风险时扛得住、过得去。"如何才能做到"五不让",关键的还是要能抓住事关发展的最根本的东西。

"理者,物之固然,事之所以然也。"理什么样,事物就什么样,把握事物,首先要把握事物固有的"理",具体到发展问题上,就是要看到发展实践是由发展理念来引领和开创的。当前,我国发展面临的各方面风险不断积累甚至集中显露,越是面临复杂的形势、繁重的任务,就越要抓住事关发展的根本性问题,越要科学发展理念的定向领航。用新的发展理念引领发展行动,才有可能走出一条质量更高、效益更好、结构更优、优势充分释放的发展新路。习近平指出:"发展理念是战略性、纲领性、引领性的东西,是发展思路、发展方向、发展着力点的集中体现。发展理念搞对了,目标任务就好定了,政策举措跟着也就好定了。""这五大发展理念不是凭空得来的,是我们在深刻总结国内外发展经验教训的基础上形成的,也是在深刻分析国内外发展大势的基础上形成的,集中反映了我们党对经济社会发展规律认识的深化,也是针对我国发展中的突出矛盾和问题提出来的。"① 概言之,五大发展理念针对发展的突出矛盾问题,紧扣发展的五大命脉。它着力破解发展难题、增强发展动力、厚植发展优势,针对的是我国发展中的五个突出矛盾,回答的是中国当前最为紧迫的现实问题,因此极具现实性和针对性,是推进治国理政现代化的一个十分重要的内容。

---

① 《十八大以来重要文献选编》(中),人民出版社 2016 年版,第 825 页。

三、牢固确立五大发展理念

创新、协调、绿色、开放、共享的发展理念，是针对我国经济发展进入新常态、世界经济复苏低迷开出的药方。它集中体现了"十三五"乃至更长时期我国的发展思路、发展方向、发展着力点，是管全局、管根本、管长远的导向。树立和贯彻好五大发展理念，破解发展难题，厚植发展优势，就能使我国发展占据时代制高点，维护和用好我国发展重要战略机遇期，实现治国理政的现代化。这样才能在日趋激烈的国际竞争中，赶上世界发展的脚步，赢得更大的发展优势，从后发到先发、从跟跑到领跑，引领世界发展潮流。

（一）牢固确立创新发展理念，增强发展动力

确立创新发展理念是对我国历史经验教训的深刻体悟。16 世纪以前，世界上最重要的 300 项发明和发现中，中国占 173 项，遥遥领先于其他国家。所以保罗·肯尼迪在《大国的兴衰》中提到，在近代以前时期的所有文明中，没有一个国家的文明比中国文明更发达，更先进。底子这么好，但如果保守僵化、缺乏创新的话，很快就会沦落到任人宰割的落后、悲惨境地。16 世纪以来，世界发生了多次科技革命，每一次都深刻影响了世界力量格局。根据西方学者的研究，1820 年，中国的 GDP 占世界总量的 32.4％，居世界第一位。但是，因一次次错过世界科技革命浪潮，我国由全球经济规模最大的国家沦为落后挨打的半殖民地半封建社会，在世界发展的大潮中被远远甩在

业增加值已稳居世界第一，但质量效益、创新能力、品牌价值等与发达国家相比差距明显，多数产业处于全球价值链中低端，关键核心技术缺失，许多关键基础零部件、关键材料等严重依赖进口。汤森路透评选出的《2015 全球创新企业百强》榜单里，日本 40 家，美国 35 家，法国 10 家，德国 4 家，瑞士 3 家，韩国 3 家，瑞典、加拿大、比利时、中国台湾、荷兰各 1 家，中国内地无一入围。俗话说，行百里者半九十，如果世界的技术水平是 100 的话，经过 30 多年的赶超式发展，中国已经追到 90 了。但从零开始追到 90 固然不易，要想从 90 追到 100，那也绝不是一步之遥，而是难于上青天，更需要创新来支撑和推动。习近平强调："我国创新能力不强，科技发展水平总体不高，科技对经济社会发展的支撑能力不足，科技对经济增长的贡献率远低于发达国家水平，这是我国这个经济大个头的'阿喀琉斯之踵'。"①

确立创新发展理念必须明确党中央对创新发展的战略定位和实践要求。创新是一个民族进步的灵魂，是一个国家兴旺发达的不竭动力，也是中华民族最鲜明的民族禀赋。党的十八大以来，习近平从决定民族前途命运的高度反复强调创新的极端重要性，把创新发展列在五大发展理念之首，将其作为引领发展的第一动力，强调抓住了创新，就抓住了牵动经济社会发展全局的"牛鼻子"。抓创新就是抓发展，谋创新就是谋未来。统计显示，在《中共中央关于制定国民经济和社会发展第十三个五年规划的建议》（以下简称《建议》）里面，"创新"一词出现了 71 次之多，并明确提出，必须把创新摆在国家发

---

① 《十八大以来重要文献选编》（中），人民出版社 2016 年版，第 825 页。

展全局的核心位置，不断推进理论创新、制度创新、科技创新、文化创新等各方面创新，让创新贯穿党和国家一切工作，让创新在全社会蔚然成风。为落实这一战略要求，《建议》提出了 7 个方面的重大举措：培育发展新动力；拓展发展新空间；深入实施创新驱动发展战略；大力推进农业现代化；构建产业新体系；构建发展新体制；创新和完善宏观调控方式。对这些具体举措要求，我们需要全面把握，努力落实。

（二）牢固确立协调发展理念，增强发展整体性

协调是持续健康发展的内在要求。处理复杂经济社会关系如同弹钢琴，统筹兼顾各方面发展如同指挥乐队，只有协调，才能奏响全面建成小康社会交响曲、民族伟大复兴进行曲。不谋全局者，不足谋一域。协调发展从来都是我们党关于建设中国特色社会主义一系列重要战略决策的重要主题。改革开放之初，邓小平在对新中国成立以来经济建设实践进行深刻总结和反思的基础上提出了"先富带后富，实现共同富裕""沿海地区发展与内地发展两个大局"等战略设想。党的十二大确立了以"重点发展""优先发展"和"带动发展"相协调的区域发展战略。党的十三大报告提出，"必须坚定不移地贯彻执行注重效益、提高质量、稳定增长的战略"，强调区域产业布局和城乡协调发展问题。党的十四大报告总结了改革开放以来区域发展的实践经验，确立了区域"统筹规划"和"共同发展"的区域协调发展战略，目的是在国家统一规划指导下，按照因地制宜、合理分工、各展所长、优势互补、共同发展的原则，促进地区经济合理布局和健康发

展。党的十五大正式将"促进地区经济合理布局和协调发展"纳入经济体制改革战略。党的十六大在策略安排上提出统筹城乡，东、中、西部共同发展，实施西部大开发战略。党的十七大报告确立了在科学发展观指导下的"全面、协调、可持续发展"的发展战略，并将此定义为科学发展的基本要求。党的十八大提出"优先推进西部大开发，全面振兴东北地区等老工业基地，大力促进中部地区崛起"以及城乡发展一体化战略。十八届五中全会提出"协调发展理念"。当前和今后五年，我们的中心工作是全面建成小康社会。全面小康，重在"全面"，难在"全面"。习近平强调，下好"十三五"时期发展的全国一盘棋，协调发展是制胜要诀，必须全力做好补齐短板这篇大文章，着力提高发展的协调性和平衡性。

确立协调发展理念，就要切实把握新形势下协调发展的新特点、新要求。历经改革开放30多年的高速发展，中国发展的不平衡、不协调、不可持续的问题依然严峻，并呈现出新的特点。2015年5月，习近平在主持中共中央政治局第二十二次集体学习时指出，由于欠账过多、基础薄弱，我国城乡发展不平衡不协调的矛盾依然比较突出，加快推进城乡发展一体化意义更加凸显、要求更加紧迫。对此我们需要准确把握协调发展的新特点，必须看到，协调既是发展手段又是发展目标，同时还是评价发展的标准和尺度；协调是发展两点论和重点论的统一，既要着力破解难题、补齐短板，又要考虑巩固和厚植原有优势，两方面相辅相成、相得益彰，才能实现高水平发展；协调是发展平衡和不平衡的统一，协调发展不是搞平均主义，而是更注重发展机会公平、更注重资源配置均衡；协调是发展短板和潜力的统一，协调发展就是找出短板，在补齐短板上多用力，通过补齐短板挖掘发展潜力、增强发展后劲。①

　　确立协调发展理念，就要明确中央的部署要求。党的十八届五中全会提出，坚持协调发展，必须牢牢把握中国特色社会主义事业总体布局，正确处理发展中的重大关系，重点促进城乡区域协调发展，促进经济社会协调发展，促进新型工业化、信息化、城镇化、农业现代化同步发展，在增强国家硬实力的同时注重提升国家软实力，不断增强发展整体性。增强发展协调性，必须在协调发展中拓宽发展空间，在加强薄弱领域中增强发展后劲。推动区域协调发展，塑造要素有序自由流动、主体功能约束有效、基本公共服务均等、资源环境可承载的区域协调发展新格局。推动城乡协调发展，健全城乡发展一体化体制机制，健全农村基础设施投入长效机制，推动城镇公共服务向农村延伸，提高社会主义新农村建设水平。推动物质文明和精神文明协调发展，加快文化改革发展，加强社会主义精神文明建设，建设社会主义文化强国，加强思想道德建设和社会诚信建设，增强国家意识、法治意识、社会责任意识，倡导科学精神，弘扬中华传统美德。推动经济建设和国防建设融合发展，坚持发展和安全兼顾、富国和强军统一，实施军民融合发展战略，形成全要素、多领域、高效益的军民深度融合发展格局。

---

① 参见《习近平总书记系列重要讲话读本（2016年版）》，学习出版社、人民出版社2016年版，第133—134页。

（三）牢固确立绿色发展理念，增强人与自然的和谐

绿色是永续发展的必要条件和人民对美好生活追求的重要体现。在追求现代化的道路中，我们党深刻认识到生态环境的重要性，始终重视绿色发展。新中国成立之初，环境问题尚未凸显，但毛泽东写下了"植树造林，绿化祖国"的题词。1982 年，邓小平为全军植树造林总结经验表彰先进大会题词："植树造林，绿化祖国，造福后代。"并且强调指出"为了保证实效，应有切实可行的检查和奖惩制度"。党的十七大首次将"生态文明"的概念写入报告，提出要坚持人与自然和谐发展，坚持生产发展、生活富裕、生态良好的文明发展道路，建设资源节约型、环境友好型社会。十八大正式将"生态文明建设"列入"五位一体"的总布局，提出要坚持节约资源和保护环境的基本国策。党的十八届五中全会将绿色发展列入五大发展理念，表明绿色发展已成为关系我国发展全局的重大问题，也表明党对经济社会发展规律和自然规律认识的深化。在"十三五"规划《建议》的说明中，习近平重点说明了 9 个问题，其中有 3 个直接与绿色发展有关。

确立绿色发展理念必须认真学习领会习近平关于绿色发展的重要思想。党的十八大以来，中央将生态文明建设融入经济建设、政治建设、文化建设、社会建设各方面和全过程，努力建设美丽中国，实现中华民族永续发展。2013 年 5 月，习近平在主持中共中央政治局第六次集体学习时要求，牢固树立保护生态环境就是保护生产力、改善生态环境就是发展生产力的理念，更加自觉地推动绿色发展、循环发展、低碳发展，决不以牺牲环境为代价去换取一时的经济增长。在云

南洱海边，习近平叮嘱"苍山不墨千秋画，洱海无弦万古琴"的自然美景要永驻人间。在参加十三届全国人大三次会议江西代表团审议时，又强调"要像保护眼睛一样保护生态环境，像对待生命一样对待生态环境"。在党的十八届五中全会第二次全体会议上的讲话中，他又提出："绿色循环低碳发展，是当今时代科技革命和产业变革的方向，是最有前途的发展领域，我国在这方面的潜力相当大，可以形成很多新的经济增长点。"① 可见，习近平不但对推进生态文明建设作出系统的顶层设计与具体部署，而且将其上升到党和国家发展战略的高度，鲜明提出绿色发展理念。在这样的高度定位生态文明建设，并将绿色发展作为理念写入发展战略、发展规划，这在马克思主义政党史上是第一次，在当今世界各国的执政党中也是少见的。

坚持绿色发展，必须坚持节约资源和保护环境的基本国策，坚持可持续发展，坚定走生产发展、生活富裕、生态良好的文明发展道路，加快建设资源节约型、环境友好型社会，形成人与自然和谐发展现代化建设新格局，推进美丽中国建设，为全球生态安全作出新贡献。按照十八届五中全会部署，坚持绿色发展理念，必须在六个方面加大工作力度。一是促进人与自然和谐共生，构建科学合理的城市化格局、农业发展格局、生态安全格局、自然岸线格局，推动建立绿色低碳循环发展产业体系；二是加快建设主体功能区，发挥主体功能区作为国土空间开发保护基础制度的作用；三是推动低碳循环发展，建设清洁低碳、安全高效的现代能源体系，实施近零碳排放区示范

---

① 《十八大以来重要文献选编》(中)，人民出版社 2016 年版，第 826 页。

工程；四是全面节约和高效利用资源，树立节约集约循环利用的资源观，建立健全用能权、用水权、排污权、碳排放权初始分配制度，推动形成勤俭节约的社会风尚；五是加大环境治理力度，以提高环境质量为核心，实行最严格的环境保护制度，深入实施大气、水、土壤污染防治行动计划，实行省以下环保机构监测监察执法垂直管理制度；六是筑牢生态安全屏障，坚持保护优先、自然恢复为主，实施山水林田湖生态保护和修复工程，开展大规模国土绿化行动，完善天然林保护制度，开展蓝色海湾整治行动。

（四）牢固确立开放发展理念，增强内外联动

开放是国家繁荣发展的必由之路。习近平强调："人类的历史就是在开放中发展的。任何一个民族的发展都不能只靠本民族的力量。只有处于开放交流之中，经常与外界保持经济文化的吐纳关系，才能得到发展，这是历史的规律。"[1]谁违背这个规律，就会受到历史的惩罚，中国近代百年屈辱史昭示一个真理，闭关锁国、自绝于世界潮流，不仅和进步绝缘，更会导致落后挨打。30多年改革开放经验更以无可争辩的事实证明，封闭只会限制自己的活力，开放才是"落一子而活全局"的联动关键。如果没有1978年我们党果断决定实行改革开放并坚定不移推进改革开放，社会主义中国就不可能有今天这样的大好局面，就可能面临严重危机，就可能遇到像苏联、东欧国家那样的亡党亡国危机。《开放与国家盛衰》一书梳理了汉唐时期以及15

---

[1] 习近平：《摆脱贫困》，福建人民出版社1992年版，第108页。

世纪以来的历史，得出一个规律性的结论：开放是一个生生不息的课题，世界在变，中国在变，开放的内容和形式都在变，但历史和现实告诉我们，开放是国家强盛之道的必由之路没有变。[①] 这个结论不仅适用于中国，放眼世界史，我们也可以看到，15 世纪以来，葡萄牙、西班牙、荷兰、英国、法国、德国、日本、俄罗斯、美国等世界性大国，都以开放为国策，从而相继崛起。邓小平在总结发展经验的时候曾经说，我们最大的经验就是不要脱离世界。党的十八大之后，习近平提出了人类命运共同体这一非常重要的观念，并且强调，关起门来搞建设不可能成功。我们要坚持对外开放的基本国策不动摇，不封闭、不僵化，打开大门搞建设、办事业。当前，我国对外开放从早期引进来为主转为大进大出新格局，进入了全方位开放、在全球范围谋篇布局的新阶段。我国海外资产总量达 6.4 万亿美元，境外企业约 2.97 万家。近年，我国提出"一带一路"战略构想、建立"亚投行"、启动多个自贸区、积极进军非洲、深化与欧盟的政治经济科技合作、人民币正式成为国际储备货币等一系列战略举措，推进我国开放迈上高层次、新起点。

确立开放发展理念，就要正确认识和对待反全球化的不断升温。近年来，英国脱欧、美国总统大选"特朗普现象"、意大利修宪公投失败、法国等欧洲国家右翼政党力量上升、许多国家民粹主义思潮泛滥。一些专家甚至给出了"去全球化"或"逆全球化"的形势判断。怎么看这种与全球化背道而驰的现象，成为开放理念必须面对的

---

① 　陈锦华等：《开放与国家盛衰》，人民出版社 2010 年版，第 4 页。

问题。必须承认，全球化已经是当前世界发展的客观现实，过去几十年，全球化大大促进了世界各国的经济增长，前所未有地使不同国家的利益交织在一起，在这个相互联通的网络里形成了谁也离不开谁的相互依赖和共同利益。特别是伴随信息化、网络化突飞猛进，各国、各地区间的相互依赖度愈加紧密，因此，暂时的反全球化现象不可能撼动客观的全球化现实。正像习近平深刻指出的："世界经济的大海，你要还是不要，都在那儿，是回避不了的。想人为切断各国经济的资金流、技术流、产品流、产业流、人员流，让世界经济的大海退回到一个一个孤立的小湖泊、小河流，是不可能的，也是不符合历史潮流的。"① 所以说，当前的变局只是表明世界进入了全球化的新时代，它意味着"再全球化"，而不是悲观地认为全球化正在消退。对任何民族和国家来说，要想使自己不被开除"球籍"，必须顺应全球化大潮，适应全球化的新形势。要坚定不移发展开放型世界经济，不能一遇到风浪就退回到港湾中去，那是永远不能到达彼岸的。正确的战略应该是提高开放水平、增强开放能力、挖掘开放深度，发展更高层次的开放型经济。

坚持开放发展，必须顺应我国经济深度融入世界经济的趋势，奉行互利共赢的开放战略，发展更高层次的开放型经济，积极参与全球经济治理和公共产品供给，提高我国在全球经济治理中的制度性话语权，构建广泛的利益共同体。党的十八届五中全会《建议》对开放发展提出六个方面的重大举措：一是开创对外开放新局面，必须丰富对

---

① 习近平：《在世界经济论坛 2017 年年会开幕式上的主旨演讲》，《人民日报》2017 年 1 月 18 日。

外开放内涵，提高对外开放水平，协同推进战略互信、经贸合作、人文交流，努力形成深度融合的互利合作格局。二是完善对外开放战略布局，推进双向开放，支持沿海地区全面参与全球经济合作和竞争，培育有全球影响力的先进制造基地和经济区，提高边境经济合作区、跨境经济合作区发展水平。三是形成对外开放新体制，完善法治化、国际化、便利化的营商环境，健全服务贸易促进体系，全面实行准入前国民待遇加负面清单管理制度，有序扩大服务业对外开放。四是推进"一带一路"建设，推进同有关国家和地区多领域互利共赢的务实合作，推进国际产能和装备制造合作，打造陆海内外联动、东西双向开放的全面开放新格局。五是深化内地和港澳、大陆和台湾地区合作发展，提升港澳在国家经济发展和对外开放中的地位和功能，支持港澳发展经济、改善民生、推进民主、促进和谐，以互利共赢方式深化两岸经济合作，让更多台湾普通民众、青少年和中小企业受益。六是积极参与全球经济治理，促进国际经济秩序朝着平等公正、合作共赢的方向发展，加快实施自由贸易区战略。积极承担国际责任和义务，积极参与应对全球气候变化谈判，主动参与2030年可持续发展议程。

（五）牢固确立共享发展理念，增强公平正义

共享是中国特色社会主义的本质要求。"治天下也，必先公，公则天下平矣。"让广大人民群众共享改革发展成果，是社会主义的本质要求，是社会主义制度优越性的集中体现，是我们党坚持全心全意为人民服务根本宗旨的重要体现。公平正义问题解决好了，全体人民推动发展的积极性、主动性、创造性就能充分调动起来，国家发展也

才能具有最深厚的伟力。新中国成立初期，毛泽东一再告诫领导干部，继续保持艰苦奋斗的作风，不骄不躁，与人民群众同甘共苦，不搞特殊化。"文革"结束后，邓小平在制定改革开放战略策略时，始终把人民生活放在首要位置，著名的"三步走"发展战略，我们的"温饱""小康""富裕"，都与人民生活密切相关。世纪之交，江泽民强调我们党"要努力使工人、农民、知识分子和其他群众共同享受到经济社会发展的成果。"以胡锦涛为总书记的党中央强调科学发展观的核心是"以人为本"，必须做到发展为了人民、发展依靠人民、发展成果由人民共享。党的十八大把"公平正义"写进党的文献，并且强调要调整国民收入分配格局，加大再分配调节力度，着力解决收入分配差距较大问题，使发展成果更多更公平惠及全体人民。党的十八届五中全会在以往论述的基础上提出"共享发展"的理念。

确立共享发展理念，必须系统把握它的深刻内涵。一是全民共享，即共享发展是人人享有、各得其所，不是少数人共享、一部分人共享。二是全面共享，即共享发展就要共享国家经济、政治、文化、社会、生态文明各方面建设成果，全面保障人民在各方面的合法权益。三是共建共享，即只有共建才能共享，共建的过程也是共享的过程。四是渐进共享，即共享发展必将有一个从低级到高级、从不均衡到均衡的过程，即使达到很高的水平也会有差别。

坚持共享发展理念，必须落实好党中央提出的重大举措。十八届五中全会提出，坚持共享发展，必须坚持发展为了人民、发展依靠人民、发展成果由人民共享，作出更有效的制度安排，使全体人民在共建共享发展中有更多获得感，增强发展动力，增进人民团结，朝着共同富裕方向稳步前进。按照人人参与、人人尽力、人人享有的要求，坚守底线、突出重点、完善制度、引导预期，注重机会公平，保障基本民生，实现全体人民共同迈入全面小康社会。并从增加公共服务供给、实施脱贫攻坚工程、提高教育质量、促进就业创业、缩小收入差距、建立更加公平更可持续的社会保障制度、推进健康中国建设、促进人口均衡发展等方面明确了具体措施。

四、提高统一贯彻五大发展理念的能力水平

习近平强调，全党同志要把思想和行动统一到新的发展理念上来，崇尚创新、注重协调、倡导绿色、厚植开放、推进共享，努力提高统筹贯彻新的发展理念能力和水平。面对这场关系我国发展全局的深刻变革。全党同志必须普遍增强忧患意识、责任意识，提高统一贯彻五大发展理念的能力和水平，用新的发展理念引领发展行动，在更加有效地应对、化解各种风险和挑战中，推进治国理政现代化。

（一）五大发展理念是一个有机联系的统一整体，需要我们深刻领会和准确把握其精神实质，树立全面系统的科学思维、掌握统筹兼顾的工作方法，夯实统一贯彻的思想力

创新、协调、绿色、开放、共享的新发展理念，不是随意提出来的，是在影响当代发展的诸多因素中，经过科学比较选择、精心总结提炼，抓住最为紧要、最具决定性的五大要素，从五个维度揭示了发

展的相互联系的内在规定性，形成了一个系统化的发展理念体系。从发展的关联性来看"一个都不能少"。其中，创新是引领发展的第一动力，协调是持续健康发展的内在要求，绿色是永续发展的必要条件和人民对美好生活追求的重要体现，开放是国家繁荣发展的必由之路，共享是中国特色社会主义的本质要求。从主要内容看，创新、协调、绿色、开放、共享各有明确指向，而又相互贯通、相互促进、相得益彰；从逻辑关系看，第一动力、内在要求、必要条件、重要体现、必由之路、本质要求紧密联系、环环相扣、顺理成章；从整体效能看，新发展理念不仅对传统发展观念进行革新升级，而且对现代发展内涵进行全方位拓展，增强发展的统一性、包容性和可持续性；从操作层面看，新发展理念需要统一贯彻、统一落实，一体推进、一起发力，不能顾此失彼，也不能相互替代。作为统领发展的总纲要和大逻辑，五大发展理念既各有侧重又相互支撑，共同构筑了未来发展图景的顶层设计。①

习近平要求我们下功夫领会好、领会透五大发展理念，"要结合历史学，多维比较学，联系实际学"，既要深入领会每一个发展理念的科学内涵，也要深入领会发展理念之间的关联性和整体性。从整体上、从内在联系中把握新发展理念，增强贯彻落实的全面性系统性。在中央党校 2015 年秋季学期第二批入学学员开学典礼上的讲话中，刘云山进一步揭示了五大发展理念的内在关联，对统一贯彻提出了明确要求，他指出，"五大发展理念是具有内在联系的集合体，体

---

① 刘奇葆：《新发展理念蕴含的理论特质和品格》，《人民日报》2016 年 8 月 17 日。

现着辩证思维和统筹兼顾的科学方法论。创新、协调、绿色、开放、共享的发展理念，相互贯通、相互促进，有着深刻的内在联系。这五大发展理念，主题主旨相通、目标指向一致，统一于'四个全面'战略布局和'五位一体'总体布局中，统一于坚持和发展中国特色社会主义的实践中，统一于实现'两个一百年'奋斗目标、实现中华民族伟大复兴中国梦的历史进程中。这五大发展理念，既各有侧重又相互支撑，共同构成了一个开辟未来发展前景的顶层设计，构成了一个系统化的逻辑体系。把握好五大发展理念，要树立全面系统的思维，掌握科学统筹的方法，一起用力贯彻落实，不能顾此失彼，也不能相互替代。"①

（二）五大发展理念是指导发展的红绿灯和指挥棒，需要我们坚持以人民为中心的发展思想，在党的坚强领导下，敢担当、有作为，克服阻力、扫除障碍，提高统一贯彻的执行力

制定出一个好文件，只是万里长征走完了第一步，关键还在于落实，习近平强调，在贯彻落实上，要防止徒陈空文、等待观望、急功近利，必须有时不我待的紧迫意识和夙夜在公的责任意识抓实、再抓实。这要求我们，统一贯彻五大发展理念不能只停留在口头上、止步于思想环节，而要体现在经济社会发展各个环节。要防止浅尝辄止，防止停留在一般性的宣传教育上，而要加强理念执行力，保证贯彻落实中不务虚架空，不走形变味。对不适应、不适合甚至违背新发展理

---

①　刘云山：《五大发展理念是党关于发展理论的重大升华》，《学习时报》2015 年 11 月 17 日。

念的认识要立即调整，对不适应、不适合甚至违背新发展理念的行为要坚决纠正，对不适应、不适合甚至违背新发展理念的做法要彻底摒弃，切实在增强创新能力、推动发展平衡、改善生态环境、提高开放水平、促进共享发展上取得新突破。

新的发展理念包含着对利益关系的大调整，在落实过程中，那些暂时利益受到损失的利益集团和群体，就有可能进行或明或暗的抵制，从而形成阻力。提高执行力，就要花大力气扫除五大发展理念贯彻执行的障碍，始终坚持人民主体地位。人民是推动发展的根本力量，实现好、维护好、发展好最广大人民根本利益是发展的根本目的。必须坚持以人民为中心的发展思想，把增进人民福祉、促进人的全面发展作为发展的出发点和落脚点，发展人民民主，维护社会公平正义，保障人民平等参与、平等发展权利，充分调动人民积极性、主动性、创造性。提高执行力还要始终坚持党的领导。党的领导是中国特色社会主义制度的最大优势，是实现经济社会持续健康发展的根本政治保证。必须贯彻全面从严治党要求，不断增强党的创造力、凝聚力、战斗力，不断提高党的执政能力和执政水平，确保我国发展航船沿着正确航道破浪前进。

（三）五大发展理念是针对我国经济发展进入新常态、世界经济复苏低迷开出的药方，需要我们努力锻造推动经济社会发展的过硬素养和能力，保证统一贯彻的实效力

五大发展理念是围绕我国发展中的突出矛盾和问题提出来的，具有鲜明现实针对性和可操作性。贯彻落实五大发展理念，应针对发展

中的突出问题制定行之有效的方案和举措，步步为营、扎实推进，唯其如此，五大发展理念才能真正转化为新的发展实践、取得新的发展成效，实现我国发展全局的深刻变革。必须承认，现在一些领导干部中，既有不作为、乱作为的问题，也有面对经济发展新常态无所适从、不会为不善为的问题，存在素养和能力不适应的问题。这就要求党员干部特别是领导干部努力锻造推动经济社会发展的过硬素养和能力，成为领导经济社会发展的行家里手，牢牢把握"十三五"这个解决突出问题和矛盾的重要窗口期，牢牢把握供给侧结构性改革这个重要抓手，增强时不我待、只争朝夕的忧患意识与紧迫感，从实现全面建成小康社会目标倒推，厘清到各时间节点必须完成的任务，在解决问题和矛盾中推进治国理政现代化，更好推动经济社会发展。具体来说，统一贯彻新发展理念，要统筹做好转方式、调结构、稳增长、促改革、惠民生、防风险这些具体工作，既抓住制约发展的症结和瓶颈，又开出促进经济社会科学发展的"良方"，最大限度地增强发展实效力。

第五章

推进国家治理体系和治理能力现代化

　　党的十八届三中全会提出的全面深化改革总目标是，完善和发展中国特色社会主义制度、推进国家治理体系和治理能力现代化。国家治理体系和治理能力是一个国家制度和制度执行能力的集中体现。国家治理体系是在党领导下管理国家的制度体系，包括经济、政治、文化、社会、生态文明和党的建设等各领域的制度安排；国家治理能力则是运用国家制度管理社会各方面事务的能力，包括改革发展稳定、内政外交国防、治党治国治军等各个方面。推进国家治理体系和治理能力现代化即实现国家治理现代化，是实现治国理政现代化的重要组成部分，是坚持和发展中国特色社会主义的必然要求，是巩固党的执政地位确保国家长治久安的重大部署，对于实现中华民族伟大复兴的中国梦具有重大而深远的影响。

一、治国理政的重大战略决策

实现治国理政现代化，是中国近代以来无数仁人志士和整个中华民族的共同梦想。治国理政现代化要求国家治理的现代化，这是我们党治国理政理念的重大创新和发展，是在洞察人类制度文明发展规律、总结社会主义建设经验教训的基础上，为实现党和国家长治久安，保障人民幸福生活的战略决策。

（一）国家治理现代化是对人类制度文明进化规律的深刻认识

毫无疑问，近 500 年来，人类社会发生的最重要事件就是现代化，它是从欧洲开始扩展到整个世界的。马克思、恩格斯在《共产党宣言》中深刻指出，资产阶级在历史上曾经起过非常革命的作用，它把一切民族甚至最野蛮的民族都卷到文明中来了。这里所说的文明，就是现代化。一般说来，现代化是一个动态的过程，它被用来描述从前现代社会向现代社会的历史变迁，这种变迁包括了经济、政治、社会、观念等一系列人类活动领域的转变。世界强国现代化的历史进程和成功经验充分证明：一个国家，没有经济社会方面的现代化，很难成为现代国家；没有治理方面的现代化，同样很难成为现代国家。事实上，在现代化的变迁过程中，最为重要的、基础性的任务就是国家治理领域中各种制度的确立，制度不是静止的，在现代化的进程中，制度也在不断进化。

从世界历史角度看，经过长期剧烈的社会变革之后，一个政权要稳定下来，一个社会要稳定下来，必须加强制度建设，而形成比较完备的一套制度往往需要较长甚至很长的历史时期。先行现代化国家制度进化的历史说明，国家治理现代化大致经历了建构期、稳定期、变革期、超越期四个发展阶段。并且在总体上完成了四大任务：一是从封建国家到民族国家，解决国家独立性问题；二是从依人治理到依法治理，解决运行规范化问题；三是从精英治理到大众治理，解决政治合法性问题；四是从暗箱治理到透明治理，解决过程公开性问题。易言之，国家治理现代化从本质上说就是实现国家自主化、法治化、民主化和透明化。邓小平曾经指出："我们今天再不健全社会主义制度，人们就会说，为什么资本主义制度所能解决的一些问题，社会主义制度反而不能解决呢？这种比较方法虽然不全面，但是我们不能因此而不加以重视。"① 正是基于对人类现代制度文明进化的深刻洞察，我们党提出了推进国家治理现代化，就是要形成"一整套更完备、更稳定、更管用的制度体系"。

（二）国家治理现代化是对我国建设改革历史经验的全面总结

众所周知，新中国基本是在一片废墟的基础上建立起来的，党执政之后，以什么方式治理好国家，始终是一个重大的理论与现实课题。对此，老祖宗没有提供现成的答案。纵观社会主义从诞生到现在的历史过程，"怎样治理社会主义社会这样全新的社会，在以往的世界社会主义中没有解决得很好。"② 马克思、恩格斯关于未来社会的很

① 《邓小平文选》第二卷，人民出版社 1994 年版，第 333 页。
② 《十八大以来重要文献选编》（上），中央文献出版社 2014 年版，第 548 页。

多设想都是预测性的，没有经历过全面治理一个社会主义国家的实践，没有遇到一个社会主义国家所面临的大范围、全局性的治理问题，所以，一切都要靠我们自己的摸索。比如，今天我们已经充分认识到，法治是国家治理的重要依托，但这个结论是在付出巨大代价后才得到的。

在中华人民共和国成立初期，我们党高度重视社会主义法治，明确提出了"系统地制定比较完备的法律，健全我们国家的法制"的任务，并制定了以"五四宪法"为代表的一系列法律。但从 1957 年反右开始，法律虚无主义日渐抬头，特别是在"文革"的十年动乱中，宪法和法律形同虚设，原本就十分脆弱的社会主义法治遭到毁灭性破坏，国家治理到了崩溃的边缘。党的十一届三中全会以后，鉴于"文革"的教训，亲眼目睹和经历了"无法无天"造成的巨大灾难，邓小平强调指出："民主和法制，这两个方面都应该加强，过去我们都不足。要加强民主就要加强法制。没有广泛的民主是不行的，没有健全的法制也是不行的。我们吃够了动乱的苦头。"① 并深刻指出，制度问题更带有根本性、全局性、稳定性和长期性，关系到党和国家是否改变颜色，必须引起全党的高度重视。邓小平反复强调制度问题，想得是很深的。他考虑的不仅是要解决好制约党和国家事业发展的体制机制弊端问题，而且是要解决好事关党和国家长治久安的制度现代化问题。这个制度现代化问题就是实现国家治理现代化问题，就是我们通过全面改革最终要达到一个什么样状态的问题，就是总目标的问题。

---

① 《邓小平文选》第二卷，人民出版社 1994 年版，第 189 页。

国家治理现代化这个目标的确立，是对过去改革"摸着石头过河"的超越，它提供了改革方向性的追求，确立了判定是非的标准，描绘了未来发展的蓝图，充分反映了我们党对现代化发展规律的深刻把握，标志着我国现代化建设进入到一个新的阶段。

（三）国家治理现代化是对实现中华民族伟大复兴的基础设计

实现中华民族伟大复兴是凝结着 13 亿多中国人民的共同梦想，经过近代百余年的探索，当今中国正处于最接近实现民族复兴的关键阶段。越是在这样的关键时刻，越需要国家治理走向现代化。因为，国家治理体系的完善程度及治理能力的强弱，是一个国家综合国力和竞争力的重要标志。从世界上看，不同国家的治理体系各不相同，治理能力也存在差异。但是，对任何一个国家来说，如果没有比较完善的国家治理体系和比较强大的国家治理能力，就不可能有效解决各种社会矛盾和问题，就不可能形成国家建设和发展所必需的向心力、凝聚力，就会导致社会动荡、政权更迭等严重政治后果。在这方面，一些国家和政党给我们留下了非常惨痛的经验教训。

今天，我们党已经从领导人民为夺取全国政权而奋斗的党，成为领导人民掌握全国政权并长期执政的党；已经从受到外部封锁和实行计划经济条件下领导国家建设的党，成为对外开放和发展社会主义市场经济条件下领导国家建设的党。我们党所面临的一项重大历史任务，就是坚持和完善中国特色社会主义制度，为党和国家事业发展、为人民幸福安康、为社会和谐稳定、为国家长治久安提供一整套更完备、更稳定、更管用的制度体系。一句话，为实现中华民族伟大复兴的中国梦创造良好的制度基础。沿着这一思路，党的十八大从经济、政治、文化、社会、生态文明五个方面提出了全面深化改革开放的制度目标，并强调全面建成小康社会，必须构建系统完备、科学规范、运行有效的制度体系。党的十八届三中全会进而把完善和发展中国特色社会主义制度、推进国家治理体系和治理能力现代化确定为全面深化改革的总目标，这就从根本上设计了民族复兴的制度发展路径。

二、实现治国理政现代化必须解决好制度模式选择问题

人类数千年文明史充分说明，一个国家选择什么样的治理体系、实行何种制度，一定要与该国的国情相适应。而国情又有多种要素构成，比如历史文化传统、经济社会发展状况以及所处的外部政治经济环境因素等等。由于这些因素千变万化，从而也就决定了各国治理体系不尽相同。中国共产党带领全国各族人民创设的制度，植根于中华民族几千年来赖以生存和发展的广阔沃土，产生于中国共产党和中国人民为争取民族独立、人民解放和国家富强而进行的伟大实践，是适合中国国情和社会进步要求的选择。

（一）中国制度模式奠定了国家治理的基础

政治制度安排是制度选择的基础。中国人民对传统制度的谋变肇始于近代的救亡图存运动，一些先进的中国人曾经把目光转向西方寻求救国救民的道路，通过"揖美追欧，旧邦新造"来谋求建立资本主

义制度。特别是以孙中山为代表的革命党人力追不舍的奋斗方向就是要在制度上效法欧美，在中国建立一个近代民主国家。但辛亥革命后按照西方模式建立的制度，比如议会制、多党制等等，并没有实现中国人民要求独立、民主的迫切愿望，反而成为掩盖专制独裁的工具，时人有言叹道："无量头颅无量血，可怜购得假共和。"中国人民从艰难曲折的探索和斗争中终于认识到，在中国特定的国情背景下，照搬西方制度是一条根本走不通的路，要完成救亡图存和反帝反封建的历史任务，必须以新思想新理论开创中国革命新道路、建立全新的制度，这一重任，历史地落在了中国共产党身上。

早在 20 世纪 30 年代，中国共产党就在革命根据地开始尝试政权建设，参照当时苏联的政治模式，创设不同于资本主义国家的政治制度。1931 年，工农兵苏维埃第一次全国代表大会在江西瑞金召开，通过了中华苏维埃共和国宪法大纲，确立了工农兵苏维埃代表大会为共和国最高政权，这就是人民代表大会制度的最初形态。抗战时期，根据地革命政权组织形式是建立在"三三制"基础上的参议会，代表了广泛的抗日民族统一战线，参议会由选民通过普遍、直接、平等和无记名的投票选举产生，为适应选民文盲多的现实，陕甘宁边区参议会的选举首创了"豆选"的方式。参议会这种政权组织形式，孕育了后来的多党合作政治协商制度。与此同时，为解决民族问题，陕甘宁边区分别在 1941 年和 1944 年建立了蒙、回民族自治区，开始了民族区域自治的实践。解放战争时期，中国共产党带领人民创设的政治制度开始在各解放区进行更为广泛的实践。

新中国成立后，特别是改革开放以来，我们党开始以全新的角度思考国家治理问题，强调制度问题更带有根本性、全局性、稳定性和长期性，构建了系统的中国特色社会主义制度，即人民代表大会制度、中国共产党领导的多党合作和政治协商制度、民族区域自治制度以及基层群众自治制度等政治制度，中国特色社会主义法律体系，公有制为主体、多种所有制经济共同发展的基本经济制度，以及建立在这些制度基础上的经济体制、政治体制、文化体制、社会体制等各项具体制度。这个制度体系在维护人民民主专政政权，保障人民当家作主权利，促进经济社会发展等方面发挥了不可替代的重要作用，同时也为中国的现代化建设提供了稳定的政治秩序。

中国共产党带领人民创设的制度模式在世界文明发展史中具有重要意义，它有效打破了西方资本主义国家的制度垄断，为后发国家选择不同于资本主义社会的现代化道路提供了借鉴。20世纪苏东式的社会主义制度土崩瓦解后，有弗朗西斯·福山提出的"历史终结论"，但历史发展的事实也让福山承认西方自由民主可能并非人类历史进化的终点。所谓"历史终结论"有待进一步推敲和完善，人类思想宝库需为中国传统留有一席之地。中国特色社会主义不仅没有像苏东那样倒台，而且有力保障了中国数十年强劲的经济增长，中国社会整个面貌发生了天翻地覆的变化，以至于以福山为代表的西方学者不能不重新审视中国共产党开创的制度模式的独特魅力。

（二）中国制度模式彰显了国家治理的优势

我国今天的国家治理体系，是在我国历史传承、文化传统、经济社会发展的基础上长期发展、渐进改进、内生性演化的结果。正因为没有拄着别人的拐棍，坚持独立自主选择自己的道路，我们才能始终站稳脚跟，走出了一条不同于西方国家的成功发展道路，形成了一套不同于西方国家的成功制度体系，彰显了自身独特的优势。

纵观人类发展史，大多数社会动荡、政权更迭，原因最终都可以归结为没有形成有效的国家治理体系和治理能力。也就是说，如果一个国家缺乏有效的国家治理体系和治理能力，就不能有效解决社会矛盾和问题，各种社会矛盾和问题日积月累、积重难返，必然带来严重的政治后果。人类进入 21 世纪后的历史似乎更加说明了这样一个看上去颇为矛盾的现象：文明愈发达，人类愈脆弱。从次贷危机到主权债务危机，从 SARS 到超级病毒，从海啸到地震，从恐怖袭击到暴力冲突，接连不断的天灾人祸刺激着人类的感官，对危机的应对能力已经成为当今时代衡量一个国家治理状况优劣的尺度。在这些危机面前，不同制度的国家表现迥然不同，有的国家损人利己，有的国家损人不利己，有的国家坐以待毙，有的国家束手无策。而中国的国家治理在危机面前显现了自身的优势：有利于快速而高效地对危机作出反应，有利于协调国家、社会和个人的利益，有利于集中力量调动各种资源，也有利于对社会主体的迅速动员等等。从推动经济社会发展到应对突如其来的自然灾害和各式各样的国际经济金融危机、政治风波，我们不仅都挺过来了，而且每场风雨过后都发展得更好，同世界上一些国家不断出现乱局形成了鲜明对照。这些事实充分说明，在人类制度文明进化过程中，中国的制度模式所提供的不同于西方的制度选择不断显现其生命力，并且也将在进化过程中不断实现自身的完善。

历史和现实证明，我们的国家治理体系和治理能力总体上是好的，是有独特优势的，是适应我国国情和发展要求的。我们应该有这个自信。同时，我们必须看到，相比我国经济社会发展和人民群众的要求，相比当今世界日趋激烈的国际竞争，相比实现国家长治久安，我们在国家治理体系和治理能力方面还有许多亟待改进的地方，我们的制度还没有达到更加成熟更加定型的要求，有些方面甚至成为制约我们发展和稳定的重要因素。因此，摆在我们面前的一项重大历史任务，就是推动中国特色社会主义制度更加成熟更加定型，为党和国家事业发展、为人民幸福安康、为社会和谐稳定、为国家长治久安提供一整套更完备、更稳定、更管用的制度体系。这项工程极为宏大，零敲碎打调整不行，碎片化修补也不行，必须是全面的系统的改革和改进，是各领域改革和改进的联动和集成，在国家治理体系和治理能力现代化上形成总体效应、取得总体效果。

三、坚持以经济体制改革为重点协调推进各领域体制改革

推进国家治理现代化不是某个领域某个方面的事情，而是一个涉及经济社会发展各领域的复杂系统工程。因此，必须坚持整体推进，统筹谋划各个方面、各个层次、各个要素，但整体推进又不是平均用力、齐头并进，而是注重抓主要矛盾和矛盾的主要方面，注重抓重要领域和关键环节。生产力决定生产关系，经济基础决定上层建筑。这一社会发展的基本规律决定了经济体制改革的重点地位。习近平指

出："经济体制改革对其他方面改革具有重要影响和传导作用，重大经济体制改革的进度决定着其他方面很多体制改革的进度，具有牵一发而动全身的作用。"① 牵住深化经济体制改革这个"牛鼻子"，可以有力促进其他领域深层次矛盾的化解，促进其他领域改革的协同深化，统筹推进政治、文化、社会、生态文明等其他领域的改革，实现经济体制改革、政治体制改革、文化体制改革、社会体制改革、生态文明体制改革相互协调、相互支撑，从而在整体上实现国家治理现代化。

（一）正确处理政府和市场关系

经济体制改革的核心问题是处理好政府和市场关系。正确处理政府和市场的关系，使市场在资源配置中起决定性作用和更好发挥政府作用，是党的十八届三中全会在理论上的重大突破和实践上的重大创新，具有鲜明的时代特征，为深化改革指明了方向。

党的十一届三中全会以来，我国经济体制改革一直是围绕调整政府和市场关系进行的，党中央一直在根据实践拓展和认识深化寻找政府和市场关系的科学定位。党的十五大提出"使市场在国家宏观调控下对资源配置起基础性作用"，党的十六大提出"在更大程度上发挥市场在资源配置中的基础性作用"，党的十七大提出"从制度上更好发挥市场在资源配置中的基础性作用"，党的十八大提出"更大程度更广范围发挥市场在资源配置中的基础性作用"，可以看出，我们对政府和市场关系的认识在不断深化。正是认识上的不断深化，才使得

---

① 《十八大以来重要文献选编》（上），中央文献出版社 2014 年版，第 550 页。

我们在实践中更加注重发挥市场作用，有力促进了经济持续较快发展。当前，我国仍存在市场体系不完善、市场规则不统一、市场秩序不规范、市场竞争不充分，政府权力过大、审批过杂、干预过多和监管不到位的问题，影响了经济发展活力和资源配置效率，必须不失时机地加大改革力度，进一步处理好政府和市场关系，实际上就是要处理好在资源配置中市场起决定性作用还是政府起决定性作用这个问题。理论和实践都证明，市场配置资源是最有效率的形式。市场决定资源配置是市场经济的一般规律，市场经济本质上就是市场决定资源配置的经济。健全社会主义市场经济体制必须遵循这条规律，着力解决市场体系不完善、政府干预过多和监管不到位问题。党的十八届三中全会作出"使市场在资源配置中起决定性作用"的定位，有利于在全党全社会树立关于政府和市场关系的正确观念，有利于转变经济发展方式，有利于转变政府职能，有利于抑制消极腐败现象。

当然，我们还要认识到，我国实行的是社会主义市场经济体制，我们仍然要坚持发挥我国社会主义制度的优越性、发挥党和政府的积极作用。充分发挥市场在资源配置中的决定性作用，绝不是说政府就无所作为，而是必须坚持有所为、有所不为，着力提高宏观调控和科学管理的水平。2008 年国际金融危机以来，世界各国对发挥政府作用有了新的认识，我们国家也有着更加深刻的体会。发挥好政府作用，就是注重宏观思考，善于把住底线，深入研究全局性、战略性、前瞻性问题；就是坚持宏观政策要稳、微观政策要活、社会政策要托底，切实加强和改善宏观调控，减缓经济周期波动影响，保持宏观经济稳定，推动可持续发展；就是围绕建设法治政府和服务型政府，切实解决政府职能越位、缺位、错位的问题，为社会提供更多优质公共服务，通过保障和改善民生，使广大群众共享改革发展成果，促进共同富裕。

（二）把握深化经济体制改革的重点任务

市场决定资源配置是市场经济的一般规律，健全社会主义市场经济体制必须遵循这条规律，着力解决市场体系不完善、政府干预过多和监管不到位问题。

一是坚持和完善基本经济制度，夯实我国经济社会发展的重要基础。公有制为主体、多种所有制经济共同发展的基本经济制度，是中国特色社会主义制度的重要支柱，也是社会主义市场经济体制的根基。公有制经济和非公有制经济都是社会主义市场经济的重要组成部分和我国经济社会发展的重要基础，它们的财产权都不可侵犯，都应依法平等使用生产要素、公开公平公正参与市场竞争、同等受到法律保护。这就需要不断健全归属清晰、权责明确、保护严格、流转顺畅的现代产权制度，保护各种所有制经济产权和合法利益；把混合所有制经济作为基本经济制度的重要实现形式，允许非国有资本参股国有资本投资项目，允许混合所有制经济实行企业员工持股；以规范经营决策、资产保值增值、公平参与竞争、提高企业效率、增强企业活力、承担社会责任为重点，进一步深化国有企业改革，健全公司法人治理结构；坚持权利平等、机会平等、规则平等，废除对非公有制经济各种形式的不合理规定，消除各种隐性壁垒，制定非公有制企业进入特许经营领域具体办法，激发非公有制经济活力和创造力。

二是加快完善现代市场体系，形成公平竞争的发展环境。建设统一开放、竞争有序的市场体系，是使市场在资源配置中起决定性作用的基础。我国实行社会主义市场经济体制以来，市场体系建设取得了很大成就，但在一些领域市场机制还不完善，要素市场发育也不健全。发展社会主义市场经济，必须搭建让市场机制充分发挥作用的平台，让企业自主经营、公平竞争，让消费者自由选择、自主消费，让商品和要素自由流动、平等交换。必须建立公平开放透明的市场规则，实行统一的市场准入制度，在制定负面清单的基础上，各类市场主体可依法平等进入清单之外的领域。推动要素市场改革，建立城乡统一的建设用地市场，完善金融市场体系，健全技术创新市场导向机制。特别需要注意的是金融领域的体制改革，金融是现代经济的核心，伴随金融业的内外开放，需要健全多层次资本市场体系，完善人民币汇率市场化形成机制，加快推进利率市场化，加快实现人民币资本项目可兑换，坚决防范各种风险，切实保障金融市场安全高效运行和整体稳定。

三是加快转变政府职能，提高政府管理效率和水平。科学的宏观调控，有效的政府治理，是发挥社会主义市场经济体制优势的内在要求。一方面是重点健全宏观调控体系，以国家发展战略和规划为导向、以财政政策和货币政策为主要手段，推进宏观调控目标制定和政策手段运用机制化，不断增强宏观调控前瞻性、针对性、协同性。另一方面是全面正确履行政府职能，进一步简政放权，最大限度减少中央政府对微观事务的管理，做到"三个一律"，即市场机制能有效调节的经济活动，一律取消审批；直接面向基层、量大面广、由地方管理更方便有效的经济社会事项，一律下放地方和基层管理；深化投资体制改革，除关系国家安全和生态安全、涉及全国重大生产力布局、战略性资源开发和重大公共利益等项目外的企业投资项目，一律由企业依法依规自主决策。通过优化政府机构设置、职能配置、工作流程，完善决策权、执行权、监督权既相互制约又相互协调的行政运行机制。

（三）协调推进各领域体制改革

全面深化改革是一项复杂的系统工程，需要加强顶层设计和整体谋划，加强各项改革关联性、系统性、可行性研究。全面深化改革要在"全面"，通过改革，全面推进国家治理现代化，为实现治国理政现代化提供完善的制度条件。

一是紧紧围绕坚持党的领导、人民当家作主、依法治国有机统一深化政治体制改革。加快推进社会主义民主政治制度化、规范化、程序化，发展更加广泛、更加充分、更加健全的人民民主，推动人民代表大会制度与时俱进，推进协商民主广泛多层制度化发展，从各层次各领域扩大公民有序政治参与，充分发挥我国社会主义政治制度优越性。建设社会主义法治国家，维护宪法法律权威，深化行政执法体制改革，加快建设公正高效权威的社会主义司法制度，切实保障人民权益。强化权力运行制约和监督体系，坚持用制度管权管事管人，构建决策科学、执行坚决、监督有力的权力运行体系，健全惩治和预防腐败体系，健全改进作风常态化机制，实现干部清正、政府清廉、政治清明。

　　二是紧紧围绕建设社会主义核心价值体系、社会主义文化强国深化文化体制改革。这是增强国家文化软实力的重要举措。坚持社会主义先进文化前进方向，坚持中国特色社会主义文化发展道路，培育和践行社会主义核心价值观，巩固马克思主义在意识形态领域的指导地位，巩固全党全国各族人民团结奋斗的共同思想基础。加快完善文化管理体制和文化生产经营体制，建立健全现代公共文化服务体系、现代文化市场体系，构建现代公共文化服务体系，激发全民族文化创造活力，提高文化开放水平。

　　三是紧紧围绕更好保障和改善民生、促进社会公平正义深化社会体制改革。实现发展成果更多更公平惠及全体人民，必须加快社会事业改革，解决好人民最关心最直接最现实的利益问题，努力为社会提供多样化服务，更好满足人民需求。深化教育领域综合改革，健全促进就业创业体制机制，建立更加公平可持续的社会保障制度，改革收入分配制度，深化医药卫生体制改革，推进基本公共服务均等化。提高社会治理水平，改进社会治理方式，激发社会组织活力，加快形成科学有效的社会治理体制，创新有效预防和化解社会矛盾体制，健全公共安全体系。

　　四是紧紧围绕建设美丽中国深化生态文明体制改革。生态环境保护是功在当代、利在千秋的事业。必须建立系统完整的生态文明制度体系，健全自然资源资产产权制度和用途管制制度，实行资源有偿使用制度和生态补偿制度，改革生态环境保护管理体制，健全国土空间开发、资源节约利用、生态环境保护的体制机制，用制度保护生态环境。

五是紧紧围绕建设一支听党指挥、能打胜仗、作风优良的人民军队这一党在新形势下的强军目标深化国防和军队改革。着力解决制约国防和军队建设发展的突出矛盾和问题，构建中国特色现代军事力量体系，深化军队体制编制调整改革，推进军队政策制度调整改革，推动军民融合深度发展。

六是紧紧围绕提高科学执政、民主执政、依法执政水平深化党的建设制度改革。加强民主集中制建设，完善党的领导体制和执政方式，保持党的先进性和纯洁性，充分发挥党总揽全局、协调各方的领导核心作用，提高党的领导水平和执政能力，为全面改革和实现社会主义治国理政现代化提供坚强政治保证。

四、正确处理推进国家治理现代化的三对关系

我国国家治理体系怎么改、怎么完善，我们要有主张、有定力。没有坚定的制度自信就不可能有全面深化改革的勇气，同样，离开不断改革，制度自信也不可能彻底、不可能久远。坚定制度自信，不是故步自封，而是不断革除各种弊端，让我们的制度成熟而持久。从中国特色社会主义治国理政战略来考虑，最关键的问题是处理好三对关系，即古与今的关系、中与西的关系和党与法的关系。

（一）正确处理古与今的关系

历史是最好的老师。以史为镜，可以知兴替。治理国家和社会，

今天遇到的很多事情都可以在历史上找到影子，历史上发生过的很多事情也都可以作为今天的镜鉴。对绵延 5000 多年的中华文明，我们应该多一份尊重，多一份思考。对古代的成功经验，我们要本着择其善者而从之、其不善者而去之的科学态度，牢记历史经验、牢记历史教训、牢记历史警示，为推进国家治理体系和治理能力现代化提供有益借鉴。

一方面是下大气力进一步肃清封建专制主义残余影响。

按照经典马克思主义理论，社会主义是在批判继承资本主义文明基础之上建立起来的。但是，由于我国社会主义革命的特殊性，我国的社会主义没有经历典型的资本主义发展阶段，而是跳过了资本主义，从半殖民地半封建社会直接进入到社会主义社会。这样，我们所继承的，主要不是资本主义文明成果，而是封建主义的老底子。封建社会所创造的优秀传统文化，是我们的精神基因；封建专制主义的传统，也成为我们搞社会主义的历史重负。正如邓小平所指出："旧中国留给我们的，封建专制传统比较多，民主法制传统很少。"[1]

1919 年的五四运动，是对封建秩序和封建意识形态的有力冲击，但五四运动没有完成彻底批判封建意识这个历史任务。我们党领导的新民主主义革命，推翻封建主义的反动统治和封建土地所有制，是成功的、彻底的。但是，肃清思想政治方面的封建专制主义残余影响这个任务，因为我们对它的重要性估计不足，以后很快转入社会主义革命，所以没有能够完成。

---

[1]　《邓小平文选》第二卷，人民出版社 1994 年版，第 332 页。

进入社会主义时期以后，本来应该把反封建的任务提到议事日程上来，但是，由于我们在一个时期错误地强调无产阶级与资产阶级、社会主义与资本主义的矛盾是主要矛盾，因而把全部精力都放在批判资产阶级思想、防止资本主义复辟的问题上，而没有对封建专制主义残余进行过像样的批判，这样就掩盖和保护了封建残余，使它合法地保存下来，并且猖獗于一时。

新中国成立以来，封建专制主义残余广泛渗透于思想政治领域。如：帝王思想与个人崇拜；圣人救星情结与个人迷信；一度存在的终身制与个人指定接班人；家长制和一言堂；以权代法与权大于法；尊卑有序与人身依附；任人唯亲与买官卖官；宗派主义与圈子文化；官本位；论资排辈；官僚主义；特权思想；等级观念；宗法观念；裙带之风；以言治罪；等等。这些与资本主义格格不入的历史陈迹，更是与社会主义格格不入。现在，虽然封建制度已经离我们远去了100多年，但是，封建专制主义残余并没有随之而销声匿迹，它仍像百足之虫，死而不僵。继续肃清封建专制主义残余，任重而道远。我们要在重视反对和防止资本主义西化演化的同时，更要重视对封建专制主义残余的揭露、批判和斗争，肃清其流毒和影响。对此，邓小平早在1980年就曾指出："现在应该明确提出继续肃清思想政治方面的封建主义残余影响的任务，并在制度上做一系列切实的改革，否则国家和人民还要遭受损失。"①

清除封建专制主义残余影响，既要解决思想问题，也要解决制度

---

① 《邓小平文选》第二卷，人民出版社1994年版，第335页。

问题。解决思想问题，就是要通过舆论的力量，深入批判封建残余的落后性、腐朽性和反动性，宣传新思想、新观念，使广大党员干部和全体人民从封建遗毒中摆脱出来，以适应新的历史条件下社会主义现代化建设的需要。解决制度问题，就是对带有封建专制主义影响和痕迹的各项制度进行切实的改革，从制度上保证经济社会与党和国家政治生活在社会主义民主法治的轨道上健康运行。肃清封建主义残余影响，重点是切实改革并完善党和国家的各项制度。

另一方面是认真总结和批判借鉴传统治理经验与智慧。

批判封建专制主义，并不妨碍我们批判地学习借鉴封建统治者治理国家的一些经验和智慧。中国的今天是从中国的昨天发展而来的，治理好今天的中国，需要对我国历史和传统有深入了解，也需要对我国古代治国理政的探索和智慧进行积极总结。封建统治者尽管多数都是平庸之辈甚至还有少数昏庸之辈，但也不乏进取有为、治理有道的开明君主。封建制度虽然属于落后的制度，但在中国封建社会的历朝历代中，也出现了史学界公认的几个封建盛世，如西汉的"文景之治"，唐代的"贞观之治"及至"开元之治"，清代的"康乾盛世"。这些盛世，共同特征是丰衣足食、国泰民安。总结这些盛世的治理之道，对我们今天富有启发借鉴意义的至少有以下几点：

第一，居安思危的忧患意识。安不忘危、治不忘乱的忧患意识是一种可贵的为政之德。这几个封建盛世，大体都是产生在一个新朝代的前期。新的统治者上台后，面对前一个朝代覆灭的教训，一般都有强烈的忧患意识。例如，打造"贞观之治"的唐太宗李世民就是在隋朝灭亡之后称帝的。他最怕唐王朝社稷不稳固，重蹈隋亡的覆辙。贞观五年，唐太宗对侍臣说："治国与养病无异也。……天下稍安，尤须兢慎，若便骄逸，必致丧败。今天下安危，系之于朕，故日慎一日，虽休勿休。"①殷忧兢慎的忧患意识使唐太宗能够谨慎为政。

第二，轻徭薄赋的简政方略。为使老百姓休养生息，尽可能减少老百姓的劳役，减免老百姓的税负，压缩朝廷和各级衙门的开支，减轻老百姓的负担，不对老百姓的生产和生活进行过多干预。西汉"文景之治"时期，对农民征收的土地税，由原来的"十五税一"改变为"三十税一"，后来在文帝刘恒晚年到景帝刘启之初这个时期，甚至免去了农业税的征收。要减少对百姓的赋税征收，就必须压缩公共财政支出，包括皇帝在内的各级官吏，必须厉行节约。"文景之治"时期的汉文帝粗茶淡饭布衣陋室的节俭风范，得到了史学家和后世政治家的极力推崇与褒奖。

第三，唯才是举的用人机制。在中国封建社会，尽管在阶级关系上有世袭制、恩荫制来保障皇亲国戚和整个统治阶级的利益。但是在处理阶层关系上，面对社会中下层的竞争通道是基本畅通的。文官有从秦汉到魏晋南北朝的荐举制，有从隋唐到明清的科举制；武官有长期实行的军功制，论功行赏、论功晋级。通过这些通道，底层社会可以流入到中层乃至上层社会，这是封建统治者能够维持其统治的重要奥秘。三朝盛世的统治者都明白，用人得当与否，关系王朝兴衰。唐太宗深刻认识到，"为政之要，惟在得人。"登基之初，他就态度鲜明地宣布自己的用人准则："今所任用，必须以德行、学识为本。"②这种

---

① 《贞观政要·政体第二》。

② 《贞观政要·崇儒学第二十七》。

唯才是举的用人机制，为成就三朝盛世提供了强有力的人才保证。

第四，广开言路的开阔胸襟。欢迎和容纳直言，从来被古人认为是重要的君德，是太平治世的重要标尺。在我国封建社会，谏官和台官（御史台）专职官位的设立，为纳谏直言、广开言路提供了制度上的保证。汉文帝即位不久，便废除诽谤妖言之罪，允许臣下大胆提出不同政见，努力营造宽和的政治氛围。唐太宗做得尤为突出。贞观二年，唐太宗问什么样的君主是明君？魏征回答："君之所以明者，兼听也。"①唐太宗深明隋炀帝偏听偏信的结果是身死国亡，自己便虚心纳谏，要求臣下踊跃谏诤。在他的倡导和鼓励下，前后有 30 多人进谏。其中，魏征一人所谏就有 200 余事，数十万言。太宗从谏如流的开明作风，影响了当时的政治，改变了君臣甚至臣民上下阻隔、闭目塞听的状况，形成了君臣共治与和谐开明的政治局面。

（二）正确处理中与西的关系

当今世界是开放的世界。在"一球两制"的时代背景下，如何处理中国特色社会主义与西方资本主义的关系，是国家治理实践中的一个战略性问题，也是一个绕不开、躲不过的重大现实问题。

一方面是绝不照搬西方政治制度和治理模式。

我们党一再重申，建设中国特色社会主义，治理社会主义国家，必须坚持走自己的路，"绝不照搬西方政治制度模式""绝不照搬外国法治理念和模式"。

---

① 《贞观政要·君道第一》。

国情和文化形态各不相同，决定了"不能照搬"。当今世界，各个国家、地区和民族，其历史背景、文化传统、经济条件、宗教信仰和价值观念等存在很大不同。各国国情千差万别，各民族文明形态丰富多样，决定了世界上不可能只有一种政治制度、一种治理模式。习近平指出："各国国情不同，每个国家的政治制度都是独特的，都是由这个国家的人民决定的，都是在这个国家历史传承、文化传统、经济社会发展的基础上长期发展、渐进改进、内生性演化的结果。"①橘生淮南则为橘，生于淮北则为枳。同样，各国政治制度和治理模式也会因国情不同而有所区别，不可能整齐划一。事实上，西方发达国家自己也没有照抄照搬别国的政治制度和治理模式。照抄照搬，不仅不能解决本国的问题，还会因水土不服造成严重后果。

西方模式并非完美无缺，决定了"不能照搬"。以多党竞争、权力分立为突出特征的资本主义国家治理模式，在两三百年的运行过程中，对于反对封建专制主义、促进社会发展进步和维护资产阶级统治，发挥了重要的治理功效。但是，由于形势的发展和治理模式自身的僵化，其弊端日趋显现，至少有三个突出表现。一是资本霸权主导的"金钱政治"愈演愈烈。在美国，玩政治就是玩金钱，选举越来越成为有钱人的游戏，有钱不一定能赢得选举，但是没有钱一定不会胜选。二是"否决型政治"导致议而难决、决而难行。多党竞争和分权制衡的政治模式，容易引发政党恶斗和立法权、司法权、行政权之间相互否决对方的主张和政策，往往形成政治僵局，导致行政效率低

---

① 《十八大以来重要文献选编》（中），中央文献出版社2016年版，第60页。

下。即使是民选出来的政府，也很难有所作为。三是"选票政治"驱使民粹情绪左右政策走向。资本主义选举政治实质上是选票政治，党派和政治人物在竞争中，只有赢得选票才能赢得选举取得政权。一些政党和政治人物为了赢得选票，一味迎合选民胃口，向选民作无限的许诺。一些西方国家在社会福利支出上入不敷出、寅吃卯粮，导致债台高筑，在很大程度上就是迎合民粹情绪的结果。

与此形成鲜明对照的是，我国实行的是党政军民社高度一体的治理模式，拥有强有力的执政党组织领导和动员系统、高效的政府执行系统、高度集中的中央协调系统，具有组织性、集中性、效率性和协调性的特点与优势。这一体系避免了权力分散、相互扯皮，便于调动人力、物力和财力，有利于集中力量办成大事。这一特点和优势在抗击和抵御大的社会风险与自然灾害方面，表现得尤为突出。对此，我们应有治理自信，不宜盲目羡外，更不可盲目照搬。

另一方面是学习和借鉴资本主义治理文明成果。

西方政治制度和治理模式既非完美无缺，也非一无是处。经过几百年的发展，西方发达资本主义国家的治理模式尽管有这样那样的缺陷和弊端，但毕竟把早期原始粗糙野蛮的资本主义，打造成现代文明发达的资本主义。这种治理，不仅使发达资本主义国家在经济科技上不断获得新的发展和突破，而且实现了相当程度的国泰民安或长治久安。政权更替争而有序，国家决策较少大错，社会运行大体稳定。无论哪个政党和政治人物上台执政，资产阶级根本利益和国家整体利益，基本都能得到有效维护。

在这些治理绩效背后，是有一系列行之有效的治理制度作为支撑的。例如，国家领导人及政务官的民选制度，迫使政府官员必须密切联系民众代表民意为民服务；对公共权力进行分解与制衡的权力制约制度，在很大程度上抑制了权力任性和权力腐败；公民言论、出版、结社、游行示威等基本权利不容侵犯的权利保障制度，使公民享有比较充分的自由；宪法至上和厉行法治的法治制度，保障了整个社会在法治轨道中有序运行；公平竞争的选人用人制度，使社会充满生机和活力。

社会主义治理要赢得与资本主义治理相比较的优势，就必须大胆吸收和借鉴当今世界各国包括资本主义发达国家一切反映现代社会运行的治理文明成果，切实改革和完善各项制度，不断提高治理能力。习近平指出："中华民族是一个兼容并蓄、海纳百川的民族，在漫长历史进程中，不断学习他人的好东西，把他人的好东西化成我们自己的东西，这才形成我们的民族特色。"①学习和借鉴资本主义治理文明成果，在思想认识上，既要坚决破除把社会主义与资本主义抽象对立起来并事事处处要与资本主义"对着干"的"斗争思维"，也要防止和反对以坚持"中国特色"为由盲目抵制西方治理文明成果的倾向。在推进国家治理现代化进程中，我们需要对西方国家治理进行选择性接纳，兼容并蓄、融合中西。只有在坚持特色中创新，才能保持自身的特性；只有在吸收借鉴中创新，才能在异质文明中汲取营养。如果我们能以中国特色为基础，借鉴吸收西方制度文明的优秀成果，创造出一套融合中国观念与现代精神、融中国传统与西方文明于一体的国

----

① 《习近平谈治国理政》，外文出版社 2014 年版，第 105—106 页。

家治理模式，将是中华民族对世界文明的重大贡献。

（三）正确处理党与法的关系

党和法的关系是一个根本问题，处理得好，则法治兴、党兴、国家兴；处理得不好，则法治衰、党衰、国家衰。在我国，法是党的主张和人民意愿的统一体现，党领导人民制定宪法法律，党领导人民实施宪法法律，党自身必须在宪法法律范围内活动，这就是党的领导力量的体现。全党在宪法法律范围内活动，这是我们党的高度自觉，也是坚持党的领导的具体体现，党和法、党的领导和依法治国是高度统一的，这种高度统一关系包括三个基本方面，即价值统一、目的统一和规则统一。

一是党和法的价值统一。党和法的价值统一体现于公平正义。马克思、恩格斯创立科学社会主义起源于对资本主义社会不公的批判，他们所描绘的人类理想社会就是消灭阶级、没有剥削，实现公平正义的社会。《共产党宣言》中所说的自由人的联合体，就是人人都有公平、自由的发展机会，每个人的权利都能得到保护，都能过有尊严的生活，从而实现每一个人的自由发展是一切人自由发展的条件。公平正义是我们党追求的一个非常崇高的价值，全心全意为人民服务的宗旨决定了我们必须追求公平正义，保护人民权益、伸张正义。全面依法治国，必须紧紧围绕保障和促进社会公平正义来进行。也正是在这个意义上，党的十八届四中全会的决定中明确提出：公正是法治的生命线。实现公正是理想，理想实现靠法治。公正是法治的核心价值。公正的简单表达就是"法律面前人人平等"，它是在生存比较中产生的主观体验，法治对公正的维护就是"在相同情况下给予相同对待"。法治之所以能够创造公正，是由其特性所决定的。法治具有确定性，使人们清晰知晓自己行为的后果，从而实现社会的规范和有序；法治具有可预性，每个人都可以按照法律的规定去从事相关活动，而不必担心出现难以预见的后果；法治具有连续性，不会因为领导人的变动而变动，不会因为领导人注意力的变化而变化。法治的这些特点是人治所不具备的，是实现公平正义的关键所在。

二是党和法的目的统一。党和法的目的统一体现于人民民主。在我国的政治发展战略设计中，党的领导、人民当家作主和依法治国是有机统一的，这三者中，党和法都不是目的，二者本质上都是为实现人民当家作主，也就是为人民民主服务的。我们党从建党之初就高举人民民主的旗帜，并且一直把民主作为党革命和执政的正当性基础。所以，党的文献中反复强调，"中国共产党的领导，就是支持和保证人民实现当家作主"。经过数十年的经验教训积累，我们逐渐认识到，通过党的领导实现人民民主必须要有法治。民主和法治作为现代政治文明的两大成果确实是好东西，但这两个好东西不是轻易能得到的，而且常常也不是同时能得到的。在人类政治文明史上，它们会有不同的组合，这些组合至少有四种纯粹的类型：无法治无民主（Ⅰ）、无法治有民主（Ⅱ）、有法治有民主（Ⅲ）、有法治无民主（Ⅳ）。这其中，Ⅲ当然是最好的，Ⅳ次之，Ⅰ和Ⅱ谁最糟糕，仁者见仁智者见智。基本上先行现代化国家是经历了Ⅰ到Ⅳ再到Ⅲ的过程，而后发现代化国家则各有路数，但经验的观察发现有许多国家是从Ⅰ到了Ⅱ，于是我们看到的景象就是无序党争、政治贪腐、社会动乱甚至族群冲突。因此，民主和法治是相辅相成的，法治要能够体现民意才能长久，民主要受到法的制约才能有序，没有民主的法治会成为专制的工具，而没有法治的民主则会成为政治动荡的源头。如果一个国家必须要在民主与法治之间作出一种顺序选择，那么先法治后民主应当是一种更为稳定和有序的路径。就我国的政治发展来看，在党的领导下通过法治的建构实现民主，已经成为一条比较确定性的路径选择。

三是党和法的规则统一。党和法的规则统一体现于法律体系中，既包括国法体系也包括党法体系，这其中最为重要的是宪法和党章。习近平明确指出："全面贯彻实施宪法，是建设社会主义法治国家的首要任务和基础性工作。"[1]"依法治国，首先是依宪治国；依法执政，关键是依宪执政。"[2] 这是中华人民共和国成立以来，党和国家领导人对宪法至上地位最为深刻的表述，也是在宪法意义上对党和法规则统一的充分说明。我国宪法以根本法的形式肯定了党在革命、建设和改革历史进程中的领导地位，并且规定了国家实行依法治国，要求包括中国共产党在内的各政党必须以宪法为根本活动准则，明确了任何组织或者个人都不得有超越宪法和法律的特权等等，从而为党和法的高度统一提供了宪法依据。从法理角度来看，宪法是对国家权力和公民权利的规则化约定，因此，宪法正文条款中对党的领导没有具体规定，这个任务是由党章来完成的。邓小平曾经指出："国要有国法，党要有党规党法。党章是最根本的党规党法。没有党规党法，国法就很难保障。"[3]

---

① 《十八大以来重要文献选编》（上），中央文献出版社 2014 年版，第 88 页。
② 《十八大以来重要文献选编》（上），中央文献出版社 2014 年版，第 91 页。
③ 《邓小平文选》第二卷，人民出版社 1994 年版，第 147 页。

党章是保证党与法规则统一的根本党内法。党章在规定党是中国特色社会主义事业的领导核心的同时，明确要求必须坚持党的领导、人民当家作主、依法治国有机统一，走中国特色社会主义政治发展道路，扩大社会主义民主，健全社会主义法制，建设社会主义法治国家。为保证党与法、党的领导与法治的高度统一，党章专门规定，党的领导主要是政治、思想和组织的领导；党必须在宪法和法律的范围内活动，坚持科学执政、民主执政、依法执政；党必须保证国家的立法、司法、行政机关，经济、文化组织和人民团体积极主动地、独立负责地、协调一致地工作；除了法律和政策规定范围内的个人利益和工作职权以外，所有共产党员都不得谋求任何私利和特权，都必须模范遵守国家的法律法规。党章的这些规定，比宪法的规定更为具体严格，更为具有针对性和操作性，从而构成对国法的保障。

我们的各级党组织和党员领导干部，只有充分认清这三个统一，并在领导国家全面建设中坚持这三个统一，提高运用法治思维和法治方式的能力，成为尊法学法守法用法的模范，才能在推动治国理政现代化进程中担负起应有的责任。

第六章

推进法治现代化

"法者，国仰以安也。"法治是治国理政的基本方式，推进法治现代化是实现治国理政现代化的重要前提和根本保障。党的十八大以来，发展中国特色社会主义、实现中华民族伟大复兴进入新的发展阶段，以习近平同志为核心的党中央协调推进全面建成小康社会、全面深化改革、全面依法治国、全面从严治党，依法治国在党和国家工作全局中的地位更加突出、作用更加重大。推进法治现代化，建设法治中国，是党执政兴国的主要途径，是人民幸福安康的根本保障，是党和国家长治久安的基本建设。

一、治国理政的基本方略

习近平深刻指出："法治是人类文明的重要成果之一，法治的精髓和要旨对于各国国家治理和社会治理具有普遍意义。"[1]从国家治理

---

[1] 习近平：《加快建设社会主义法治国家》，《求是》2015 年第 1 期。

方式总的趋势看，目前世界上 142 个国家有成文宪法，法治是现代国家治理的主导方式。在人类政治文明的进程中，法治逐步成为治国理政的基本方式，有其客观必然性。

（一）治国理政依靠系统合力

治理是随着社会的形成而产生的组织协调机制。凡是社会都要有交往交换等活动，就需要解决社会关系之间的各种问题、矛盾、纠纷以致冲突，就产生了不同的治理方式。在原始氏族部落中，一切争端和纠纷，"都由当事人自己解决，在大多数情况下，历来的习俗就把一切调整好了。"[1] 这种十分单纯质朴的氏族"协商民主"，构成了原始氏族制度的主要治理方式。国家是社会在一定发展阶段上的产物，这就是"需要有一种表面上凌驾于社会之上的力量，这种力量应当缓和冲突，把冲突保持在'秩序'的范围以内"[2]。由于国家治理目标、手段、对象以及态势的复杂性，运用国家力量维护秩序的方式就具有多样性。保持国家和社会的运行需要多种机制，任何历史时代都不只是单纯使用一种方式，治国理政有着多种方式。实际上，治国理政是多种方式综合运用的结果。

我国古代就提出了"礼法合治，德主刑辅"的思想。汉朝立国后，"或以威服，或以德致，或以义成，或以权断，逆顺不常，霸王之道杂焉。"霸王道杂之，是将法家、儒家思想兼而并用，或"外儒内法"。《汉书·元帝纪》载：宣帝的太子刘奭（汉元帝）"柔仁好儒，见宣帝

---

① 《马克思恩格斯文集》第 4 卷，人民出版社 2009 年版，第 111 页。
② 《马克思恩格斯文集》第 4 卷，人民出版社 2009 年版，第 189 页。

所用多文法吏，以刑名绳下，大臣杨恽、盖宽饶等坐刺讥辞语为罪而诛，尝侍燕从容言：'陛下持刑太深，宜用儒生'。宣帝作色曰：'汉家自有制度，本以霸王道杂之，奈何纯任德教，用周政乎！且俗儒不达时宜，好是古非今，使人眩于名实，不知所守，何足委任！'乃叹曰：'乱我家者，太子也！'"

治国理政的力量来源，是公共权力的运用。通过不同方式运用公共权力，实现治理目标。一是无为而治与有为而治。汉初统治者看到"秦非不欲治也，然而失之者，举措太众，刑罚太极故也"[①]。因而"治道贵清净而民自定"，"其治要用黄老术"。无为与有为都是权力运用与治理的方式，取决于利弊得失的权衡。二是自发交易与权力处置。生产生活中大量的产品、服务交换活动，由交换者按照市场形成的交易规则完成，政府只需承认交易的合法性，并保护这种交易的结果。不能按照市场交易规则解决的利益关系，就需要通过第三方即公共权力加以处置。市场与政府的边界是有弹性的，取决于市场的发育程度和政府的控制能力。三是行政权力与法制权力。法制是普遍的权力，又是抽象的权力；行政是具体的权力，又是实在的权力。二者既可合一，又可分离。行政权力效率高，但又容易受掌权者能力、素质、品德等主观因素所左右；法制权力稳定通用持久，但怎样保证立法、执法、司法的科学性公正性有效性，是人类政治文明的重大课题。四是依法治国与以德治国。治理既可也可推行法治天下、强化法律权威，也可推行道德教化、强化伦理约束。

---

① 《新语·无为》。

法治既相对于人治而言，是不同历史阶段的不同性质治理，也相对于德治等其他治理方式而言，是共同进行治理的不同机制。五是法治机构与武装力量。国家维护统治、维持秩序、实施治理，都需要一定的国家机器做后盾。法治机构与武装力量都属于国家机器，都具有强制性，二者的应用条件、范围、程序、效果不同，但往往是根据不同情况配合使用、互为补充。

（二）法治方式统领治理方式

在多种治理方式中，必有一种方式起主导的支配的作用。法治作为基本方式，是统领其他治理方式的基本方式，就是说在不同层次的治理方式中，法治方式是基础性的方式。如习俗从古至今一直是确定社会交往规则、解决矛盾纠纷的常用办法，但在法治社会中，法律高于习俗、重于习俗，习俗不能与法律相抵触，必须服从法律。在不同类型的治理方式中，法治方式是主导性的方式。如行政手段是治理的重要手段，即使在法治国家也是必需的，但行政手段必须依法行政，法无授权不可为，否则就是滥用权力，就是违法。在不同功能的治理方式中，法治方式是根本性的方式。如法律和道德都具有规范社会行为、维护社会秩序的作用，道德是法律的基础，法律是道德的保障，但法律是硬约束，是道德失范后的最后防线。

党的十八届四中全会《决定》提出国家和社会治理需要法律和道德共同发挥作用，坚持一手抓法治、一手抓德治，实现法律和道德相辅相成、法治和德治相得益彰。习近平指出："发挥好法律的规范作用，必须以法治体现道德理念、强化法律对道德建设的促进作用。""发挥好道德的教化作用，必须以道德滋养法治精神、强化道德对法治文化的支撑作用。"①说明了法律要有伦理支撑，硬约束要有软约束配合，法治方式不能成为唯一方式。德治方式重在激发道德意识对人的行为的导向作用，强化道德规范的约束作用。社会不仅要形成法律敬畏，不越法律红线；而且要培育道德敬畏，不逾道德底线。德治方式可以拓展国家和社会治理的范围，降低社会运行和控制的成本，增强人们履行责任义务的道德满足和愉悦。

坚持依法治国和以德治国相结合，同时要把法治作为治国理政基本方式，这是因为治国理政的基本方式不是任意选择的结果，而是基于经济运行的基本方式，基于社会运行的基本规律。法治的存在和发展归根到底是由生产力和生产关系的发展决定的，都应该从社会的经济生活条件中得到解释。恩格斯指出，"民法准则只是以法的形式表现了社会的经济生活条件"②。

改革开放 30 多年来，我国经历了从高度集中的计划经济体制到充满活力的社会主义市场经济体制、从封闭半封闭到全方位开放的伟大历史转折。建设社会主义法治国家既是这两大转折的历史成果，也是实现这两大转折的历史条件。在计划经济体制下，国家掌握绝大部分经济资源，控制社会生产、交换、分配、消费的各个环节，行政权集中体现为计划权，计划权可以代表行政权。这就限制了法制的发展。发展社会主义市场经济，政府不能直接控制经济社会生活的方方面面，同时又必须为市场经济培育一个良好环境，必须以

---

① 习近平：《加快建设社会主义法治国家》，《求是》2015 年第 1 期。
② 《马克思恩格斯文集》第 4 卷，人民出版社 2009 年版，第 307 页。

科学有效的方式实行经济社会治理。于是，法治应运而兴、顺势而盛。在封闭半封闭条件下，与国外经济贸易、文化交流、科技协作、国民往来很少，中国在世界上还是一个神秘的国度。一旦对外开放，引进外资和技术，扩大出口贸易，就必须向世界展现中国的公开公平，提供确定性保证，建立平等的交往规则，而规范的法制、公正的法治，则是中国走向世界的最好"通行证"，是世界走进中国的最好"信用卡"。

我国实行社会主义市场经济，市场经济适应了现代经济发展资源配置效率的内在要求。党的十八届四中全会《决定》明确提出，社会主义市场经济本质上是法治经济，使市场在资源配置中起决定性作用和更好发挥政府作用，必须以保护产权、维护契约、统一市场、平等交换、公平竞争、有效监管为基本导向，完善社会主义市场经济法律制度。可以说，没有法治就没有社会主义市场经济，法治是社会主义市场经济的生命，也是社会主义现代化的基石。经济关系是社会主体的基本关系，决定了法治方式是社会运行的基本保障。

二、实现法治现代化的必由之路

道路决定命运，道路引领未来。道路问题关系全局、决定成败。全面推进法治现代化，必须走对路。在走什么道路这个根本问题上，绝不能含糊。习近平指出："中国特色社会主义法治道路，是社会主义法治建设成就和经验的集中体现，是建设社会主义法治国家的唯一正确道路。"① 这为推进法治现代化提供了根本遵循和行动指南，明确宣示了法治建设的方向。实现法治现代化，必须坚持中国特色社会主义法治道路。

（一）中国特色社会主义法治道路的历史依据

中国特色社会主义法治道路的正确性，首先来自历史的比较和选择。它是总结近代以来中国法治发展艰辛探索历程的必然产物。鸦片战争以后，为挽救民族危亡，无数仁人志士主张变法图强。以龚自珍、魏源、康有为、严复、梁启超为代表的开明思想家，从自救的角度对清朝的律例与司法制度进行了大胆的批判，提出了"师夷制夷"和变法维新主张。康有为上书清政府时提出："观万国之势，能变则全，不变则亡，全变则强，小变仍亡"②，法律日久不变，也会积弊丛生。因此，必须改革与清朝政体攸关的典章法律，改革专制政治，实行君主立宪。梁启超则明确提出，中国要生存则需实行法治，"法治国者，谓以法为治之国也""法治主义是今日救时惟一之主义"。1903年修订法律馆奉旨建立，沈家本担任修律大臣，在他的主持下，清朝政府派出留学生学习西洋法律制度和思想，聘请外国法学家在中国的法律学堂讲授现代法律，组织翻译了大量外国法律法规和著作，为晚清制定新律提供了可资借鉴的范本。总之，自戊戌变法和清末修律起，近代中国走向法治的每一次尝试，都一定程度上使中国的政治法律制度发生了变化。但是，战火纷飞的国内外环境制约，根深蒂固的

---

① 《十八大以来重要文献选编》（中），中央文献出版社 2016 年版，第 147 页。

② 张晋藩：《中国法律的传统与近代转型》，法律出版社 1997 年版，第 389 页。

传统观念桎梏，半殖民地半封建的旧中国缺乏建立民主法治的社会基础和现实条件，使几代人的法治国家梦想终究没有变成现实。所谓"君主立宪法治""议会民主法治""五权宪法法治"等，均成为昙花一现的政治设想。

直到中华人民共和国的成立和社会主义制度的确立，才为在新中国实行社会主义法治奠定了根本的政治前提和制度基础。新中国成立初期，在党的领导下，在短时间内建立了新中国的基本法律框架。根据《中国人民政治协商会议共同纲领》的规定，废除国民党时期的法律、法令和司法制度，制定保护人民的法律、法令，建立人民司法制度。在毛泽东主持下，制定了共和国第一部宪法和其他重要法律法规，确立了新中国各项基本政治制度和经济制度，维护广大人民群众基本权利，为新政权的稳固，为恢复和发展经济提供了基本法律保障。就在当时，谢觉哉、董必武等领导人和法学工作者不仅强调要重视宪法、刑法和民法的制定，还强调行政活动和公民个人都要守法。这些实际上已经涉及立法、执法、司法、守法等法治的重要环节。但遗憾的是后来，党在指导思想上发生"左"的错误，逐渐对法制不那么重视了。特别是"文化大革命"使民主法制遭到严重破坏，使党和国家事业遭受巨大损失。

党的十一届三中全会后，我们党痛定思痛，深刻总结历史的经验教训，随着改革开放新时期的开始，我国的法治建设也进入了新的历史阶段。1997年，十五大提出依法治国、建设社会主义法治国家的基本治国方略。1999年，"中华人民共和国实行依法治国，建设社会主义法治国家"成为宪法原则。2002年，十六大重申"依法治国是党领导人民治理国家的基本方略"。2005 年，明确将"民主法治"认定为社会主义和谐社会的首要标志。2007 年，十七大强调"全面落实依法治国基本方略，加快建设社会主义法治国家"。2012 年，十八大继续强调"加快建设社会主义法治国家。更加注重发挥法治在国家治理和社会管理中的重要作用"。2014 年，十八届四中全会通过《中共中央关于全面推进依法治国若干重大问题的决定》，对我国社会主义法治建设作出全面部署。历史是最好的教科书。在改革开放和现代化实践中，我们不断深化对法治建设规律的认识，形成了一系列行之有效的做法和宝贵经验，逐步开辟了一条中国特色社会主义法治道路。这条道路是对历史经验的总结，实属来之不易，我们要有道路自信，坚持和走好这条法治道路。当然我们也清醒地看到，中国法治建设还有很长的路要走，还需要不懈探索、不断完善。

（二）中国特色社会主义法治道路的现实意义

经过 60 多年的探索和实践，我们成功地开辟出了一条符合中国国情，能够切实维护人民权益、维护社会公平正义、维护国家安全稳定、保障经济持续发展的中国特色社会主义法治道路。目前，中国特色社会主义法律体系已经形成，法治政府建设稳步推进，司法体制不断完善，全社会法治观念明显增强。但是，同时必须清醒看到，同党和国家事业发展要求相比，同人民群众期待相比，同实现治国理政现代化目标相比，法治建设还存在许多不适应、不符合的问题，主要表现为：

法律制度有待完善。法治是治国之重器，良法是善治之前提。党的十一届三中全会以来，根据新时期建设需要，我国立法以前所未有的速度和规模发展，从制度层面上讲，我国以宪法为基础的社会主义法律体系已经形成，无法可依、无章可循的现象已基本扭转。但很多法律质量不高，立法不公，法治的效果还不尽人意。例如，以贫困农民、民工和失业下岗人员为主体的弱势群体很难直接参与立法过程，他们的权利意志无法充分表达，民主参与不足，不利于有效维护其合法权益。一些涉及农民利益保护的立法欠缺，农村养老、医疗和农业保险制度立法严重滞后，对村委会选举的法律及相关制度规定不明，对农民民主权利的保护立法欠缺。有的法规规定与保护公民合法权益的要求不相适应。

执法不严有待克服。改革开放30多年来，我国不断加快了立法的步伐，颁布了大量的法律、法规和行政规章，已建立了比较完整的法律体系。但是，这些法律、法规、规章和规范性文件的实施仍不尽如人意。在众多的法律、法规中，行政类执法不严尤为突出。有的地方执法不严，不重视程序和侵犯人权问题时有发生。比如，部分执法者把执法当创收的手段，以罚代管相对人不同情况进行区别对待，还有部分执法者没有摆脱高高在上的官本位，态度粗暴，滥用职权，造成执法者与相对人关系紧张，甚至激化，从而使得不少本可以化解的矛盾直接升级为暴力执法、暴力抗法事件。

司法公正有待提升。这些年，社会所遭遇的发展中问题或"中国式烦恼"，比如红十字会的慈善悬疑、街头的跌倒老人尴尬，如果司法能从程序与实体正义层面"该出手时就出手"，公众可能也会少些犹疑。看起来很多是道德层面、制度层面的纠结，但从根本而言，又都与司法的公平与正义息息相关。司法审判的唯一依据只能是事实，唯一准绳只能是法律。2014 年内蒙古自治区高级人民法院再审判决呼格吉勒图无罪一案轰动全国。尽管呼格案发之初就疑点重重，关键证据不足，但还是按"疑罪从有"很快被执行死刑，造成好人冤死。一个无辜青年含冤赴死 18 载，今朝一日终昭雪。这是新中国成立以来，被执行死刑案件中因事实不清、证据不足而再审改判无罪的第一例，彰显了司法纠错的勇气和决心，也给司法公正提出了更多要求和期待。

公民法治素质有待提高。为提高全民法律素质和法治意识，我国从 1985 年开始实施了 5 个五年普法规划，目前已进入"六五"普法阶段，有领导、有计划、有步骤进行全民普法工作。我们虽然在法制宣传教育上做了大量工作，但是广大干部群众的法治素质还有待提高。有的人在自身合法权利被侵害时，不能正确反映诉求，不懂得运用法律武器维权，或以"法盲"形态出现，或畏于权势、忍气吞声，或置法律而不顾，"以暴制暴"，导致违法犯罪。他们法律知识缺乏，不愿诉诸法律。有的崇尚"权大于法"，喜欢采取越级上访、聚众闹事、围堵政府机关来解决问题。个别公职人员藐视法治，漠视法律的地位和作用，在执法时"重人治、轻法治"，习惯于依靠政策，依靠行政命令办事，即使在法律有明文规定的情况下，甚至仍以执行政策或执行上级"指示"为借口拒绝执行法律，忽视运用法治手段解决问题。以言代法、以权压法、知法犯法的现象仍然存在。法律远没有成为指导和约束人们行为的"第一准则"，还没有成为人们的信仰。

面对我国法治建设的大好局面以及存在的严重问题，党和政府认识十分清醒。法治是规则之治，是规心之治，是规律之治。对于长期处于社会主义初级阶段的发展中的大国来说，当前，社会转型的关键期、改革开放的深水期所出现的特殊社会矛盾，加大了法治建设的难度。推进法治现代化，任务十分艰巨，问题极其复杂，征程多有曲折，成功可谓漫远。中国的法治建设等不得、停不得，但也急不得。只有在中国特色社会主义法治道路的指引下，才能使社会主义法治建设沿着正确的方向和轨道健康地向前推进。

（三）中国特色社会主义法治道路的核心要义

推进法治现代化，建设法治中国，必须坚持走中国的法治道路。习近平明确指出，我们要坚持的中国特色社会主义法治道路，本质上是中国特色社会主义道路在法治领域的具体体现。[①] 中国特色社会主义法治道路，核心要义包括坚持党的领导、坚持中国特色社会主义制度、贯彻中国特色社会主义法治理论。这三个方面紧密联系，构成一个有机的整体，揭示和规定了中国法治建设的内在属性和前进方向。

坚持中国特色社会主义法治道路，最根本的是坚持中国共产党的领导。习近平在庆祝中国共产党成立 95 周年大会上的讲话中强调："全面依法治国，核心是坚持党的领导、人民当家作主、依法治国有机统一，关键在于坚持党领导立法、保证执法、支持司法、带头守法。"[②] 中国共产党是中国特色社会主义事业的领导核心，处在总揽

---

① 习近平：《领导干部要做尊法学法守法用法的模范　带动全党全国共同全面推进依法治国》，《人民日报》2015 年 2 月 3 日。

② 习近平：《在庆祝中国共产党成立 95 周年大会上的讲话》，人民出版社 2016 年版，第 17 页。

全局、协调各方的地位。社会主义法治必须坚持党的领导，党的领导必须依靠社会主义法治。党的领导是中国特色社会主义最本质的特征，是社会主义法治最根本的保证，是中国特色社会主义法治之魂。坚持党的领导同社会主义的法治精神和根本要求是一致的。法从来就不是抽象的，是统治阶级意志的体现或反映，法治既是国家的一种治理和调控社会的方式，也是个人的一种生活方式与行为准则，更是全社会共同追求的一种社会秩序理想。社会主义法治就是社会主义国家的人民在共产党的领导下，按照反映并维护人民群众利益的宪法法律治理国家、管理社会。我们提出依法治国，就是指党领导人民依照宪法和法律规定，通过各种途径和形式，管理国家事务，管理经济文化事业，管理社会事务。为了人民、依靠人民、造福人民、保护人民，是我国社会主义法治建设的出发点和落脚点。维护宪法法律权威就是维护党和人民共同意志的权威，捍卫宪法法律尊严就是捍卫党和人民共同意志的尊严，保证宪法法律实施就是保证党和人民共同意志的实现。在社会主义的中国，坚持党的领导、人民当家作主和依法治国本质上是一致的，都是为了维护和实现广大人民群众的共同意志和根本利益。这就决定了党同法治不是对立的关系，也不是谁大谁小的关系，而是根本一致、内在统一的关系。党和法、党的领导和依法治国是高度统一的。现在，一些人鼓吹和宣扬"西方宪政""三权分立""司法独立"，其要害和实质就是质疑、削弱和否定党对中国特色社会主义法治的领导。我们必须保持高度的政治清醒和政治定力，旗帜鲜明、立场坚定，从理论上主动澄清和驳斥把党与法、党的政策与法律、党的领导与依法治国割裂开来甚至对立起来的错误观点，站在中国特色社会主义事业发展的战略高度，准确把握党的领导和依法治国的关系，始终坚持党在中国特色社会主义法治建设中的领导地位不动摇。

坚持中国特色社会主义法治道路，必须坚持中国特色社会主义制度。习近平指出："中国特色社会主义制度是中国特色社会主义法治体系的根本制度基础，是全面推进依法治国的根本制度保障。"① 法治本身不是终极的目的，社会生活才是法治的目的之所在。从法治的社会作用来看，它归根到底是为社会的政治、经济、文化等制度服务的，是为社会的各种制度的合法性、稳定性、权威性、约束力提供重要支撑。比如，我国宪法规定："国家在社会主义初级阶段，坚持公有制为主体、多种所有制经济共同发展的基本经济制度"，这就为我国基本经济制度提供了根本法律保障。我国实行社会主义市场经济体制，也要通过法治来保障市场经济是平等经济、信用经济、开放经济、竞争经济。再比如，我国实行"一国两制"基本方针，使香港、澳门回归祖国怀抱，也是在《香港特别行政区基本法》和《澳门特别行政区基本法》的法治框架内，结合我国具体国情而进行的非常成功的一次制度创新。总之，以宪法为核心的中国特色社会主义法律体系，就是对中国特色社会主义制度的法律化、法制化。可见，中国特色社会主义制度是中国特色社会主义法治体系的根本制度基础。如果没有这个制度基础，我国的法律制度、法治建设就会失去服务的对象，社会主义法律体系、法治体系也就没有存在的意义和价值。

---

① 《十八大以来重要文献选编》（中），中央文献出版社 2016 年版，第 146 页。

坚持中国特色社会主义法治道路，必须贯彻中国特色社会主义法治理论。中国特色社会主义法治理论内容丰富，蕴含在邓小平理论、"三个代表"重要思想、科学发展观和习近平系列重要讲话之中。尤其是党的十八大以来，习近平发表了一系列有关法治的专题讲话，其主要观点或思想有：法治中国是中国梦的重要组成部分，它同富强中国、民主中国、文明中国、和谐中国、美丽中国等相辅相成，共同组成中国梦的美好愿景；坚持党的领导、人民当家作主、依法治国的有机统一，人民代表大会制度是三者有机统一的根本制度安排；坚持和完善中国特色社会主义制度推进国家治理体系和治理能力现代化；全面推进科学立法、严格执法、公正司法、全民守法，不断开辟依法治国新局面，谱写政治文明的新篇章；加快建设法治政府，坚持依法行政，严格执法，依据法治原则建立政府权力清单制度；深入推进司法体制改革，提高司法公信力，着力解决影响司法公正、制约司法能力的深层次问题，破解体制性、机制性、保障性障碍，等等。这些重要思想和观点，为中国特色社会主义法治理论宝库增添了新鲜内容，继承、丰富和发展了马克思主义法治理论，是指引法治现代化建设始终沿着正确方向前进的指南针和导航仪。

三、建设现代化法治体系

现代化法治体系是法治现代化的实质与核心。党的十八届四中全会把全面推进依法治国的总目标确定为建设中国特色社会主义法治体系，并且阐明了总体布局和实践要求，突出了工作重点和总抓手，为我们建立现代化法治体系，提供了基本遵循和行动指南。

（一）现代化法治体系的基本要素

从法律体系到法治体系，标志着我们党对法治现代化建设认识的深化。现代化法治体系作为治国理政的重要组成部分，是我国法律制度、法律运行、法律实现等诸多要素综合作用所形成的实践体系。建设现代化法治体系是全面推进依法治国的必然要求，是实现国家治理体系和治理能力现代化的内在规定。

一是国家法规体系—党内法规体系—军事法规体系。"法律是治国之重器，良法是善治之前提。"①经过长期不懈的努力，我国到2010年底已制定现行有效法律236件、行政法规690多件、地方性法规8600多件，以宪法为统帅，以刑事、民事、行政等实体法和刑事诉讼、民事诉讼、行政诉讼等程序法为主干，由法律、行政法规、地方性法规等多个层次法律规范构成的中国特色社会主义法律体系已经形成，国家经济建设、政治建设、文化建设、社会建设、生态文明建设等各个方面基本实现了有法可依。法律规范体系作为法治实践的产物，不可能一劳永逸，要随着法治实践的发展而发展。这在客观上要求我们加强立法规划，加快重点领域立法工作，适时制定和修改同全面深化改革相关的法律，做到立法先行，确保重大改革于法有据；完善立法程序，恪守以人为本、立法为民理念，提高立法科学化、民主

---

① 《中共中央关于全面推进依法治国若干重大问题的决定〉辅导读本》，人民出版社2014年版，第8页。

化水平，使法律准确反映社会发展规律、反映法治实践要求、反映人民意志愿望，更好地协调各种利益关系、化解各种利益矛盾；提高立法质量，增强法律法规的及时性、系统性、针对性、有效性，使现有的法律体系结构更加完整、内部更加和谐、体例更加科学、规范更加严密。党内法规既是管党治党的重要依据，也是中国特色社会主义法治体系的重要组成部分。① 作为治党的基本依据和保障，党内法规制度体系是由党章、条例、规定等规范性文件构成的。贯彻落实党的各项法规制度，关键在于贯彻落实党章。截至 2016 年 8 月，军事法规制度体系中的法律法规规章数量已达 4000 多件。其中，全国人大及其常委会制定的军事法律以及国防和军事方面的决定 18 件，国务院、中央军委联合制定的军事行政法规 99 件，中央军委制定的军事法规 242 件，各总部和国务院有关部门联合制定的军事行政规章与各总部、军兵种、军区和武警部队制定的军事规章 3700 多件。这些法规制度的内容，涵盖作战、战备训练、政治工作、后勤保障、装备保障等国防和军队建设的各个方面，从不同层面、不同角度对国防和军队建设中的各种关系进行了规范，基本反映了军事斗争、国防和军队各项建设法律保障的客观需要。

二是现代化法治实施体系。法律的权威和生命力在于实施。法治实施的目的，就是通过不偏不倚、不枉不纵的严格执法、公正司法，引导、规范和调整人们的行为，保护和发展有利于统治阶级的社会关系和社会秩序。从我国法治实践看，目前中国特色社会主义法律

---

① 江必新：《怎样建设中国特色社会主义法治体系》，《光明日报》2014 年 11 月 1 日。

体系已经形成，我国法治建设中存在的主要问题已不是无法可依，而是有法不依、执法不严、违法不究，法律缺乏必要的权威，得不到应有的尊重和有效的执行。因此，健全完善现代化法治实施体系，切实解决执法不严、司法不公等突出问题，保证宪法和法律得到统一、严格、公正地实施，已经成为全面推进依法治国、加快建设社会主义法治国家的关键。公正是公信的基础，而公信则是确立法律权威的前提。① 只有健全完善法治实施体系，确保法律严格公正实施，做到严格执法、公正司法，给不法分子以应有的震慑，给人民利益以有效的保护，才能确立法律的尊严和权威，使依法治国基本方略真正落到实处。

三是现代化法治监督体系。天下之事，不难于立法，而难于法之必行。法治监督的作用在于整治以言代法、以权压法、徇私枉法之风，确保法律的科学制定和有效实施。一方面保证立法机关、行政机关和司法机关科学立法、严格执法、公正司法，另一方面及时纠正立法、执法、司法活动中的违法行为，有效维护国家法律的统一、尊严和权威。强化法治监督必须增强法治监督意识，自觉维护国家法律的统一、尊严和权威；完善法治监督规则，实现依法监督和规范监督；有效治理立法、执法和司法活动中的不法现象，坚决防止和克服地方保护主义和部门保护主义，切实做到有权必有责，用权受监督，违法要追究，侵权须赔偿，确保各项权力都在法治的轨道上合理运行。

四是现代化法治保障体系。法治保障体系指国家从体制机制和思

---

① 周强：《积极推进社会主义法治国家建设》，《人民日报》2013 年 8 月 12 日。

想文化上确保立法、执法、司法、守法等各个环节顺利运行和有效实施的完整体系，是宪法和法律得以贯彻实施的重要条件。形成有力的现代化法治保障体系，要求党切实加强对依法治国的领导，提高依法执政能力和水平，为全面推进依法治国提供有力的政治和组织保障；加强现代化法治专门队伍和法律服务队伍建设，加强机构建设和经费投入，为全面推进依法治国提供可靠的人才和物质保障；改革和完善不符合法治规律、不利于依法治国的体制机制，为全面推进依法治国提供完备的制度保障；努力营造办事依法、遇事找法、解决问题用法、化解矛盾靠法的社会氛围，健全守法诚信褒奖机制和违法失信惩戒机制，使尊法守法成为全体人民的共同追求和自觉行动。

（二）现代化法治体系的基本遵循

习近平指出："依法治国是我国宪法确定的治理国家的基本方略，而能不能做到依法治国，关键在于党能不能坚持依法执政，各级政府能不能依法行政。"①建设现代化法治体系，是一项艰巨复杂的社会系统工程，必须坚持依法治国、依法执政、依法行政共同推进，高度重视法治建设的整体协调和全面发展。

依法治国是一项艰巨复杂的社会系统工程，其中科学立法是依法治国的基本前提，严格执法是依法治国的中心环节，公正司法是依法治国的重要保障，全民守法是依法治国的坚实基础。法治思维和法治方式是依法治国的基本方法。领导干部要善于运用法治思维和法治

---

① 习近平：《坚定不移走中国特色社会主义法治道路》，《求是》2015 年第 1 期。

方式统筹经济社会发展、调节各种利益关系，最大限度激发社会创造活力、消除社会发展阻力；善于运用法治思维和法治方式化解社会矛盾、维护公平正义，最大限度增加和谐因素、减少冲突因素；善于运用法治思维和法治方式预防惩治犯罪、维护社会秩序、确保社会稳定，推动形成尊法、学法、守法、靠法、用法的良好法治环境。

依法执政是依法治国和依法行政的重要保证。作为法治的主体，党领导人民制定和实施宪法和法律；作为法治的对象，党又必须在宪法和法律范围内活动。这在客观上要求党坚持依法治国基本方略和依法执政基本方式，将党的政治主张转化为国家意志的方式和程序制度化规范化，将党向国家政权机关推荐重要人选的方式和程序制度化规范化，通过国家政权机关实施党对国家和社会的领导，组织和支持人民当家作主。在法治社会条件下，任何政党都没有超越于宪法和法律之上的特权，因而依法执政必然要求依法治党。卢梭曾经说过："任何人都不能摆脱法律的光荣的支配；这是一种有益而温柔的枷锁，最高傲的头颅也必须顺从地戴着这种枷锁。"[①] 对于执政党来说，应更自觉更顺从地把自己置于宪法和法律的调控之下，严格遵循依法治国的宪法准则。十八届六中全会对全面从严治党提出了新的要求，审议通过的《关于新形势下党内政治生活的若干准则》和《中国共产党党内监督条例》也为依法治党提供了重要依据。

深入推进依法行政、加快建设法治政府，是全面推进法治现代化的中心环节。在我国，行政机关承担着经济建设、政治建设、文化

---

① ［法］卢梭：《论人类的不平等的起源》，蓝公武译，三联书店 1957 年版，第 2 页。

建设、社会建设、生态文明建设等各个领域的繁重管理任务，实施 80％以上的法律法规，其行政能力和执法水平与人民群众的生产生活息息相关。只有做到依法行政，才能做到依法治国；只有建成法治政府，才能建成法治国家。推进依法行政，首先以更新思想观念为基础，牢固树立人民主权的观念、法律至上的观念、职权法定的观念、程序正义的观念、依法行政的观念。其次，以转变政府职能为重点，使政府职能切实转到经济调节、社会管理、公共服务上来，把生产经营权交给企业，把资源配置权交给市场，把专业性服务交给社会。再次，以民主公开高效为目标，完善行政执法体制，创新行政执法方式，优化行政执法程序，规范行政执法行为，切实维护公共利益、人民权益和社会秩序。

（三）现代化法治体系的建构路径

习近平指出："准确把握全面推进依法治国工作布局，坚持依法治国、依法执政、依法行政共同推进，坚持法治国家、法治政府、法治社会一体建设。"[1] 法治国家、法治政府、法治社会，三者相互联系、内在统一，是现代化法治体系建构的三大支柱，因此，在全面推进法治现代化进程中，必须将其同步规划、同步实施、一体建设。

全面推进依法治国、加快建设社会主义法治国家，充分发挥法治在国家治理和社会管理中的重要作用，实现国家各项工作法治化，是治国理政的内在要求。法治国家包含法律形式和政治实质两个方面。

---

[1]　习近平：《加快建设社会主义法治国家》，《求是》2015 年第 1 期。

在法律形式上，法治国家的基本要求是在立法、执法、司法和守法各个方面形成良好的法律规范和法律秩序。在政治实质上，法治国家的基本要求是建立法律与政治、司法与行政、权力与责任、权力与权利、权利与义务之间的合理关系。所谓法治政府，是指组织行为受法律规范和约束的政府。按照法治政府建设的内在要求，法治政府必须维护社会公平正义，坚持严格执法、公正执法、文明执法，不断提高行政执法水平；尊重公民和法人的主体地位，激发全社会的创造活力；合理调整利益分配关系，及时化解各种矛盾纠纷，平等保护人民群众的合法权益。

卢梭曾经说过："一切法律之中最重要的法律，既不是铭刻在大理石上，也不是铭刻在铜表上，而是铭刻在公民的内心里，它形成了国家的真正宪法。"①建设法治社会，在制度层面上，要加强社会治理的法规建设，实现各项法规的统一性、完整性、公正性、权威性和稳定性。在意识层面上，要清除封建主义人治糟粕，汲取资本主义法治精华，深入开展社会主义法治宣传教育，使社会主义法治精神进企业、进乡村、进社区、进机关、进院校，不断强化依法维护权利、自觉履行义务的公民意识和崇尚法律权威、严格依法办事的社会氛围。在主体层面上，要建立党委统一领导、社会各界齐抓共管、人民群众广泛参与的工作格局，不断提高领导干部、执法人员、人民群众的法律素养，增强学法尊法守法用法的自觉性和自律性。在实践层面上，要实现社会治理的科学化、民主化、法治化，通过依法解决矛盾和化

① ［法］卢梭：《社会契约论》，何兆武译，商务印书馆 1980 年版，第 73 页。

解纠纷，充分体现法律公平正义的价值取向，在营造良好法治环境中实现社会和谐稳定。

四、建设现代化法治工作队伍

习近平同志强调："全面推进依法治国，建设一支德才兼备的高素质法治队伍至关重要。"① 立良法、正司法、严执法、重守法，是实现法治的至高价值目标。现代化的法治工作队伍对立法、执法、司法工作以及培育全民法治精神都发挥着重要作用，从这个意义上讲，推进法治现代化必须依靠现代化法治工作队伍。

（一）实现法治现代化的重要保障

高素质的立法者是提高立法质量的重要保障。《管子》认为，国有法则治，无法则乱；法正则治，不正则乱。阐明了没有法则不能治理好国家的道理。法治社会不仅应当有法可依，而且应是良法之治。广义的立法工作者在机构维度上既包括人大的工作人员，也包括享有立法权的行政机关的立法工作人员（如政府法制局、部委法制局、从事立法工作的人员），还包括最高人民法院和最高人民检察院中起草司法解释的工作人员。立法人员必须具有很高的思想政治素质，具备遵循规律、发扬民主、加强协调、凝聚共识的能力。只有这些立法工

① 习近平：《加快建设社会主义法治国家》，《求是》2015 年第 1 期。

作者个人或者共同体以系统的法律学问和专门的思维方式为基础，并不间断地培训、学习和进取，保证具有较高的能力素质，才能为立法质量的提高提供保障。

高素质的行政主体是推进依法行政的重要保障。英国法学家威廉·韦德从法治的核心是依法行政的角度，论述了法治的四层含义。其中，第一层含义是，任何事情都必须依法而行；第二层含义是，政府必须根据公认的、限制自由裁量权的一整套规则和原则办事。① 依法行政主体的素质和能力如何，就成为实现依法行政的核心问题。执法人员必须忠于法律、捍卫法律，严格执法、敢于担当。强化行政主体法治意识，注重行政主体职业道德培养，提高行政主体依法行政能力，成为依法行政、建设法治政府的当务之急。

高素质的司法工作者是实现公正司法的重要保障。"司法全然不仅仅是一个国人心目中的'打官司'概念，在现实性上它至少是由相关的价值、制度、组织、角色构成一个与社会互动着的结构。"②"法律借助法官而降临尘世"。法官作为法律职业人必须具备专业的法律素养、娴熟的法律适用水平、高超的庭审掌控能力和高水平的自由裁量，还要树立正确的司法理念。习近平强调："司法人员必须信仰法律、坚守法治，端稳天平、握牢法槌"，③要努力让人民群众在每一个司法案件中感受到公平正义。在这一目标之下，必须严格法官等司法工作者的职业准入，建立法官、检察官逐级遴选制

---

① 张文显：《二十世纪西方法哲学思潮研究》，法律出版社 1996 年版，第 612 页。

② 程竹汝：《司法改革与政治发展》，中国社会科学出版社 2001 年版，第 9 页。

③ 习近平：《加快建设社会主义法治国家》，《求是》2015 年第 1 期。

度，加强司法工作者的职前培训，确保依法独立公正行使审判权和检察权，真正使以法官为代表的高素质的司法工作者成为公正司法的推动力。

高素质法治工作队伍是培育法治精神的重要保障。法律的权威源自人民的内心拥护和真诚信仰。如果每个人都能做到"学法、尊法、守法、用法"，这意味着法治得到了实现。法治欲在中国落地生根，必须依靠国民法治精神的培育。高素质的法治工作队伍是法治精神的播种者。法治工作者是推动法治教育的先锋队。我国目前的普法教育在形式上限于宣传、训示或命令式灌输、考试等方式，民众还没有真正予以重视。实行国家机关"谁执法谁普法"的普法责任制，建立法官、检察官、行政执法人员、律师等以案释法制度，加强普法讲师团、普法志愿者队伍建设，让法治工作者真正成为增强法治教育效果的关键力量。法治工作者也是提供法律服务、依法维权的主力军。律师等法律服务工作者提供法律援助、司法救助，保证人民群众在遇到法律问题或者权利受到侵害时获得及时有效法律帮助；法治工作者在调解、仲裁、行政裁决、行政复议、诉讼等法律适用活动中化解纠纷、维护合法权益，对畅通群众利益协调、权益保障法律渠道发挥重要作用，促进人民群众增强对法律的信任。

（二）加强现代化律师队伍建设

目前，我国法律服务队伍由律师、公证员、基层法律服务工作者和法律援助机构工作人员组成，其中律师队伍法律服务的主力军，更是我国社会主义现代化建设和民主法治建设的重要力量。加强现代化法律服务队伍建设，重点是构建一支信念坚定、优势互补、结构合理的现代化律师队伍。

推进律师队伍思想政治建设、业务建设和职业道德建设。要按照习近平关于"五个过硬"和"三严三实"的要求，结合律师工作的特点，贴近律师行业的思想和实际，创新形式，改进方法，经常性地开展律师队伍教育培训，坚持把律师队伍思想政治素质、业务素质和职业道德素质"三个素质"一起抓，相互支持，融会贯通。在思想政治素质建设方面，增强走中国特色社会主义法治道路的自觉性和坚定性。要通过开展多种形式的教育培训和实践活动，引导广大律师坚定中国特色社会主义理想信念，坚定中国特色社会主义道路自信、理论自信和制度自信。在业务素质建设方面，要抓好业务培训工作。加强律师队伍业务素质建设，就是要适应新形势新要求，增强律师业务培训工作的针对性有效性，突出业务技能培训重点，不断提高律师业务能力和水平，促进律师依法规范诚信执业。在职业道德建设方面，需健全律师职业道德规范制度。律师是一个特殊的职业，职业的特殊性对其提出了很高的职业道德要求，而不能像人们所说的那样："所谓'圣职'的光环势必消失殆尽，部分律师将堕落成浑身散发着铜臭气的奸商或者趋炎附势的政治掮客。"[①]加强律师队伍职业道德建设，就是要认真贯彻落实《司法部关于进一步加强律师职业道德建设的意见》和全国律协《律师职业道德基本准则》，健全完善律师职业道德规范制度体系、教育培训机制、监督管理机制、扶持保障政策等长效机制，切实

---

① 季卫东：《律师的重新定位与职业伦理》，《中国律师》2008 年第 1 期。

教育引导广大律师做到坚定信念、服务为民、忠于法律、维护正义、恪守诚信、爱岗敬业。

完善律师队伍建设管理制度。要进一步发挥"两结合"（政府监管和行业自律管理体制）的作用。政府监管与行业自律既有区别，各有侧重，又有交叉。司法行政机关在履行监管职责时，也负有推进行业自律的责任；律师协会在履行行业自律职责时，也要积极配合政府监管的进行。只有这样才能形成律师管理的合力，增强管理效能，共同推动我国律师业的发展。同时，有效的监管需要健全的制度。健全律师队伍的监督惩戒机制。加强对律师执业的日常监督，特别是加强对重大案件办理律师的监督管理，依法处理律师违规违纪执业行为，才能推动律师队伍建设取得实效。完善律师和律师事务所年度考核制度，健全律师行业投诉查处工作机制，建立律师不良执业记录披露制度，建立律师执业舆情监督应对机制，强化律师协会自律管理约束机制，及时解决律师执业违法违纪问题。

优化律师队伍结构。首先是扩大公职律师的范围。公职律师不仅指"在政府职能部门或行使政府职能部门"的从事法律服务的人员，还应包括国家权力机关的公职律师、国家司法机关的公职律师、政府律师、军队律师、法律援助律师、国有企业律师等。其次是提高公司律师的地位。公司律师应享有一般社会律师享有的合法执业权利，包括以公司律师身份出庭，参与诉讼仲裁，以公司律师身份开展调查取证，办理相关的法律事务。再次是提高社会律师参与法律援助工作的程度。法律援助律师也被称为"困难群众的律师"。要从加强经费保障，拓宽筹资渠道，扩大法律援助范围，丰富法律援助工作形式，提高法律援助案件服务质量等方面进一步促进和提高社会律师的参与程度，不断提高法律援助质量。

（三）创新现代化法治人才培养机制

全面推进法治现代化，建设法治社会，人才培养是关键，法治教育是源头。必须立足我国实际，以终身教育思想和司法职业实践为指导，建构与现代化法治相适应的现代化法治人才培养体系，把握新时期法治教育的历史责任和时代机遇。

以职业化为导向，创新法律人才培养模式。"如果根本不知道道路会导向何方，我们就不可能智慧地选择路径"。[1] 法学教育的目标是培育具有现代法律精神、先进的法治观念，对公平正义的坚定信仰、独立而健全的法律人格和强烈的职业责任与社会责任感的精英。此外，应明确将法学教育定位于职业教育，除了博士研究生和博士后阶段以培养研究人才为目标之外，其他阶段的法学教育以职业化为其根本导向，使法学教育致力于法律职业目标的确立，致力于法律职业的共同体建设和促进法律职业素质的养成。法学教育要实现职业化，没有教学方法的改革，课程改革很难奏效。法学教育的师资配备一定要考虑实务经验，配备最具有实务能力的高层次教师，切实打造出学生的实践能力。只有教学方法的职业化才能从根子上保障法学教育职业人才的培养。

以开放性为理念，培养现代化涉外法治人才。法学教育和法律

---

[1]　苏力：《道路通向城市——转型中国的法治》，法律出版社 2004 年版，第 243 页。

人才的培养要有前瞻眼光和全球视野，要能够为我国参与国际游戏规则的制定培养法律人才，必须树立开放性的理念。应从比较宽泛的视角来界定"涉外法律人才"。具体而言，涉外法律人才应满足如下要求：具备跨文化交际能力，即在理解、掌握外国文化知识与交际技能的基础上，灵活处理跨文化交际过程中出现的实际问题的能力。具有广博的法律专业知识。全面掌握中国法、主要外国法和国际法的专业知识是进行国际性法律实践的基础和前提。具备较强的法律实践能力。具备良好的法律职业伦理——应具备忠于法律、刚正不阿的职业品德，应有为民谋福祉、为国谋富强的国家道德观念和责任意识。具有开放性的知识结构。涉外法律人才"尤其应该具有宽广的国际视野，善于从整个世界和国际社会的角度思考问题，对世界局势和国际关系形势都有宏观了解和把握，要能够'胸怀祖国，放眼全球'"。①

健全高校和政法部门人才交流机制，打造高素质教师团队。要注重学科带头人的示范作用，通过鼓励一批有能力的学科带头人，带动一系列的法学领域的研究和教学能力的进步；要重点培养中青年教师。此外，完善促进人才交流的制度环境。目前我国高校人才交流机构尚未形成体系，与政府人事部门和社会人才交流机构的沟通不畅。配套措施不健全，社会保障体系不完备，教师队伍缺乏外部竞争，学校富余人员难以向外流动。政府应把扩大高校的办学自主权落到实处，确立高校独立的法人地位，为高校自主的人事制度改革和人才流

---

① 石佑启、韩永红：《论涉外法律人才培养：目标、路径和教学模式》，《教育法制》2012 年第 16 期。

动创造必要的制度环境。逐步建立和健全具有教师自我管理和自我监督功能的学术组织，保障教师的学术自由。要逐步弱化行政辅助机构的管理功能，强化行政部门的服务意识。

第七章

推进国防和军队现代化

强国必须强军，军强才能国安。国防和军队现代化是治国理政现代化的题中应有之义，也是重要保障。党的十八大以来，习近平着眼坚持和发展中国特色社会主义、实现中华民族伟大复兴中国梦，围绕强军兴军作出一系列重要论述，深刻阐明了新形势下国防和军队建设带根本性方向性全局性的重大问题，为在新的历史起点上加快推进国防和军队现代化指明了方向。

一、建设巩固国防和强大军队是我们党的不懈追求

建设巩固国防和强大军队，是我们党治国理政总体布局的重要组成部分。长期以来，我们党在领导社会主义建设实践中，总是将国防和军队建设置于社会主义建设总体布局的重要位置加以谋划和推动。

新中国成立初期，国家百废待兴，国民经济急需恢复和发展，同时，我国又面临着严峻的战争威胁，需要加快国防和军队建设。以毛

泽东同志为核心的党的第一代中央领导集体，在探索社会主义建设道路，勾画社会主义现代化宏伟蓝图时，就把国防现代化作为社会主义现代化总体布局的重要组成部分，提出要实现工业、农业、国防和科学技术四个现代化。中华人民共和国成立后，毛泽东发出一系列号召，要求建设一支强大的国防军。1950 年 9 月，毛泽东指出，"中国必须建立强大的国防军，必须建立强大的经济力量，这是两件大事。"① 军队建设确立了"建设一支优良的现代化的革命军队"的总方针总任务，确立积极防御的军事战略方针，主张走自力更生为主、争取外援为辅、破除迷信、独立自主的建军路线。建设海军、空军以及其他技术兵种，发展机械化武器装备和用于自卫的核武器，建立正规化军事制度和院校教育体系，加强思想政治工作，在军队指挥、编制、训练、制度等方面实现一系列变革，开始由军队建设的初级阶段向掌握现代化军事科学技术的高级阶段转变。②

党的十一届三中全会后，以邓小平为核心的党的第二代中央领导集体，深刻分析国际战略形势和我国安全环境变化，作出了"和平与发展是当今时代主题，大规模战争短时间内打不起来"的重要判断，全党工作重心转到以经济建设为中心的社会主义现代化建设轨道上来。军队建设指导思想实现战略性转变，由准备"早打、大打、打核战争"转到和平时期建设的轨道上来，在服从和服务于国家建设大局

① 《建国以来毛泽东军事文稿》（上卷），军事科学出版社、中央文献出版社 2010 年版，第 221 页。
② 全国干部培训教材编审指导委员会组织编写：《加快推进国防和军队现代化》，人民出版社、党建读物出版社 2015 年版，第 48 页。

的前提下，有计划有步骤地推进现代化建设。军队建设确立了"建设一支强大的现代化正规化革命军队"的总目标，开创有中国特色的精兵之路。军队进行重大调整改革，裁减军队员额100万，朝着精兵、合成、高效的方向迈出重要一步。

党的十三届四中全会以后，以江泽民为核心的党的第三代中央领导集体，在世界新军事变革蓬勃进行、我国社会主义市场经济深入发展的历史条件下，积极推进中国特色军事变革，确保人民军队打得赢、不变质。确立了以打赢现代技术特别是高技术条件下局部战争为基点的新时期积极防御军事战略方针，实施科技强军战略，制定国防和军队现代化"三步走"的发展战略，推进国防建设与经济建设协调发展。把中国特色军事变革作为军队现代化发展的必由之路，提出建设信息化军队、打赢信息化战争的战略目标。以军事斗争准备为牵引，加快武器装备发展，加强军兵种和应急机动作战部队建设，优化体制编制，进一步裁减军队员额，防卫作战能力显著提高。

党的十六大以来，国际形势进入大发展大变革大调整时期，我国进入了全面建设小康社会、加快推进社会主义现代化建设的新阶段，以胡锦涛同志为总书记的党中央，抓住重要战略机遇期，推动国防和军队建设科学发展，确保军队有效履行新世纪新阶段历史使命。坚持把科学发展观作为国防和军队建设的重要指导方针，统筹经济建设和国防建设，增强应对多种安全威胁、完成多样化军事任务的能力。军队加快机械化和信息化复合发展，积极开展信息化条件下军事训练，推进军事理论、军事技术、军事组织和军事管理创新，不断提高打赢信息化条件下局部战争的核心军事能力和实施非战争军事行动的能力。

党的十八大以来，世情、国情、军情都发生了前所未有的重大变化，世界进入大发展大变革大调整的新阶段，我国进入由大向强发展的关键阶段。我们既面临着千载难逢的历史性机遇，也面临着前所未有的风险挑战。站在新的历史起点上，我军紧紧围绕实现强军目标、建设世界一流军队，坚定不移走中国特色强军之路。以党在新形势下的强军目标为引领，贯彻新形势下军事战略方针，深入推进政治建军、改革强军、依法治军。坚持党对军队的绝对领导，从思想上政治上建设军队，从根本上保证人民军队的性质。提高军事斗争准备的针对性实效性，提高军事训练实战化水平，各项工作向能打胜仗聚焦，军队建设的实战化水平进一步提升。坚持把作风建设作为基础性长期性工作抓紧抓实，始终保持我军光荣传统和优良作风。

二、为实现中国梦提供坚强力量保证

实现中华民族伟大复兴的中国梦，凝聚了近代以来中华民族的世代夙愿，寄托着中国人民振兴中华、强国富民的共同意愿。习近平指出，国防和军队建设，必须放在实现中华民族伟大复兴这个大目标下来认识和推进，服从和服务于这个国家和民族的最高利益。这一重要论述，深刻揭示了国防和军队建设与民族复兴的内在关联，阐明了国防和军队建设的时代坐标和现实依据。

富国与强军，是实现中华民族伟大复兴中国梦的两大基石。中国梦包含强军梦，强军梦支撑中国梦。大国崛起，富国与强军历来是一对"孪生兄弟"。从世界发展史来看，强国必强军是一条铁律。世界上或许有小国借重外部强势力量而实现崛起的特例，但尚未出现大国离开强大军事力量支撑而实现崛起的先例。强大的军事力量是国家强盛的核心要素和必要条件。一个国家如果放弃提升军事实力，不仅无法实现崛起，甚至还会沦为霸权国践踏的对象。近代以来的大国崛起，无不以强军支撑强国。16世纪崛起的西班牙，拥有欧洲一流的陆军和海军，"无敌舰队"雄霸海上，保证了西班牙海上交通的顺畅。17世纪崛起的荷兰，拥有当时欧洲最为庞大的舰队，确保了其"海上马车夫"的地位。路易十四时期雄踞欧洲之首的军事力量保证了法国的崛起和强盛。拿破仑时代的法国更是依赖强大军队跃居欧洲第一强国。18、19世纪英国的崛起，都可以追溯到英国海军力量的崛起。20世纪美国真正确立超级大国地位，是在其军事力量崛起之后才形成的。19世纪末经济总量已跃居世界首位的美国并未产生绝对优势地位，但二战结束后凭借强大的军事力量，美国才得以占据并维持世界霸主地位。反过来看，在世界政治舞台上，由于军弱而国衰的例子也不鲜见。科威特富甲全球，但国防虚弱，以至被伊拉克几小时之内占领。大宋王朝是中国历史上生产力发达、社会繁荣的朝代，"走卒类士服，农夫蹑丝履"，但"国虽富而兵不强"，自始至终受制于周边少数民族政权，最后摆脱不了衰亡的厄运。1840年的鸦片战争，大英帝国用"坚船利炮"，击碎了"居天地之中者曰中国"的"天朝上国"迷梦；1900年，八国联军拼凑起来的兵力不足两万，而京畿一带纵有十几万清军、几十万义和团之众，仍无法阻止北京陷落和赔款白银四万万五千万两。历史再清楚不过地表明，忽视军事实力提升，不可能真正实现国家崛起。当今时代，国家战略形势和国家安全环境更趋复杂，维护国家安全和社会稳定的任务更加艰巨，中华民族伟大复兴的中国梦不是轻轻松松、顺顺当当就能实现的，对我们这样一个快速崛起的社会主义大国，越是发展壮大，面临的阻力和压力就会越大，遇到的风险和挑战就会越多。强国必须强军，强军支撑强国。没有一支能打仗、打胜仗的强大军队，实现中国梦就没有保障。只有紧紧围绕国家核心安全需求，加快推进国防和军队现代化，才能为实现中国梦提供坚强力量保证。

国防和军队建设要为实现中国梦提供坚强安全保障。习近平指出，现在，虽然维护国家安全的手段和选择增多了，我们可以灵活运用、纵横捭阖，但千万不能忘记，军事手段始终是保底的手段。军事手段始终是维护国家安全的保底手段。对这一点，必须时刻保持清醒。在国际政治中，军事手段往往是解决国家之间领土、主权等核心利益冲突的最后的手段。在其他手段无法奏效的情况下，冲突双方往往就要在战场上去一决雌雄。这几乎是一个铁的法则。法国著名战略学者安德烈·博福尔也讲，"在国家维护其利益的所有战略手段中，只有战争手段是唯一能确保其利益和目的达到的手段，同时，也只有战争手段是最可能谋求非对称优势和获取超级利润的战略手段"。[①]当今时代，和平与发展仍是时代课题，但是军事力量依然是解决国际政治领域争端的最后仲裁者。拥有最有效军事手段的国家竭力塑造国

---

① ［法］安德烈·博福尔：《战略入门》，军事科学院外国军事研究部译，军事科学出版社 1989 年版，第 8 页。

际体系的运行，制定有利于自身的国际政治"游戏规则"，以不断强化自身国家的竞争优势。美国现实主义政治学家汉斯·摩根索说过，在国际政治领域，武装力量作为一种威胁或是一种潜在威胁，永远都是一个国家政治力量的最重要的成分。一个国家，如果在军事上不能自强起来，即使经济上再富有，也难免要遭受外来欺负，其安全也就无从谈起。在综合国力竞争日益激烈的当今世界，我们在战略上可以强调软实力的地位和作用，但在策略上绝不能忽视军事硬实力的作用。对于矢志追求民族复兴的社会主义中国来说，没有强大的军事实力做后盾，无论是世界经济、政治的博弈，还是国家文化、外交软实力的竞争，都将始终处于一个消极被动的地位。就此而言，强军梦不仅是中国梦的重要组成部分，更是政治强国、经济强国、文化强国、科技强国的战略支撑。

国防和军队建设要为实现中国梦提供内在力量支撑。对于大国崛起而言，强大军事力量不仅是维护国家安全的保底手段，更是"撬动"综合国力跃升的战略杠杆。这种撬动效应，既体现为强大军力对综合国力的倍增效应，又体现为军事力量发展对经济社会发展的拉动效应。从倍增效应看，强大军事实力是大国世界性影响力的重要内核。有了强大军事实力，就能大大提升国家的政治力、经济力、文化力和外交力，从而获得更多战略主动和更大战略利益。美国国防部前部长威廉·佩里曾讲，人们认为军队是战争的工具，其实何止于此。美国之所以能够长期保持超级大国地位，除了经济发达、科技先进等重要因素，强大的军队是其最重要的战略支撑。当今的美国，虽然处于国力相对衰退期，但其军费开支仍然达到全球的 40％，正是依靠强大的军事实力，才得以维持在国际政治经济体系中的主导地位。俄罗斯之所以能被称为世界大国，不在于它的经济实力（2015 年俄罗斯 GDP 为 1.3 万亿美元，不到美国的 1/13，不到中国的 1/8），而在于其拥有仅次于美国的军事实力。对此，普京直白地说："美国对同俄罗斯的关系感兴趣，因为俄罗斯是唯一能在半小时或更短时间内毁灭美国的国家。"正是军事实力保证了俄国在俄格冲突、乌克兰危机中能够抢得战略先机。从拉动效应看，国防和军队建设在促进科技创新、刺激经济需求、优化产业结构、增加就业岗位、提供人才支撑等方面具有综合性"发展红利"，甚至成为推动经济社会转型发展的重要引擎。比如，美国"五角大楼"就在推动经济社会发展方面扮演着多重角色，如新知识的探测器、新科技的加速器、新企业的孵化器、新模式的运营器、新人才的孕育器等。可以说，以国防建设辐射带动经济社会发展，已成为当今世界各主要国家保持国际竞争优势的重要方式。我国由大向强发展，综合国力的提升，不仅有赖于经济社会持续稳定发展，而且有赖于国防和军队建设这一战略杠杆发挥撬动效应，充分发挥军事力量对我国综合国力提升的倍增作用。要通过实施军民融合发展战略，发挥国防和军队建设对经济社会发展的巨大拉动效应，发挥国防科技创新对国家科技创新的先导引领作用。

三、牢牢把握党在新形势下的强军目标

目标指引方向，目标凝聚力量。总结我们党建军治军成功经验，

适应国际战略形势和国家安全环境发展变化，着眼解决军队建设面临的突出矛盾和问题，习近平明确提出要为建设一支听党指挥、能打胜仗、作风优良的人民军队而奋斗，及时确立了党在新形势下的强军目标。听党指挥是灵魂，决定军队建设的政治方向；能打胜仗是核心，反映军队的根本职能和军队建设的根本指向；作风优良是保证，关系军队性质、宗旨、本色。三者相互联系、密不可分，统一于建设强大人民军队的实践。

（一）铸牢听党指挥这个灵魂

听党指挥是我军的强军之魂。一支军队有军魂，犹如一个人有灵魂。新形势下，听党指挥既是强军目标第一位的要求，也是强军兴军的根本力量所在。这个最根本的问题守不住，军队就会变质，就不可能有战斗力。"听吧，新征程号角吹响，强军目标召唤在前方……将士们听党指挥，能打胜仗，作风优良……"气势豪迈的《强军战歌》回荡在座座军营。军歌励士气，军旗永向党。铸牢强军之魂，最核心的就是要始终不渝坚持党对军队的绝对领导。我军诞生以来，正是在党的绝对领导下，才有了光明的政治前途，从一支以农民为主要成分的军队发展成为一支无产阶级性质的、为崇高理想而战斗的新型人民军队，为党和人民建立了卓越功勋。新形势下，我军要为实现国家富强、民族振兴、人民幸福作出新的贡献，就必须坚决听党指挥，始终以党的旗帜为旗帜，以党的方向为方向。听党指挥是我军能打仗、打胜仗的政治保证。我们党是用马克思主义武装起来的先进政党。在中国革命、建设和改革的历史进程中，我们党始终坚持用先进的思想和进步的精神贯注部队，使我军始终保持旺盛的革命热情、高昂的战斗意志和不怕牺牲的战斗精神，战胜了一个又一个强敌，创造了一个又一个战争奇迹。信息化条件下，尽管战争形态、作战样式发生了深刻变化，但人始终是战争制胜的关键因素。只有坚决听党指挥，才能保持和发扬我军大无畏的英雄气概和英勇顽强的战斗作风，确保我军始终为人民利益而战，始终得到人民群众的拥护和支持。听党指挥也是保持人民军队优良作风的关键所在。我军一系列优良传统和作风从根本上说来自于我们党。现在，社会环境发生深刻变化，社会上的一些不良风气也会影响到部队。坚决听党指挥，我们就能以党的先进性保证军队的先进性，始终保持人民军队性质、宗旨、本色，保持人民军队长期形成的良好形象。

毫不动摇坚持党对军队的绝对领导。党对军队的绝对领导，是人民军队最根本的建军原则。在长期的实践中，党对军队绝对领导形成了一系列根本原则和制度。无论战争形态怎么演变、军队建设内外环境怎么变化、军队组织形态怎么调整，都必须始终不渝坚持。党对军队的绝对领导就是党对军队实施独立的领导、直接的领导和全面的领导，主要包括：军队必须完全地无条件地置于中国共产党的领导之下，在思想上政治上行动上始终与党中央、中央军委保持高度一致，坚决维护党中央、中央军委权威，任何时候任何情况下都坚决听从党中央、中央军委指挥，决不允许向党闹独立，不允许其他政党在军队中建立组织和进行活动，也不允许任何个人向党争夺兵权，未经党中央、中央军委授权，任何人不得插手军队，更不得擅自调动和指挥军队。党对军队绝对领导作为我国的基本军事制度，是中国特色社会主义政治制度的重要组成部分，也是坚持走中国特色政治发展道路的内在要求。

确保部队绝对忠诚、绝对纯洁、绝对可靠。这"三个绝对"，深刻揭示了铸牢强军之魂的本质内涵和要求，为我军坚决听党指挥明确了根本遵循。做到"三个绝对"，归根结底是确保全军始终在思想上政治上行动上同党中央保持高度一致，坚决维护党中央、中央军委和习主席权威，一切行动听从党中央、中央军委和习主席指挥。要始终坚守人民军队绝对忠诚的政治品格。对党绝对忠诚要害在"绝对"两个字，就是唯一的、彻底的、无条件的、不掺任何杂质的、没有任何水分的忠诚。在理想信念上要忠贞不渝，坚定对马克思主义的信仰、对中国特色社会主义的信念、对改革开放和社会主义现代化建设的信心、对以习近平同志为核心的党中央的信赖，牢固树立"四个意识"；在价值追求上要坚定执着，始终把党和人民的需要作为奋斗目标，把人民利益放在高于一切的位置，与人民心心相印、与人民同甘共苦、与人民团结奋斗；在路线原则上要立场鲜明，坚持党对军队绝对领导的根本原则和人民军队的根本宗旨不动摇，贯彻执行党的理论和路线方针政策不动摇，在大是大非面前始终头脑清醒、立场坚定。始终保持人民军队绝对纯洁的应有本色。保持思想上的高度纯洁，深扎听党话、跟党走的思想根子，坚守共产党人、当代革命军人的精神家园；保持组织上的高度纯洁，着力增强军队各级党组织的创造力凝聚力战斗力，保持党员队伍的先进性纯洁性，巩固和发展团结友爱和谐纯洁的内部关系；保持作风上的高度纯洁，坚持艰苦奋斗，反对享乐主义和奢靡之风，坚持求真务实，反对形式主义和官僚主义。要始终践行人民军队绝对可靠的实践要求。坚决听党指挥不是一句空洞的口号，必须落实到行动上，以行动来检验。要做到一切行动听指挥，平时听招呼，战时听指挥，关键时刻不含糊。

坚持从思想上政治上建设和掌握部队。当前，我军所处的社会环境、担负的使命任务、官兵的成分结构都发生了很大变化。切实铸牢听党指挥这个强军之魂，必须把思想政治建设摆在军队各项建设首位，做得更加深入扎实、富有成效。从健全完善新闻发言人制度，到积极运用微博、微信等新技术平台搞好舆论宣传；从部署军营向社会开放试点，到打好意识形态领域斗争主动仗。我军思想政治工作的主动性、针对性、实效性不断加强。坚持不懈抓好中国特色社会主义理论体系武装，持续培育当代革命军人核心价值观，大力发展先进军事文化，深入开展军魂教育，认真学习党史军史，打牢高举旗帜、听党指挥的思想政治基础，坚定党对军队绝对领导的政治自信和政治自觉。有的放矢加强意识形态工作，加强对重大理论和现实问题的研究阐释，着力回答官兵关心关注的热点难点问题，理直气壮批驳"军队非党化、非政治化"和"军队国家化"等错误政治观点，引导官兵始终保持政治定力、站稳正确立场。

（二）扭住能打胜仗这个核心

能打胜仗是军队的根本职能和军队建设的根本指向。文无第一，武无第二。军队打不赢，一切等于零。实现强军目标，要求我军任何时候任何情况下都能够做到上得去、打得赢。能打胜仗是军队存在的根本价值。军队是为打仗而存在的，遏制战争和打赢战争是军队的职能所系、价值所在。当今世界的军事竞争，本质上是打赢能力的竞争；世界军事转型和军事革命，本质上是为了提升打赢能力。我们党创建人民军队以来，始终注重提高部队战斗力。毛泽东强调人民解放军永远是一个战斗队，邓小平强调要坚持战斗力标准，江泽民强调要解决好打得赢、不变质两个历史性课题，胡锦涛强调提高以打赢信息化条件下局部战争能力为核心的完成多样化军事任务能力，指引我军不断从胜利走向胜利。习近平突出强调军队要能打仗、打胜仗，是对我们党领导军队建设历史经验的科学总结，集中回答了军队有效履行职能使命的核心问题，抓住了建设强大军队的关键和要害。正因为党领导下的人民军队能打仗、打胜仗，在战争年代才能够成为中国革命的力量依托，社会主义革命、建设和改革时期才能够成为人民民主专政的坚强柱石、社会主义国家的钢铁长城。现在，虽然求和平、谋发展、促合作仍然是时代潮流，但战争的危险和根源并没有消除。要有效维护国家主权、安全和发展利益，军队必须具备克敌制胜的强大能力。

　　能打胜仗必须做到召之即来、来之能战、战之必胜。能打胜仗首先要有打仗意识和思想准备。相对和平的环境，容易滋生松懈麻痹思想，销蚀尚武精神。必须牢固树立战斗队思想，不断砥砺英勇无畏、敢打必胜的战斗精神和意志品格，坚决防止和克服精神懈怠危险，始终保持军人血性。天下虽安，忘战必危。要切实增强忧患意识、危机意识、使命意识，脑子里永远有任务、眼睛里永远有敌人、肩膀上永远有责任、胸膛里永远有激情，时刻准备为祖国和人民去战斗。要始终保持箭在弦上引而待发的战备状态。战争与和平的辩证法启示我们，能战方能止战，准备打才可能不必打，越不能打越可能挨打。要切实提高信息化条件下威慑和实战能力。我军历来攻必克、守必固，战无不胜，但必须看到，提高打赢能力是一个动态的、发展的过程，以前能打胜仗不等于现在能打胜仗。我们必须紧贴国家安全需求、瞄准世界先进军事水平，针对我军能力建设上存在的差距，坚定不移把信息化作为军队现代化建设发展方向，不断拓展和深化军事斗争准备，着力增强基于信息系统的体系作战能力，确保我军能够有效维护和平、遏制危机、打赢战争。

坚持一切建设和工作向能打胜仗聚焦。实现强军目标，要求我们切实按照能打胜仗的要求推进军队建设发展，努力把军事斗争准备和军队现代化建设提高到一个新水平。牢固树立战斗力这个唯一的根本的标准。战斗力水平反映着军队建设的质量和效益，是衡量和判断是否能打胜仗的客观依据。必须坚持把提高战斗力作为全军各项建设的出发点和落脚点，坚持用是否有利于提高战斗力来衡量和检验各项工作，切实把战斗力标准在军事、政治、后勤、装备等各领域全面立起来、落下去，努力使各项建设都经得起实战的检验。坚持军事斗争准备龙头地位不动摇，扭住核心军事能力建设不放松，切实把军事斗争准备往前赶、往实里抓。要统筹安排并抓好非战争军事能力建设，注重在完成多样化军事任务中摔打部队，促进军事斗争准备水平和履行使命能力全面提高。推动部队信息化建设加速发展。打赢信息化战争是能打胜仗的时代内涵。军队一切建设和工作向能打胜仗聚焦，必须向实现建设信息化军队、打赢信息化战争的战略目标聚焦，向实施信息化条件下联合作战的要求聚焦，向形成基于信息系统的体系作战能力聚焦。着力提高军事训练实战化水平。坚持从实战需要出发从难从严训练部队，坚持仗怎么打兵就怎么练，打仗需要什么就苦练什么，在近似实战的环境下摔打锻炼部队。

（三）强固作风优良这个保证

作风优良是我军的鲜明特色和政治优势。习近平指出，作风优良才能塑造英雄部队，作风松散可以搞垮常胜之师。这精辟概括了古今中外治军的经验教训，深刻揭示了建军治军的基本规律。稀稀拉拉、松松垮垮，就不成其为军队，就打不了仗，更不可能打胜仗。作风反映着政治品格、思想境界、精神状态，好的作风提升凝聚力、激发战斗力。我军的赫赫威名和良好形象，是浴血奋战打出来的，也是优良作风树起来的，从被人民群众认定为"共产党的队伍""人民的子弟兵"，到被全社会誉为"最可爱的人""共和国卫士"，很重要的就在于我军始终保持了"老红军的本色、老八路的作风"。在长期的军事实践中，我军培育和形成了一整套光荣传统和优良作风，要把这些宝贵的精神财富一代代传下去。现在社会环境变化了，军队不是也不可能生活在真空中，社会上一些不良风气在部队都会有所表现，一些病菌也不断侵蚀部队的肌体。"木之折也必通蠹，墙之坏也必通隙。"如果不能及时解决自身存在的问题，任其发展下去，就会自毁长城。必须大力加强作风建设，坚持大病小病都要治，下大力解决存在的突出矛盾问题，永葆人民军队政治本色。

始终保持我军光荣传统和优良作风。自觉践行全心全意为人民服务的根本宗旨，巩固同人民群众的血肉联系，发扬我党我军在长期实践中培育的革命精神，永远保持革命战争时期那么一股劲、那么一种革命热情、那么一种拼命精神。大力弘扬艰苦奋斗的光荣传统，反对大手大脚、讲排场比阔气、公款吃喝，使厉行节约、反对浪费在部队蔚然成风。坚持勤俭办一切事业，树牢节约光荣、浪费可耻的思想观念，按照节约每一个铜板的精神管好用好军费，把好钢用在刀刃上，防止"舌尖上的浪费"和铺张浪费，自觉抵御拜金主义、享乐主义、个人主义的侵蚀。强化令行禁止的纪律观念，大力整肃军纪，强化政治纪律和组织纪律，认真解决管理松懈、作风松散、纪律松弛的问题，确保政令军令畅通。坚持纯正风气、拒腐防变，巩固发展团结友爱和谐纯洁的内部关系，旗帜鲜明地反对腐败、反对特权，营造风清气正的内部环境。坚持求真务实、真抓实干，切实整治学风会风文风，反对搞花架子、做表面文章，埋头苦干，抓紧快干，做出经得起实践、历史和人民检验的实绩。统帅身体力行，三军积极响应。"舌尖上的浪费""车轮上的腐败""酒桌上的应酬"……这些在过去看来不可能刹住的不良风气，得到了强力整治。一些积累多年的"老大难"问题，有了根本性改变。

把作风建设作为一项基础性长期性工作抓紧抓实。抓作风建设是一项长期而艰巨的任务，也是一场硬仗。习近平强调，要坚持领导带头，坚持严字当头，坚持在求实、务实、落实上下功夫，着力纠治官兵反映强烈的不正之风，着力解决深层次矛盾和问题，着力构建规范化、制度化的长效机制。加大依法治军、从严治军力度，着力夯实强军之基。把依法治军、从严治军方针贯彻落实到部队建设的全过程和各方面，下大气力整肃军纪，认真解决管理松懈、作风松散、纪律松弛问题，坚决克服有法不依、执法不严、违法不究现象。着力纠治官兵反映强烈的突出问题，扎实开展党的群众路线教育实践活动，按照"照镜子、正衣冠、洗洗澡、治治病"的总要求，切实对作风之弊、行为之垢来一次大排查、大检修、大扫除，坚决反对形式主义、官僚主义、享乐主义和奢靡之风。着力整治发生在士兵身边的不良行为，纯洁基层风气，纯洁内部关系，进一步调动广大官兵实现强军目标的积极性主动性创造性。着力构建规范化、制度化的长效机制。作风问题具有顽固性和反复性，抓一抓就好转，松一松就反弹，必须从制度层面找到治本之策，切实从体制机制上堵塞滋生不正之风的漏洞，实现作风建设制度化、规范化、常态化。突出领导干部这个重点。领导干部的作风对部队和官兵来说是风向标，其一言一行、一举一动，无形中在营造一种风气、提倡一种追求。加强作风建设，必须从领导干部严起，抓上促下、以上率下。

四、打造世界一流军队

　　党的十八大以来，习近平围绕实现强军目标、建设世界一流军队对国防和军队建设进行谋篇布局，坚持以新形势下军事战略方针为统揽，以政治建军、改革强军、依法治军为战略布局，深入实施军民融合发展战略，确立了统领国防和军队建设、军事力量运用的根本指导，开启了打造世界一流军队的新征程。

（一）贯彻新形势下军事战略方针

军事战略是筹划和指导军事力量建设和运用的总方略，军事战略方针是一定时期内筹划和指导战争全局的纲领和原则。面对国际战略形势和国家安全环境的新变化，我国贯彻新时期积极防御军事战略方针，与时俱进加强军事战略指导，拓展和深化军争斗争准备，以适应国家发展战略和安全战略新要求。

有效履行新的历史时期军队使命任务。实现国家战略目标，贯彻总体国家安全观，对创新发展军事战略、有效履行军队使命任务提出了新的需求。适应维护国家安全和发展利益的新要求，更加注重运用军事力量和手段营造有利战略态势，为实现和平发展提供坚强有力的安全保障；适应国家安全形势发展的新要求，不断创新战略指导和作战思想，确保能打仗、打胜仗；适应世界新军事革命的新要求，高度关注应对新型安全领域挑战，努力掌握军事竞争战略主动权；适应国家战略利益发展的新要求，积极参与地区和国际安全合作，有效维护海外利益安全；适应国家全面深化改革的新要求，坚持走军民融合式发展道路，积极支援国家经济社会建设，坚决维护社会大局稳定，使军队始终成为党巩固执政地位的中坚力量和建设中国特色社会主义的可靠力量。我军是执行党的政治任务的武装集团，党和人民所需就是军队使命任务所系，新的历史时期军队使命任务是，坚决维护中国共产党的领导和中国特色社会主义制度，坚决维护国家主权、安全、发展利益，坚决维护国家发展的重要战略机遇期，坚决维护地区与世界和平，为全面建成小康社会、实现中华民族伟大复兴提供坚强保障。我军主要担负以下战略任务：应对各种突发事件和军事威胁，有效维护国家领土、领空、领海主权和安全；坚决捍卫祖国统一；维护新型领域安全和利益；维护海外利益安全；保持战略威慑，组织核反击行动；参加地区和国际安全合作，维护地区和世界和平；加强反渗透、反分裂、反恐怖斗争，维护国家政治安全和社会稳定；担负抢险救灾、维护权益、安保警戒和支援国家经济社会建设等任务。[①]

毫不动摇坚持积极防御战略思想。积极防御战略思想是我们党军事战略思想的基本点，是我军一贯坚持的总方针和克敌制胜的法宝，是极富历史底蕴和鲜明时代特征的战略思想体系。积极防御是攻势防御，也就是在战略防御的前提下把进攻与防御辩证统一起来。它有两个最鲜明的特点：一是把战略上的防御与战役战斗上的进攻有机结合起来，即总体上是防御的，但具体作战行动不囿于防御，而是在战略防御过程中采取积极的攻势行动；二是把战略防御适时地导向战略反攻或战略进攻，即充分利用战略防御造成的有利态势，以带决战性的战略反攻，从全局上转变防御地位，继而发展为战略进攻，坚决打赢战争。我国社会主义性质和国家根本利益，走和平发展道路的客观要求，决定了必须毫不动摇坚持积极防御战略思想，同时不断丰富和发展这一思想的内涵。坚持以防御为根本，在"积极"二字上做文章，进一步拓宽战略视野、更新战略思维、前移指导重心，整体运筹备战与止战、维权与维稳、威慑与实战、战争行动与和平时期军事力量运用，注重深远经略，塑造有利态势，综合管控危机，坚决遏制和打赢

---

①　中华人民共和国国务院新闻办公室：《中国的军事战略》，人民出版社 2015 年版，第 7—8 页。

战争。

紧紧抓住战争指导这个根本。以新形势下军事战略方针为统揽，必须围绕未来打什么仗、同谁打仗、怎样打仗这些根本性问题来进行。应高度重视科学技术在军事发展中的重要作用以及由于科学技术的发展而带来的战争形态、作战力量和作战手段的新变化，透过现象看本质，把军事战略指导的基点定准，加强军事战略指导的针对性和有效性。坚持你打你的、我打我的，搞清楚现代战争的特点和制胜机理，在战争思维和作战理念上与时俱进，杜绝嘴上说的是明天的战争，实际准备的是今天甚至是昨天的战争的错误做法。应坚持灵活、机动、自主，坚持人民战争的法宝不能丢，并根据时代的发展变化，赋予人民战争思想以新的时代内涵，创新人民战争的内容、方式和方法，在信息化条件下发挥人民战争的整体威力。

贯彻落实新形势下军事战略方针，必须要立足战略设计、战略实施、战略评估的闭环体系来统筹推进。加快构建完善的军事战略体系，科学拟制军队建设中长期规划，科学配置军队建设资源，建立需求牵引规划、规划主导资源配置机制，把握好资源投向投量。健全完善战略评估机制，完善军事战略方针落实督导机制，形成科学有效的战略评估体系。

（二）把握军队建设发展战略指导

习近平鲜明提出"五个更加注重"的军队建设战略指导，即"更加注重聚焦实战、更加注重创新驱动、更加注重体系建设、更加注重集约高效、更加注重军民融合"。这是继新形势下军事战略方针的又一重大创新，军事战略方针主要解决的是武装力量运用指导问题，是制胜的指针；"五个更加注重"主要解决的是军队建设指导问题，是发展的指针；二者相辅相成，是强军动车的"双轨"。

更加注重聚焦实战。军队首先是一个战斗队，必须把全部心思向打仗聚集，使各项工作向打仗用劲。必须坚持战斗力这个唯一的根本标准，坚决纠正同实战要求不符的一切思想和行为，确保部队建设发展经得起实战检验。军队建设发展的核心在于满足战争需要和引领未来战争，既要针对可能的作战对手，筹划可能担负的作战任务，又要科学预测战争形态演变，提高对未来战争的控制力和驾驭力。提高军队建设实战水平，关键是要强化作战需求牵引。加紧构建具有我军特色的作战需求生成机制，真正把作战需求贯穿到战略设计、战略实施、战略评估全过程，使各项任务、各类建设按需求展开、向实战聚焦。要把需求牵引规划、规划主导资源配置作为一个基本原则鲜明地立起来。在建设筹划中，"该上什么项目、先上什么后上什么"应由需求来确定；在项目建设中，"达到什么要求、实现什么功能"必须按需求来执行；在进程管控上，加强全过程全周期的需求执行监管，防止重大建设出现降指标、涨经费、拖进度等现象；在评估验收上，必须按需求标尺来衡量，确保作战需求贯彻到国防和军队建设各方面全过程。

更加注重创新驱动。习近平指出，抓创新就是抓发展，谋创新就是谋未来。军事领域创新和竞争尤为激烈，创新能力是一支军队的核心竞争力，也是生成和提高战斗力的加速器。创新能力不足已经成为制约我军建设发展和战斗力提升的突出矛盾。要把创新摆在军队建设发展全局的核心位置，深入实施创新驱动发展战略，推进军事理论、技术、组织、管理、文化等各方面创新，不断提高创新对战斗力增长的贡献率。必须下大气力抓理论创新，密切跟踪世界军事变革发展趋势，深入研究现代战争制胜机理，研究高新技术发展运用及其对战争的影响，聚焦联合作战核心问题，把作战思想与建设指导、能力要求与短板弱项、作战准备与建设任务联系起来研究，构建具有我军特色、符合现代战争规律的先进作战理论体系。必须下大气力抓科技创新，扭住科技创新这个"牛鼻子"，以国防科技薄弱环节作为主攻方向，着力解决核心关键技术受制于人的问题，高度重视战略前沿技术特别是颠覆性技术发展，增强技术敏锐度和理解力，争取实现弯道超车，实现由跟跑并跑向并跑领跑的转变。必须下大气力抓科学管理，持续更新管理理念、完善管理体系、优化管理流程，提高专业化、精细化、科学化水平，推动我军向质量效能型转变。必须下大气力抓人才集聚，积极创新人才培养、引进、保留、使用的体制机制和政策制度，以更加开放的视野引进和集聚人才，造就一批世界水平的科学家、科技领军人才、工程师和高水平创新团队，努力培养造就宏大的高素质军事人才队伍，形成各类人才创造活力竞相迸发的生动局面。必须下大气力抓实践创新，尊重官兵主体地位，发挥官兵首创精神，大力营造创新文化，扫除思维理念、政策机制、人才培养上的障碍，使创新成为一种风尚、一种文化。

更加注重体系建设。信息化战争拼的就是体系，作战行动讲究联合性、协调性、整体性。这对成体系筹划和推进军事力量建设提出了刚性要求。要牢固树立信息主导、体系建设的思想，以对作战体系的贡献率为标准推进各项建设，统筹推进机械化、信息化建设，统筹各战区、各军兵种建设，统筹作战力量、支援保障力量建设，全面提高我军体系作战能力。网络信息体系是联合作战体系的物质基础、聚合作战能力的支撑平台和遂行作战任务的协同环境，应作为体系设计的重中之重，合力构建网络立体泛在、系统智能高效、信息资源丰富、技术自主先进、安全保底可靠的一体化网络信息体系，运用信息技术的渗透性和联通性，把各种作战力量、作战单元、作战要素融为一个有机整体。要推进新型作战力量建设加速发展、一体发展，加大腾笼换鸟力度，努力打造以精锐作战力量为主体的军事力量体系。要在重大项目建设中强化体系推进，以"从发现到打击"行动链路构建为重点，加强侦察预警、指挥控制、信息对抗、作战数据等相关项目建设，实现体系最优化和效益最大化。

更加注重集约高效。我军组织结构日益复杂，专业分工更加精细，对标准化、规范化、精细化的要求越来越高。这是当今现代化军队发展的一个基本特征，要深刻把握、主动适应。军队建设发展必须把"以效能为核心、以精准为导向"作为始终不渝的追求，创新军队建设发展的方法模式和工作机制，加快推进以效能为核心的军事管理革命，健全以精准为导向的管理体系，做到精准谋划、精准规划、精准部署、精准落实、精准检验。改进决策方式和程序，建立健全决策咨询制度，完善信息和智力支持系统，提高决策科学化水平。借鉴企业化工程化管理方法，对关系紧密、配套衔接的建设项目实施集群化管理，加强项目之间的目标协同、任务协同、资源协同和进度协同，确保各项建设环环相扣、压茬对接、整体推进，提高任务部署和落实精准度。把绩效评估工作贯穿到规划建设周期全过程，针对各年度任务特点遴选评估重点，建立常态督察、跟踪监测的评估制度，采取体系评估、对抗评估、检讨评估等方法，查找矛盾问题，制定改进措施。

更加注重军民融合。军民融合发展是实现发展和安全兼顾、富国和强军统一的必由之路。要深入实施军民融合发展战略，加快形成全要素、多领域、高效益的军民深度融合发展格局，促进经济建设和国防建设协调发展、平衡发展、兼容发展。着眼破除军民二元分离结构，以机制和政策制度改革为抓手，坚决拆壁垒、破坚冰、去门槛，破除制度藩篱和利益羁绊，构建系统完备的军民融合政策制度体系。坚持全面推进、重点突破，加快形成基础领域资源共享体系、先进国防工业体系、军民科技协同创新体系、军事人才培养体系、军队保障社会化体系和国防动员体系。聚合军地优势力量和资源，把海洋、太空、网络空间等战略必争领域作为优先领域做大做强，合力建设海洋强国、航天强国、网络强国。提升军地协同行动能力，把公共安全和应急处置、海洋开发和海上维权、经济和军事走出去等统筹好，合力维护国家主权安全和发展利益。军地双方都有深化认识，更新思想观念，打破利益壁垒，做到应融则融、能融尽融。

（三）提高我军能打仗打胜仗的能力

军队要随时准备打仗，这是军队根本职能所决定的。军事斗争准备是军队的基本实践活动，是维护和平、遏制危机、打赢战争的重要保证。习近平指出，军队首先是一个战斗队，必须坚持一切建设和工作向能打仗打胜仗聚焦，始终把准备战争、遏制战争、打赢战争作为军队的使命任务。必须强化随时准备打仗思想，坚持把能打仗、打胜仗作为推进军事斗争准备的出发点和落脚点，坚持心思向打仗聚焦、工作向打仗用劲，切实提高我军信息化条件下威慑和实战能力。

牢固树立战斗力这个唯一的根本的标准。习近平鲜明提出，要牢固树立战斗力这个唯一的根本的标准。重申战斗力标准，并突出强调战斗力作为判断军队各项建设和一切工作得失的根本尺度，体现了对强军兴军内在规律的深刻把握，对于强化官兵带兵打仗意识，推动我军形成能打仗、打胜仗的正确导向，具有重大而深远的意义。强调唯一性，就是说衡量一支军队能力强弱，没有其他标准，只有战斗力这一个标准。离开战斗力标准搞军队建设，就如同射击失去准星，必然会偏离目标、达不到目的。强调根本性，就是指战斗力标准在军事实践活动中起着基础性和支配性作用，是军队建设发展的出发点、落脚点，决定着我军的根本职能能否实现及实现程度，决定着我军建设质量好坏与效益高低。军队建设的各项工作如果脱离了战斗力这个根本，一切都将是空谈，都是无用之功。党的十八大以来，全军官兵不断强化当兵打仗、带兵打仗、练兵打仗意识，以强烈的忧患意识和使命担当，将战斗力标准贯彻到抓备战、谋打赢各领域全过程，作为党委第一要务、主官第一责任、官兵第一职责，一切建设和工作向能打仗、打胜仗聚焦，真正让战斗力标准在官兵心中牢固立起来。

扎实做好各领域军事斗争准备。习近平强调，军事斗争准备要牢牢抓在手上，须臾不可放松。兵可千日不用，不可一日不备。我国作为一个陆海复合型大国，正处在由大向强发展的关键阶段，面临的安全威胁复杂多样，并呈现多向联动的特点。这对统筹协调、扎实推进各方向各领域军事斗争准备提出了新的更高要求。必须坚持以国家核心安全需求为导向，全方位抓好抓实各项备战工作，促进军事斗争准备全面协调发展，保持战略全局平衡和稳定。习近平反复强调必须坚持军事斗争准备龙头地位不动摇，带领全军官兵真抓实备、真谋打赢，部队备战打仗水平迈上了一个新台阶。创新军事战略指导，制定并实施新形势下军事战略方针；深化现代战争制胜机理研究、聚力体系作战能力生成，信息化建设等各项准备取得了一系列重大进展；日常战备工作有效落实，确保部队召之即来、来之能战、战之必胜。全军官兵遵照习近平的指示要求，坚持以军事斗争准备为龙头带动军队现代化建设整体发展，坚持备战打仗不放松，强军兴军实践取得长足进步。

加快构建具有我军特色的联合作战指挥体系。习近平指出，军队能不能打仗、打胜仗，指挥是一个决定性因素。现代战争是体系对抗、联合作战，指挥有力才能形成体系、才能保证联合、才能有效对抗。近年来，我军着眼打赢信息化战争，坚持以新形势下军事战略方针为统揽，聚力联合作战指挥体制创新，着力构建平战一体、常态运行、专司主营、精干高效的战略战役指挥体系，为提高联合作战指挥能力奠定了体制基础。

大力提高军事训练实战化水平。军事训练实际上是未来战争的预演，是提高实战能力的重要途径和抓手，也是最直接的军事斗争准备。打仗硬碰硬，训练必须实打实。军事训练水平上不去，军事斗争准备就很难落到实处，战时必然吃大亏。平时多流汗，战时少流血。

必须坚持从实战需要出发从难从严训练,以真打的决心抓训练,紧盯作战对手抓训练,着眼胜敌制敌抓训练,坚持仗怎么打兵就怎么练,打仗需要什么就苦练什么,部队最缺什么就专攻精练什么,在近似实战的环境下摔打磨砺部队。党的十八大以来,全军认真贯彻战训一致原则,大力加强实战化训练,坚持以作战的方式训练,以训练的方式作战,推进训练与实战一体化,不断提高训练标准和难度强度,部队实战化水平实现历史性跨越。

培养造就能够担当强军重任的优秀军事人才。强军之道,要在得人。习近平指出,要牢固树立人才资源是第一资源的理念,努力培养造就能够担当强军重任的优秀军事人才。人,特别是具备一定能力素质的人,是创新军事理论、掌握军事技能、推动军事实践发展的主体性关键因素,是战争中武器装备的使用者、作战方法的创造者、军事行动的实践者。抓住了军事人才这个"活要素",就占领了当今时代军事竞争的第一高地,掌握了打赢现代战争的第一资源。坚持面向战场、面向部队、面向未来,深入把握人才培养规律,创新军事人才培养模式,培养一大批能打仗、打胜仗的优秀人才,尤其是联合作战指挥人才和参谋人才、新型作战力量人才。按照能打仗、打胜仗要求,大力实施人才战略工程,走开军队院校教育、部队训练实践、军事职业教育三位一体的新型军事人才培养路子,推动人才队伍建设整体水平有一个大的跃升。

(四)推进政治建军、改革强军、依法治军

深入推进政治建军、改革强军、依法治军,是强军兴军的战略举

措和布局。

1. 关于推进政治建军。政治建军是我军的立军之本。我军是人民军队，是革命的武装力量，政治工作是我军的看家本领，是我军的最大特色、最大优势，也是我军保持人民军队性质、宗旨、本色的重要保障。习近平同志亲自决策到古田召开全军政治工作会议，深刻阐明了新的历史条件下政治建军的一系列重大问题，明确提出军队政治工作的时代主题是，紧紧围绕实现中华民族伟大复兴的中国梦，为实现党在新形势下的强军目标提供坚强政治保证，确立了政治建军的大方略。

坚定正确的政治方向。毫不动摇地坚持党对军队的绝对领导，确保部队绝对忠诚、绝对纯洁、绝对可靠。这是一个根本政治原则，是党和人民对军队的最高政治要求，决不能有任何动摇、任何迟疑、任何含糊。这是保证党长期执政、国家长治久安的根本法宝，是应对战争形态、军队建设内外环境变化、军队组织形态调整所必须始终不渝坚持的根本原则和制度。面对西方敌对势力鼓吹的"军队非党化、非政治化"和"军队国家化"错误观点，我军一定要在党对军队绝对领导这个根本政治原则问题上保持清醒头脑，决不能有任何动摇、含糊，确保党领导军队的一系列制度贯彻到部队建设各领域和完成任务全过程，确保党指挥枪的原则落地生根。军委主席负责制，是坚持党对军队绝对领导、实现党和国家长治久安的根本要求，事关党、国家和军队全局。坚持军委主席负责制，就是要坚持全国武装力量由军委主席统一领导和指挥，国防和军队建设一切重大问题由军委主席决策和决定，中央军委全面工作由军委主席主持和负责。严格落实请示报告工作机制、督促检查工作机制、信息服务工作机制，坚持按制度来、按程序走、按规矩办。要通过一系列体制设计和制度安排，把党对军队绝对领导的根本原则和制度进一步固化下来并加以完善，更好地使军队最高领导权和指挥权集中于党中央、中央军委和习近平。

充分发挥政治工作对强军兴军的生命线作用。在全军政工会议上，习近平提出了充分发挥政治工作对强军兴军的生命线作用这一重大课题和任务。军队政治工作的时代主题，就是紧紧围绕实现中华民族伟大复兴的中国梦，为实现党在新形势下的强军目标提供坚强政治保证。军队政治工作的本质要求，就是坚持党性原则，增强政治工作的原则性战斗性，政治工作优良传统是我军特有政治优势，必须结合新的实际发扬光大。军队政治工作创新的方向，就是要着力提升军队政治工作的信息化、科学化、法治化水平，把真理力量和人格力量统一起来，不断提高自身的威信和威力。要在强根固魂上下功夫、用气力。把思想政治工作贯穿改革全过程，引导各级强化政治意识、大局意识、号令意识，引导官兵积极拥护、支持、参与改革。

推进领导掌握部队和高效指挥部队有机统一。习近平强调，要着眼于贯彻新形势下政治建军的要求，推进领导掌握部队和高效指挥部队有机统一。这是政治建军的原则要求、人民军队特有的政治优势，能打胜仗的核心要求，履行使命任务的重要前提，也是推进政治建军的具体体现，目的在于确保部队召之即来、来之能战、战之必胜。只有领导掌握部队，才能为高效指挥部队提供政治、组织、思想和作风保证；只有高效指挥部队，才能使领导掌握部队的优势得到充分体现。

培养有灵魂、有本事、有血性、有品德的新一代革命军人。政治工作是培养人和塑造人的工作。新形势下合格革命军人的标准就是有灵魂、有本事、有血性、有品德。政治建军要使官兵铸牢军魂，打牢听党的话、跟党走的思想根基，牢固树立党对军队绝对领导的政治自信和政治自觉。要培养官兵英勇顽强、不怕牺牲的战斗精神，解决好官兵当兵干什么、练兵为什么的根本性问题，以强烈的使命感和荣誉感激发官兵时刻准备为祖国和人民去战斗的意志和信心。要继承和发扬我军的光荣传统和优良作风，教育引导官兵崇尚英雄、学习英雄，培养官兵爱军习武、忠贞报国的热情和激情。

2. 关于推进改革强军。改革是决定当代中国命运的关键一招，也是决定我军发展壮大、制胜未来的关键一招。习近平反复强调，推进国防和军队现代化，动力在改革，出路也在改革。党的十八届三中全会把国防和军队改革纳入国家改革战略全局进行部署，上升为党的意志和国家行为。党的十八大以来，习近平围绕深化国防和军队改革作出一系列重要论述和战略部署，开启了我军历史上一场整体性、革命性变革和重塑。

正确认识深化国防和军队改革的总体要求。深化国防和军队改革的指导思想是，深入贯彻党的十八大和十八届三中、四中、五中全会精神，以马克思列宁主义、毛泽东思想、邓小平理论、"三个代表"重要思想、科学发展观为指导，按照"四个全面"战略布局要求，以党在新形势下的强军目标为引领，贯彻新形势下军事战略方针，全面实施改革强军战略，着力解决制约国防和军队建设的体制性障碍、结构性矛盾、政策性问题，推进军队组织形态现代化，进一步解放和发展战斗力，进一步解放和增强军队活力，建设同我国国际地位相称、同国家安全和发展利益相适应的巩固国防和强大军队，为实现"两个一百年"奋斗目标、实现中华民族伟大复兴的中国梦提供坚强力量保证。我们应该充分认清深化国防和军队改革的重要性、必要性和紧迫性，不断深化对改革的总体要求的理解，以高度的历史自觉和强烈的使命担当，在实践中坚定不移贯彻落实深化改革的总体要求，努力交出党和人民满意的答卷。

坚持用强军目标审视、引领、推进改革。深化国防和军队改革，必须以强军目标为引领。以强军目标审视、引领、推进改革，最根本的体现就是把十八大以来我们党围绕实现强军目标，统筹军队革命化、现代化、正规化建设，统筹军事力量建设和运用，统筹经济建设和国防建设，把新形势下军事战略方针所提出的一系列重大方针原则、重大决策部署、重大战略谋划和战略设计落实好，为贯彻强军目标提供强大的动力。

准确把握深化国防和军队改革的指导原则。指导原则是引导思想和行动的规范、准则和纲领。我军改革必须坚持的六项基本原则，即：坚持正确政治方向，坚持向打仗聚焦，坚持创新驱动，坚持体系设计，坚持法制思维和坚持积极稳妥。这六项原则，相互联系，相互支撑，共同构成了一个有机统一的整体。坚持正确政治方向，回答了如何确保改革不转向、变革不变质的重大问题；坚持向打仗聚焦，回答了深化改革的聚焦点、着力点和落脚点的重大问题；坚持创新驱动，回答了深化改革的动力问题；坚持体系设计，回答了取得改革总体效应最大化、总体效果最佳化的途径问题；坚持法制思维，回答了如何使改革立之有规、破之有矩的问题；坚持积极稳妥，回答了如何使改革立足现实、蹄疾步稳，既把握节奏，又控制改革风险，确保部队高度稳定和集中统一的问题。

准确把握改革的总体目标和主要任务。军队建设的目标和所承担的任务，决定着军队改革的目标和任务。为实现党在新形势下的强军目标，提高我军能打仗打胜仗的能力，2020 年前在领导管理体制、联合作战指挥体制改革上取得突破性进展，在优化规模结构、完善政策制度、推动军民融合发展等方面改革上取得重要成果，努力构建能够打赢信息化战争、有效履行使命任务的中国特色现代军事力量体系，完善中国特色社会主义军事制度。这次国防和军队改革，是对我国军事力量体系的革命性重塑，力度、深度、广度是新中国成立以来没有过的。两年多来，全军以实际行动拥护和支持改革，国防和军队改革在重要领域和关键环节取得重大突破，立起了我军新体制的四梁八柱。

3. 关于推进依法治军。法治是国家文明进步的重要标志，也是现代化军队的鲜明特征。习近平指出，深入推进依法治军、从严治军，是全面推进依法治国总体布局的重要组成部分，是实现强军目标的必然要求。党的十八大以来，习近平围绕全面推进依法治军、从严治军作出一系列重要论述和决策部署。党的十八届四中全会作出的《中共中央关于全面推进依法治国若干重大问题的决定》，把依法治军、从严治军纳入依法治国总体布局进行战略部署，引领我军在法治轨道上阔步前进。2015 年 2 月，中央军委印发《关于新形势下深入推进依法治军从严治军的决定》，对深入贯彻党的十八届四中全会精神，加强军队法治建设作出全面部署和谋划。《中央军委关于深化国防和军队改革的意见》，强调要全面贯彻依法治军、从严治军方针，改进治军方式。所有这些，都是习近平依法治军、从严治军方略的集中体现。

依法治军、从严治军的主要任务。紧紧围绕党在新形势下的强军目标，着眼全面加强革命化现代化正规化建设，坚持党对军队绝对领导，坚持战斗力标准，坚持官兵主体地位，坚持依法与从严相统一，坚持法治建设与思想政治建设相结合，创新发展依法治军、从严治军理论和实践，构建完善中国特色军事法治体系，形成系统完备、严密高效的军事法规制度体系、军事法治实施体系、军事法治监督体系、军事法治保障体系，提高国防和军队建设法治化水平。

依法治军、从严治军的基本要求。要适应现代军队建设和作战要求，健全完善军事法规制度体系，提高军事法规制度的针对性、系统性、操作性。要加大军事法规制度执行力度，坚持有法必依、执法必严、违法必究，使厉行法治、严肃军纪成为铁律。要健全完善军队法治工作体制，强化军队法治工作专门机构职能作用。要强化官兵法治信仰和法治思维，深入开展法治教育训练，领导干部要做尊法学法守法用法的模范，广大官兵要把法治内化为政治信念和道德修养、外化为行为准则和自觉行动。要充分发挥法治推动和规范作用，坚持重大改革依法决策，坚持改革与立法衔接协调，确保改革在法治轨道上积极稳妥推进。要贯彻从严治党要求，运用法治手段纠风肃纪，以刚性的制度规定和严格的制度执行，实现作风建设规范化常态化长效化。

抓住治权这个关键。习近平强调，要着眼于深入推进依法治军、从严治军，抓住治权这个关键，构建严密的权力运行制约和监督体系。为切实解决依法治权的问题，按照决策、执行、监督既相互制约又相互协调的原则区分和配置权力，编密扎紧制度的笼子，努力铲除腐败现象滋生蔓延的土壤。习近平还作出了组建新的军委纪委，调整组建军委审计署和调整军事司法体制等战略决策，对权力的运行形成了强有力的约束，有效地保证对权力的监督制约，保证权力沿着正确的轨道运行。只有坚定不移地贯彻好习近平的这些决策部署，才能科学界定权力使用范围、严格约束权力使用手段、严密规范权力使用程序，切实加强对权力运行的制约和监督。

切实改进治军方式。深入推进依法治军、从严治军，核心是要按照法治要求，推进治军方式深刻变革，努力实现"从单纯依靠行政命令的做法向依法行政的根本性转变，从单纯靠习惯和经验开展工作的方式向依靠法规和制度开展工作的根本性转变，从突击式、运动式抓工作的方式向按条令条例办事的根本性转变"。实现了这"三个根本性转变"，就能在全军形成党委依法决策、机关依法指导、部队依法行动、官兵依法履职的良好局面。

（五）深入实施军民融合发展战略

军民融合发展作为一项国家战略，关乎国家安全和发展全局，既是兴国之举，又是强军之策。党的十八大以来，以习近平同志为核心的党中央着眼国家安全和发展战略全局，对推动军民深度融合发展作出了一系列重大战略部署。2017年1月22日，中共中央政治局召开会议决定设立中央军民融合发展委员会，由习近平任主任，加强对军民融合发展的集中统一领导。

把军民融合发展上升为国家战略具有十分深远的意义。这是我们长期探索经济建设和国防建设协调发展规律的重大成果，是从国家发展和安全全局出发作出的重大决策，是应对复杂安全威胁、赢得国家战略优势的重大举措。当前我国正处于中华民族复兴的关键时期，在国家安全和发展方面存在着一系列特殊的制约因素。应对这些安全和发展难题，实现富国强军统一，必须深入实施军民融合国家战略。一方面，实施军民融合发展战略能够最大限度地发挥国防和军队建设在刺激增长、促进转型、增加就业、带动高新技术发展等方面的重要作用。另一方面，实施军民融合发展战略能够加快形成以国家经济社会整体实力为支撑的现代军事体系，为国家的安全和统一提供更加坚强有力的安全保障。这也是我国赢得国际军事和科技革命主动权的重大举措。在过去相当长时期内，科学技术的重大突破都首先运用于军事领域。现在这一趋势正在发生变化，许多高新技术率先在民用领域得到突破和运用。当前，世界主要国家推进颠覆性技术创新主要通过军民融合方式。需要特别注意的是，目前各主要国家围绕抢占新军事革命的制高点正在展开的激烈竞争。在这种激烈竞争中，如果我们不能深入实施军民融合发展战略，国家安全发展就将失去最核心的支撑力，我们就会在这场争夺未来国家安全发展主导权的竞争中败下阵来。

加快形成全要素、多领域、高效益的军民融合深度发展格局。当前和今后一个时期是军民融合的战略机遇期，也是军民融合由初步融合向深度融合过渡，进而实现跨越发展的关键期，要着力丰富融合形式，拓展融合范围，提升融合层次，加快形成全要素、多领域、高效益的军民融合深度发展格局。"全要素"是指融合的资源形式，要求实现信息、技术、人才、资本、设施、服务等各类要素在两大体系之间的共享共用和渗透兼容。"多领域"是指融合的范围领域，要求国防和军队建设的诸领域与经济社会发展的诸领域实现深度融合，涉及陆、海、空、天、网等多维空间。"高效益"是指融合的效果，要求军地资源互通互补互用，实现经济建设和国防建设共用一个兼容的经济技术基础，最终实现经济建设的国防效益最大化和国防建设的经济效益最大化。这三大指标互为关联，构成了一个科学、完整的军民融合发展战略目标体系。确立了这样一个发展航向，我们就能够以强有力的国家战略意志，攻克各类利益藩篱，在经济建设与国防建设之间架起融合的桥梁，就能抵达军民融合深度发展的彼岸。

以强烈的责任担当推进军民融合深度发展。当前，我国军民融合面临思想观念、体制机制、政策法规、标准制度等一系列障碍，背后都纠结着复杂的利益关系，使军民融合"有共识、难落实"。深入推进军民融合发展，必须系统谋划、综合发力。习近平在出席十二届全国人大三次会议解放军代表团全体会议时提出，强化大局意识、强化改革创新、强化战略规划、强化法治保障，构建了支撑中国特色军民融合发展战略有序推进的四大支柱。

强化大局意识，就是要军地双方要树立一盘棋思想，站在党和国家事业发展全局的高度思考问题、推动工作，做到责任到位、措施到位、落实到位。近年来，人们的融合意识不断增强，但仍存在一些思想障碍。有的把战斗力生成看作是国防和军队自身范围内的循环，没有跳出自我建设、自我管理、自我保障的误区，不能从国家经济和社会发展的深刻变化中开辟战斗力生成的新途径；有的国防意识淡漠，缺乏"大国防观"，认为国防建设只是军队的事，军民融合只是"地方帮军队"，是"军取民供"的额外"负担"。这些问题，反映了目前我国仍缺乏一种将国家安全与发展视为一体的战略文化和社会心理。强化大局意识，最重要的是转变利益观，要在整个国家利益平台上整合利益关系，要在正确处理全局利益与局部利益关系中确保国家安全和发展全局利益的实现。

强化改革创新，就是要着力解决制约军民融合发展的体制性障碍、结构性矛盾、政策性问题。要通过全面深化改革，努力形成统一领导、军地协调、顺畅高效的组织管理体系，国家主导、需求牵引、市场运作相统一的工作运行体系，系统完备、衔接配套、有效激励的政策制度体系。强化改革创新，关键是要打破军民二元结构，实现两个"贯通"：即在国防和军队内部基本消除各竖烟囱的格局，真正形成统一规划、统一融合需求、统一资源配置，实现"国防和军队系统内的贯通"；消除军地之间相互隔离的格局，实现"军地大系统间的贯通"。这样才能根本消除"多头提需求、分散搞对接"问题，才能加快形成体系作战能力。党中央决定成立中央军民融合发展委员会，在军民融合改革方面迈出了实质性步伐。

强化战略规划，就是要拿出可行办法推动规划落实，加强督导检查、建立问责机制，强化规划刚性约束和执行力。目前，发达国家通过战略规划牵引，在基础设施建设上全面贯彻国防要求，已基本实现了高速公路与军事快速通道相结合，服务区与兵站相结合，隧道与隐蔽工程相结合，高速公路与飞机跑道相结合，高速枢纽与战储基地相结合。与发达国家相比，我国军民融合的微观主体、技术起点、经济体制、法治环境以及国际合作环境均有很大的差异性。发达国家的军民融合发展，是以成熟的市场经济体制和规范的法治环境为平台的，而我国军民融合发展是在经济体制转轨过程中进行的，市场基础、法治环境和政策环境还不完善。我们推动军民融合应当实施"强力推进型"模式，要制定和实施比发达国家更加坚强有力的战略规划，建立更为强大的战略执行力和政策推动力。

强化法治保障，就是要善于运用法治思维和法治方式推动军民融合发展，充分发挥法律法规的规范、引导、保障作用，提高军民融合发展法治化水平。当前，我国有关军民融合的法规建设比较薄弱。我国还没有一部规范推动军民融合发展的综合性法律法规，现有法律法规的有些条款也已经不适应军民融合深度发展的要求，法律法规的贯彻执行力有时也不够刚性化。在现实中，军民融合工作有时还要靠感情来维系，靠关系来协调，靠政治觉悟来推动，还不能充分运用程序化、法制化的工作机制。这就要求我们要善于运用法治思维和法治方式推动军民融合发展，加快军民融合综合立法进程，逐步构建相关法律法规体系，依法规范军民融合的组织领导、运行机制、责任义务、配套保障等问题，切实提高军民融合发展法治化水平。

第八章

推进全球治理现代化

世界的发展离不开中国，中国的发展也离不开世界。党的十八大以来，以习近平同志为核心的党中央面对世界前所未有之大变局，科学统筹国内国际两个大局、安全与发展两件大事，一方面不断推进治党治国治军的现代化，另一方面又高举和平、发展、合作、共赢的时代旗帜，大力提倡人类命运共同体意识，积极实施"一带一路"倡议，着力推动中国与世界各国关系在"和平合作、开放包容、互学互鉴、互利共赢"中全面发展，开启了中国特色大国外交的新征程，为全球治理现代化提供了中国力量、中国智慧和中国方案。

一、治国理政现代化的有机组成部分

随着全球化进程的拓展和深入，国内国际两个大局的互动更为密切频繁，国内治理与全球治理成为这种互动关系的重要内容。推动全球治理体制向着更加公正合理方向发展，为我国发展和世界和平创造更加有利的条件，是习近平治国理政新理念新思想新战略的重大主题之一。

（一）参与全球治理是当代中国对外关系的"大局"

所谓全球治理，就是包括国家、国际组织等在内的多元主体，在共同应对全球性问题挑战时所形成的一种管理人类公共事务的规则、机制和方法。今天，随着全球化的深入发展和全球性问题的增多，加强全球治理、推进全球治理体制变革已是大势所趋，"这不仅事关应对各种全球性挑战，而且事关给国际秩序和国际体系定规则、定方向；不仅事关对发展制高点的争夺，而且事关各国在国际秩序和国际体系长远制度性安排中的地位和作用。"[1] 当然对于中国来说，形成这样的认识并不容易。长期以来，受制于特殊的国际国内政治环境和文化传统，中国人更习惯于从国内视角考虑各种问题，而对国际事务大多持有冷漠、怀疑甚至抵触情绪。尽管这种认识随着中国改革开放进程的深入推进而不断受到挑战，人们也开始改变认识以适应新的形势，但客观而言，受制于国家整体战略和国家综合实力，这个进程依旧缓慢，全球治理在中国的对外战略中大多数时间里只是被视为大的时代背景，而尚没有上升为对外战略本身或对外战略内容之一。这一状况直到进入 21 世纪第二个十年以后才发生根本性改变，而这主要得益于国际力量分化组合的加快和中华民族前所未有地接近世界舞台中心。

---

[1] 习近平：《推动全球治理体制更加公正更加合理　为我国发展和世界和平创造有利条件》，《人民日报》2015 年 10 月 14 日。

　　党的十八大报告明确提出，要"加强同世界各国交流合作，推动全球治理机制变革"，"中国坚持权利和义务相平衡，积极参与全球经济治理。"① 特别是 2015 年 10 月 12 日，中央政治局以"全球治理格局和全球治理体制"为内容的第 27 次集体学习，更是把参与全球治理提升到事关实现中华民族伟大复兴目标的战略高度。习近平在这次集体学习中强调指出："我们参与全球治理的根本目的，就是服从服务于实现'两个一百年'奋斗目标、实现中华民族伟大复兴的中国梦。要审时度势，努力抓住机遇，妥善应对挑战，统筹国内国际两个大局，推动全球治理体制向着更加公正合理方向发展，为我国发展和世界和平创造更加有利的条件。"② 这一切都充分表明，全球治理已成为当代中国两个大局中国际大局的关键，统领着当代中国对外战略。

　　美国人特德·菲什曼在其著作《中国公司》中，将中国的改革开放分为三个阶段：第一阶段是世界进入中国，第二阶段是中国开始走向世界，第三阶段是中国开始改变世界。今天的中国已经迈过第一阶段，全面展开第二阶段，正在向第三阶段不断迈进。对于正在接近世界舞台中心的中国来说，必须充分认识全球治理在当代人类发展社会中的重要意义、在中华民族伟大复兴中的重要意义。只有以全球治理统领我国的对外战略，使大国关系、周边外交、传统安全与非传统安全、联合国改革与作用的发挥，国际经济与金融制度的改革、国际发展援助等等议题与任务，都协同并服务于中国参与全球治理的总战

① 《十八大以来重要文献选编》（上），中央文献出版社 2014 年版，第 4、37 页。

② 习近平：《推动全球治理体制更加公正更加合理　为我国发展和世界和平创造有利条件》，《人民日报》2015 年 10 月 14 日。

略，中国的对外战略大局和目标才能顺利推进。若没有对参与全球治理重要性和必要性的深刻理解和真心认同，那么今天中国制定的任何对外战略都会因缺乏时代精神而限于狭窄的片面的国家利益考量，中国作为负责任新兴大国的形象、地位与影响力也就无从树立。

（二）全球治理体制变革正处在历史转折点上

在人类历史上，1640 年爆发的英国资产阶级革命可以看作是一道分水岭，它不仅带来了资本主义生产关系的历史性变革和生产力的革命性发展，也催生了西方列强的崛起，从而奠定了近代以来国际关系的基本格局。从 16 世纪的西班牙、17 世纪的荷兰、18 世纪的法国、19 世纪的英国，到 20 世纪至今日的美国，虽然霸主的"接力棒"不断被更替，但世界的主导权始终掌握在西方国家的手中，包括联合国、北约、"G7 集团"、世界银行、世界货币基金组织等政治、经济、安全机制以及以美元为核心的世界金融体系，无不是在西方国家主导下建立的。进入 21 世纪以后，在新兴市场国家和发展中大国的推动下，这种状态发生了变化。正如习近平在中央政治局第二十七次集体学习时指出的那样，"国际社会普遍认为，全球治理体制变革正处在历史转折点上。国际力量对比发生深刻变化，新兴市场国家和一大批发展中国家快速发展，国际影响力不断增强，是近代以来国际力量对比中最具革命性的变化。"[1]

在当前西方国家实力相对下降的背景下，以西方国家为主导的全

---

[1]　习近平：《推动全球治理体制更加公正更加合理　为我国发展和世界和平创造有利条件》，《人民日报》2015 年 10 月 14 日。

球治理体系已经难以有效应对各种危机，显现出力不从心的窘境。虽然经过十年反恐并击毙了基地组织头目本·拉登，但全球范围内恐怖组织的泛滥，意味着西方国家主导的反恐体系逐渐失灵；2008 年国际金融危机的爆发及蔓延，意味着西方国家主导的国际金融体系逐渐失灵；乌克兰危机、中东乱局的出现，意味着西方国家主导的国际安全体系逐渐失灵。正如美国前总统奥巴马所言，感觉这世界好像转得太快，快到没人能管住它了。可以说，伴随着西方国家提供公共产品能力的下降，全球治理领域正面临着重新洗牌的局面。

对于全球治理体系结构的变动，西方国家的失落与忧虑是显而易见的，但也并不会束手就擒。一方面，它们指责包括中国在内的新兴市场国家和发展中大国利用国际游戏规则中的漏洞"搭便车"，进行不公平竞争，导致世界经济失衡，以此强调其所主导的全球治理体系结构的合理性。另一方面，在政治上继续强调价值观外交，在军事上继续强化北约的作用，以增加西方国家之间的凝聚力，而在经济上欲通过建立各种经济协定在世贸组织之外另起炉灶，以迂回方式应对新兴市场国家和发展中大国的挑战、促使国际游戏规则继续向对其有利方向发展。

为应对发达国家的压力，新兴市场国家和发展中大国在全球治理上也在加强相互协调与合作，进一步拓展和深化相互合作的领域和空间，以改变西方"单边"垄断、操纵的旧体系、旧制度。近几年来，新兴市场国家和发展中大国不断加强协作与合作的力度和深度，"上合组织"合作不断拓展加深，"金砖国家"举行多次峰会，金融领域"金砖国家新开发银行""应急储备库"等相继启动筹建，在叙利亚危机等政治问题上中俄一致发声。在国际货币体系改革、多哈回合谈判、气候变化谈判、网络空间规则制定等重大地区和全球问题上，也协调发声。可以说，在全球治理问题上，西方发达国家与新兴发展中大国之间的竞争将是一个拉锯战、持久战。但无论如何，传统的单边型治理模式已经过时，由发达国家、新兴国家、广大发展中国家共同参与、合作、竞争的新型治理体系与制度的雏形日趋显现。

（三）中国是推进全球治理体制变革的重要力量

国际力量消长变化是推动全球治理体制变革的基本动力。进入21世纪以来，世界在多极化发展轨道上快速前进，国际力量对比朝着均衡化的方向不断发展。一方面以美国为首的西方国家整体实力相对下降，另一方面则是以中国为代表的新兴市场国家和发展中大国实力相对上升。在过去的十余年间，"金砖国家"经济增长率平均达到6%左右，其GDP总量占世界的份额由2008年的15%上升到2013年的21%。同时，"金砖国家"已经成为拉动世界经济增长的重要火车头，其对世界经济增长贡献率在2010年已经超过60%。而在这之中，中国的成绩单无疑最为显眼。2016年，中国国内生产总值为11.22万亿美元，稳居世界第二位，对全球经济增长的贡献率已经超过30%。

中国的快速发展，不仅解决了世界五分之一人口的生存与发展问题，更对世界的发展产生了重要影响。今日的中国通过联合国、世界贸易组织、亚太经合组织、二十国集团、七十七国集团、金砖国家等国际组织和多边机制框架，致力于全球治理现代化、民主化。对此，习近平2014年7月在巴西国会演讲时强调，"我们应该加强在联合国、世界贸易组织、二十国集团、金砖国家等国际和多边机制内的协调和配合，凝聚发展中国家力量，积极参与全球治理，为发展中国家争取更多制度性权力和话语权。"① 可以说，随着国家经济实力的增强以及国际影响力的提升，中国的世界角色正在发生微妙的变化：已经从最初基于反对霸权主义立场的国际体系的批评者，到对外开放不断扩大中的观察者、参与者、学习者、规则的遵循者，再到国家实力全面提高基础上的倡导者、建构者。中国的发展离不开全球的有序治理，全球的有序治理也离不开中国的积极参与。中国的国内治理与全球治理形成了紧密的关系。

二、以人类命运共同体理念引领全球治理现代化

中国不仅要积极参与全球治理，而且要争取对全球治理作出特殊贡献，以新的理念去引领全球治理现代化。这个新的理念就是人类命运共同体理念。"中国坚持走和平发展道路，奉行独立自主的和平外交政策，实行互利共赢的对外开放战略，着力点之一就是积极主动参与全球治理，构建互利合作格局，承担国际责任义务，扩大同各国利益汇合，打造人类命运共同体。"② "人类命运共同体"是以习近平特

① 习近平：《弘扬传统友好 共谱合作新篇——在巴西国会的演讲》，《人民日报》2014年7月18日。

② 习近平：《共同开创中阿关系的美好——在阿拉伯国家联盟总部的演讲》，《人民日报》2016年1月21日。

别强调的外交概念之一，已经成为具有鲜明中国特色的对外战略新理念和全球治理新理念。

（一）国际社会日益成为一个命运共同体

理论之树，只有根植实践沃土才能硕果累累；真理之光，只有穿越时空隧道才能光耀天下。人类命运共同体新理念，既非空穴来风，也非漫天遐想，而是来源于对现实的深刻思考。习近平指出："随着世界多极化、经济全球化、社会信息化不断发展，各国利益交融、兴衰相伴、安危与共，形成了你中有我、我中有你的命运共同体。"① 人类命运共同体新理念，是对全球化时代课题的直接应对。

经济全球化为人类命运共同体的形成提供了物质基础。列宁说过，只有"首先考虑到各个'时代'的不同的基本特征（而不是个别国家的个别历史事件），我们才能够正确地制定自己的策略；只有了解了某一时代的基本特征，才能在这一基础上去考虑这个国家或那个国家更具体的特点"②。经济全球化是人类生产力发展到一定阶段的客观要求与必然结果，它包括生产全球化、贸易全球化、投资全球化、金融全球化以及消费全球化等。20 世纪 90 年代以来，伴随着冷战结束和科学技术的发展，经济全球化进入了一个崭新的发展阶段，其影响日益深入：其一，它使各国、各地区之间的经济和贸易活动的联系不断增加，促进了各国、各地区经济要素在全球范围内的合理配置；

---

① 习近平：《在中国国际友好大会暨中国人民对外友好协会成立 60 周年纪念活动上的讲话》，《人民日报》2014 年 5 月 16 日。

② 《列宁全集》第 26 卷，人民出版社 1990 年版，第 143 页。

其二，它使整个世界不得不共同面对由经济全球化所引发的一系列政治、社会、经济、资源、安全和环境问题等。经济全球化及其所蕴含的社会大变动，使得不同国家的利益交融点越来越多，一国所面临的困难和挑战越来越具有世界性，这就在某种程度上以国际性挑战和考验的方式，促使各国以更宽广的视野观察世界，把本国的发展放在世界格局中来思考，从本国与当代世界的密切互动中，从本国人民利益与世界人民利益的有机联系中，深入探索人类共同命运。

世界多极化为人类命运共同体的形成提供了政治条件。世界多极化是国际力量对比此消彼长的必然产物。冷战结束以后，两极对峙格局解体，世界进行新的分化组合。虽然美国携带着冷战胜利的光环，一度成为唯一的超级大国，但伴随着广大发展中国家整体实力的增强，特别是伴随着以中国为代表的一批新兴发展中大国的迅速崛起，世界多极化成为不可逆转的历史潮流。两极格局的终结，世界多极化的深入发展为人类命运共同体理念的形成提供了政治和心理条件。一方面，它促使人们必须从新的视角重新界定大国强国与小国弱国的关系、西方文明与非西方文明的关系、社会主义与资本主义的关系、发达国家与发展中国家的关系。另一方面，随着经济的快速发展，包括中国在内的广大发展中国家已经成为多极世界格局中的重要一极，这就不仅要求发达国家必须用更加全面的观点看待发展，促进共同繁荣，用更加宽广深邃的战略眼光把握时代脉搏，用互利共赢的时代思维审视和处理不同文明之间的关系，也要求广大发展中国家不仅要被动地适应世界的变化，更要主动地关注世界的可能走向，努力维护和平与发展的时代主题，推动世界朝着健康、和谐的方向发展。

科技现代化为人类命运共同体的形成提供了有力支撑。人类交往的速度、模式与规模始终与科技发展水平有着密切的联系。美国国际政治学家多伊奇认为："尽管人与人之间、民族与民族之间存在着不可弥补的差异，但他们之间又有着不可避免的相互依存关系，而且，在某些方面，这种相互依存关系在今天这个由于技术的发达而日益缩小的地球上变得更加密切了。"① 进入新世纪以来，以信息技术、生物工程技术、新材料技术、新能源技术等为代表的新技术群，在改变全球政治、经济、文化交往速度和方式的同时，也为人类交往交流提供了巨大的技术支持。一方面，它把或封闭或开放状态下的各个民族、国家发展中未曾遇到的重大崭新课题推到世人面前，迫切需要立足"当今世界是开放的世界"这个客观事实作出理论性、系统性和创造性的回答，这就对建构人类命运共同体理念提出了无以回避的客观要求。另一方面，它极大地激发了各个民族的思想活力，拓宽了各个民族的视野，使得各个民族国家都自觉参与到自身未来发展与世界关系的理性思考中来，这就为建构人类命运共同体理念提供了最广泛的民众认同基础。

（二）引领全球治理的新理念

客观而言，人类命运共同体的诉求与理念在国际社会早已存在。罗马俱乐部主席奥尔利欧·佩奇在 1981 年就提出，如果世界日益联成一个整体，那么它的命运也将是共同的，即人类大家庭的共同命运，全人

---

① ［美］卡尔·多伊奇：《国际关系分析》，周启朋译，世界知识出版社 1992 年版，第 6 页。

类的共同命运。所以需要提出"整个人类同命运"的概念。① 但由一个
为世人瞩目的新兴大国大力倡导，并且作为一国对外战略的指导理念与
原则提出是前所未有的。大国的地位、大国的声音、大国的战略导向，
为整个人类审视和认知人类命运共同体注入了新的可观的动力。

　　世界人民永恒愿望的真切表达。纵观历史，古往今来，在众多思
想家的著作中，和平、合作、和谐都被看作为一种理想的追求和美好
的社会发展模式。从康有为的"大同世界"、孙中山的"天下为公"，
到傅立叶的"全世界和谐"、德里达的"友爱的政治"，无不反映了人
们对未来国际关系的憧憬。习近平指出："当今世界，人类生活在不
同文化、种族、肤色、宗教和不同社会制度所组成的世界里，各国人
民形成了你中有我、我中有你的命运共同体。"②"我们应该倡导人类
命运共同体意识，在追求本国利益时兼顾他国合理关切，在谋求本国
发展中促进各国共同发展，建立更加平等均衡的新型全球发展伙伴
关系。"③ 这既如实反映了全球多样性文明共存和发展的客观事实，充
分体现了各国人民对世界多样性共存的重视，又真实地表达了世界各
国人民渴望在和平与发展的环境下交流、沟通和友好相处的愿望。

　　全人类共同利益的真正体现。在人类社会形成的初期，各民族处
于封闭状态，没有多少交往，也谈不上什么人类共同利益。今天，随
着全球化浪潮的推进，历史已经发生了根本性变化，正如前联邦德国

① 　参见［意］奥尔利欧·佩奇：《世界的未来》，王肖萍、蔡荣生译，中国对外翻译公
　　司 1985 年版，第 10 页。
② 　习近平：《在联合国教科文组织总部的演讲》，《人民日报》2014 年 3 月 28 日。
③ 　习近平：《弘扬传统友好　共谱合作新篇——在巴西国会的演讲》，《人民日报》2014
　　年 7 月 18 日。

总理维利·勃兰特说过："不管我们愿意与否，我们日益面临着越来越多的影响全人类的问题，因此这些问题的解决办法不可避免地带有国际性。危险和挑战——战争、混乱、自我毁灭——的全球化，要求采取一种远远超出地方，甚至全国范围的国际政策。"① 共同的利益、共同的挑战，需要一种整体意识和共同的行为。习近平指出："面对世界经济的复杂形势和全球性问题，任何国家都不可能独善其身、一枝独秀，这就要求各国同舟共济、和衷共济，在追求本国利益时兼顾他国合理关切，在谋求本国发展中促进各国共同发展，建立更加平等均衡的新型全球发展伙伴关系，增进人类共同利益，共同建设一个更加美好的地球家园。"② 倡导不同国家和平共处、交往共进、合作共赢的人类命运共同体理念，就是对当前人类发展现状的深刻反思和对维护人类共同利益要求的自觉回应。

西方现实主义的超越。自人类进入世界历史时代以来，现实主义始终是西方国家进行全球治理的主导性理念与思维。但大量涌现的世界性难题和挑战，也在不断地呼唤一种全球主义、世界主义的视野和思维，以审视人类文明的新进程、新问题。人类命运共同体的理念就代表了这一趋势与走向。中国倡导人类命运共同体理念，意味着助推一场理念的、价值的、思维的革命，即从现实主义转向世界主义，从国家中心转向人类中心，从而寻求一种新的平衡，即全球主义观照下的国家主义。这场理念与制度的重大变革无疑会遇到巨大阻力，但舍

---

① [德] 维利·勃兰特：《争取世界的生存》，中国对外翻译出版公司译，中国对外翻译出版公司 1981 年版，第 14—16 页。

② 习近平：《中国是合作共赢倡导者践行者》，《人民日报》2012 年 12 月 6 日。

此无法改变国际关系在现实主义怪圈与冲突中循环的顽症。中国高扬人类命运共同体的旗帜，为在曲折中推进全球治理理念的世界主义转型，带来了新的希望。

（三）推动建设人类命运共同体

世界潮流，浩浩荡荡，顺之则昌，逆之则亡。作为一种新理念，人类命运共同体是全球化的产物，展望了全球治理现代化的未来走向。这就要求我们要把握世界大势，跟上时代潮流，积极推动建设人类命运共同体，共同营造对世界更为有利的全球治理体制和格局。

坚持各国相互尊重、平等相待。"各国体量有大小、国力有强弱、发展有先后，但都是国际社会平等一员，都有平等参与地区和国际事务的权利。"[①] 在全球治理变革中树立人类命运共同体理念，就是要主张世界不同国家，无论其发展程度如何，都是促进人类文明进步的一个要素，都有维护自己平等地位的权利以及承认和尊重他国平等地位的义务。哈贝马斯提出："不同的文化类型应当超越各自传统和生活形式的基本价值的局限，作为平等的对话伙伴相互尊重，并在一种和谐友好的气氛中消除误解，摈弃成见，以便共同探讨对于人类和世界的未来有关的重大问题，寻找解决问题的途径。这应当作为国际交往的伦理原则得到普遍遵守。"[②] 在和平与发展的时代主题更加深入人

---

① 习近平：《迈向命运共同体　开创亚洲新未来——在博鳌亚洲论坛 2015 年年会上的主旨演讲》，《人民日报》2015 年 3 月 29 日。

② ［德］尤尔根·哈贝马斯：《通向理解之路——哈贝马斯论交往》，陈学明等译，云南人民出版社 1998 年版，第 153 页。

心，在全球发展走向更加多元化，多样性文明更加展开频繁交流和对话的今天，必须抛弃霸权主义和强权政治思维，自觉尊重各国自主选择的社会制度和发展道路，尊重彼此核心利益和重大关切，客观理性看待别国发展壮大和政策理念，努力求同存异、聚同化异。

坚持合作共赢、共同发展。全球化时代是"一个相互依赖的时代"，"在这样的时代中，国家间的共同利益日趋增多，但国家间的共同利益只有通过合作才能实现。"[①] 从某种意义上，合作可以被看作是进行全球治理的一种最基本方式，没有合作几乎就没有真正意义上的全球治理，一部全球治理发展史就是一部合作进化史。尤其是近现代社会中普遍化、规范化、制度化的合作，更是人类合作共同应对全球性问题的一个巨大成就。当我们面对日益紧迫的人与自然之间的矛盾、生态环境危机，不同国家、民族和地区之间的矛盾乃至冲突、战争等等问题时，都应当摒弃零和博弈、你输我赢的旧思维，树立双赢、共赢的新理念，在追求自身利益时兼顾他方利益，在寻求自身发展时促进共同发展。虽然在当前的世界中，因为国家利益、意识形态的差异而产生的分歧和矛盾仍然大量存在，但是合作却是绝对必要的。否认合作，任何世界性的重大问题都无法解决；退出合作也将意味着全球治理变革路径的迷失。

坚持实现共同、综合、合作、可持续的安全。实现和平与安全始终是全球治理的重要内容。当今世界，安全的内涵和外延更加丰富，时空领域更加宽广，各种因素更加错综复杂。各国人民命运与共、唇

---

① ［美］罗伯特·基欧汉、约瑟夫·奈：《权力与相互依赖》，门洪华译，北京大学出版社 2002 年版，第 3 页。

齿相依，没有一个国家能实现脱离世界安全的自身安全，也没有建立在其他国家不安全基础上的安全。习近平指出："当今世界全球性挑战层出不穷，维护世界和平、促进共同发展，依然任重道远。实现这个目标，我们要树立共同、综合、合作、可持续安全的新观念。"① 共同安全，就是要尊重和保障每一个国家安全；综合安全，就是要统筹维护传统领域和非传统领域安全；合作安全，就是要坚持以和平方式解决争端，通过坦诚深入的对话沟通，增进战略互信，减少相互猜疑，聚同化异、和睦相处，促进各国和本地区安全；可持续安全，就是要发展和安全并重以实现持久安全。

坚持不同文明兼容并蓄、交流互鉴。在人类漫长的历史发展过程中，每个民族，每个国家，都在创造着自己的文明。由于地域、历史、传统的不同，以及种种现实因素的影响，不同地域、不同时期、不同传统的人类社会共同体，总是在社会的生产方式、生活方式和思想方式，以及相应的语言、哲学、科学、文学艺术、伦理、宗教、公共机构、国家、政治、法律、技术等文化体系方面，表现出不同程度的独特性。"对待不同文明，我们需要比天空更宽阔的胸怀。"② 汤因比提出："为了持有一种公允的、平衡的全球观点，我们必须抛弃自己的幻觉，即某个特定的国家、文明和宗教，因恰好属于我们自身，便把它当作中心并以为它比其他文明

---

① 习近平：《积极树立亚洲安全观　共创安全合作新局面——在亚洲相互协作与信任措施会议第四次峰会上的讲话》，《人民日报》2014 年 5 月 22 日。

② 习近平：《迈向命运共同体　开创亚洲新未来——在博鳌亚洲论坛 2015 年年会上的主旨演讲》，《人民日报》2015 年 3 月 29 日。

要优越。"① 在全球化日益向纵深发展的今天，尊重文明的多样性，包容文明的差异性，无论从文明多样、文化差异的角度讲，还是从社会制度、意识形态、发展模式多样化的角度看，都是一种新的全球治理观。我们应该从不同文明中寻求智慧、汲取营养，为人们提供精神支撑和心灵慰藉，携手解决人类共同面临的各种挑战。

三、在推动与各方面关系全面发展中促进全球治理现代化

国家是全球治理的核心主体，和谐的国家关系，不仅直接关系到一个国家的生存发展环境，也关系到全球治理变革的成效。党的十八大以来，在"中国梦"、构建"合作共赢"新型国际关系、坚持"正确义利观"等新理念指导下，中国政府积极推动与各方面关系全面发展，多边外交积极进取、务实创新，显著提升了中国的国际影响力和在全球治理格局中的地位，有力地推动了全球治理变革的进程。

（一）构建健康稳定的大国关系

大国关系是一个涉及双边和多边关系的多层面、多角度的复合体系。自近代以来，大国关系始终在国际关系格局中居于核心地位，其发展和变化一直对全球治理格局具有决定性影响。习近平曾以中美关系为例指出了大国关系对世界发展的重大影响，"中美合作可以办成

---

① ［英］阿诺德·汤因比：《历史研究》，刘北成、郭小凌译，上海人民出版社 2005 年版，序言第 1 页。

有利于两国和世界的大事，中美对抗对两国和世界肯定是灾难。"① 建立国际政治经济新秩序，推进全球治理现代化，需要世界各国的共同努力，更需要大国团结协作。

作为世界第二大、第一大经济体，中美关系是当今世界最重要的双边关系之一，在中国外交布局中占有特殊重要地位。现在中美之间每年人员往来已达 500 万人次，每天都有一万多名中美民众飞越太平洋。2015 年中国就已经成为美国最大的贸易伙伴，双边贸易额达 5580 多亿美元。大量美国企业在中国投资兴业，中国企业也越来越多进入美国发展，不断为当地创造就业。习近平指出："构建中美新型大国关系不仅符合两国人民根本利益，也有利于亚太地区乃至世界和平、稳定和繁荣。"② "中美在全球治理领域有着广泛共同利益，应该共同推动完善全球治理体系。这不仅有利于双方发挥各自优势、加强合作，也有利于双方合作推动解决人类面临的重大挑战。"③ 世界那么大，问题那么多，越来越离不开中美协调合作。中美构建新型大国关系，实现双方不不冲突、不对抗、相互尊重、合作共赢，是符合时代潮流的正确选择。中美双方都应加深对彼此战略走向、发展道路的了解，多一些理解、少一些隔阂，多一些信任、少一些猜忌，防止战略误解误判，防止陷入"修昔底德陷阱"。

俄罗斯是世界大国，也是我国最大邻国，两国拥有广泛共同利

---

① 习近平:《努力构建中美新型大国关系》,《人民日报》2014 年 7 月 10 日。

② 习近平:《坚持从大局出发审视和把握两国关系发展大方向》,《人民日报》2015 年 3 月 18 日。

③ 习近平:《坚持构建中美新型大国关系正确方向　促进亚太地区和世界和平稳定发展》,《人民日报》2015 年 9 月 23 日。

益。习近平指出:"中俄是友好邻居,也是世界舞台上的重要力量。中俄进一步发展全面战略协作伙伴关系,是促进国际公平正义、维护世界和平发展的需要,是两国共同发展繁荣的需要,也是世界多极化发展的必然选择。维护好、发展好、巩固好中俄关系是双方共同的历史责任。"① 双方要坚定支持对方发展复兴,坚定支持对方维护核心利益,坚定支持对方自主选择发展道路和社会政治制度,并加强在联合国、二十国集团、上海合作组织、亚太经合组织、金砖国家等框架内的合作,坚定支持联合国在国际事务中发挥核心作用,维护联合国宪章宗旨和国际关系基本准则,积极推动热点问题政治解决进程,促进国际政治经济秩序朝着更加公正合理的方向发展。

欧洲是西方文明的发祥地,是多极化世界的重要一极,是中国的全面战略伙伴。习近平指出:"要从战略高度看待中欧关系,将中欧两大力量、两大市场、两大文明结合起来,共同打造中欧和平、增长、改革、文明四大伙伴关系,为中欧合作注入新动力,为世界发展繁荣作出更大贡献。"② 欧盟已连续 12 年成为中国第一大贸易伙伴,但双方合作不能止步于此。虽然中欧之间的确面临历史文化传统、社会制度、经济发展水平差异等一些老问题新挑战,但只要双方相互尊重,相向而行,矛盾和分歧终将得到调控和化解。对于意识形态的差异,要放下"有色眼镜",多一些客观、理性、包容和理解。对涉及的实际利益问题,要本着互惠互利的精神,多一些沟通、协调,有取

---

① 习近平:《把中俄全面战略协作伙伴关系推向更高水平》,《人民日报》2014 年 5 月 21 日。

② 习近平:《赋予中欧全面战略伙伴关系新的战略内涵 共同打造中欧和平、增长、改革、文明四大伙伴关系》,《人民日报》2014 年 4 月 1 日。

有予，实现双赢。

总之，推动全球治理变革，解决人类面临共同难题，只有加强世界主要大国的合作才有可能实现。中美战略对话关系、中俄全面战略协作伙伴关系、中印战略伙伴关系、中欧战略伙伴关系、中日战略互惠关系的建立和发展都告诉我们，21世纪的世界，由相容走向和谐不是简单的美好理想，而已经是实实在在的社会现实。

（二）深化同周边国家的互利合作和互联互通

中国幅员辽阔，是世界上邻国最多的国家之一。中国与周边国家，由于在地缘关系上河同水密、唇齿相依，因而自然在地缘政治、地缘经济和地缘文化上也成为病痒相关、安危与共的利益攸关方。对于如何处理同周边国家的关系，习近平旗帜鲜明地指出：“我们将继续坚持与邻为善、以邻为伴的方针，坚持睦邻、安邻、富邻的政策，在同邻国相处时秉持亲、诚、惠、容的理念。”①

坚持与邻为善、以邻为伴方针。与邻为善、以邻为伴是基于中国历史文化传统的必然选择，古代中国一贯坚持睦邻友好的对外政策，积极发展与朝鲜、日本、越南、印度等亚洲国家的友好关系，从而引领和带动了中华文化圈的形成。与邻为善、以邻为伴也是基于中国和平外交政策的必然选择，中国的和平外交必须首先立足于周边地区，近邻不睦，无以及远，睦邻友好是中国和平外交的起点和原点。与邻为善、以邻为伴还是基于中国合作共赢实践的必然选择，作为发展中

---

① 习近平：《守望相助，共创中蒙关系发展新时代》，《人民日报》2014年8月23日。

的政治经济文化大国，中国必须首先与周边国家形成互通有无、互利互惠的良性互动局面，共同发展，共同进步。正因如此，中国一再向周边国家宣告：会诚心诚意对待周边国家，争取更多朋友和伙伴；会本着互惠互利的原则同周边国家开展合作，编织更加紧密的共同利益网络，把双方利益融合提升到更高水平，让周边国家得益于我国发展，使我国也从周边国家共同发展中获得裨益和助力。

坚持睦邻、安邻、富邻的政策。"睦邻"就是同周边国家一起构筑友好和谐的周边环境，即政治上互谅互信、和睦共处。在我国的邻国中，既有经济大国、军事大国、地区大国，也有最不发达的国家，而且社会制度、意识形态、经济发展水平以及内外政策各不相同，因此互谅互信、和睦共处显得尤为重要。"安邻"就是同周边国家共同营造和平稳定的周边环境，即安全上互商互让、谋求和平。我国主张在安全领域加强磋商与合作，增进相互了解和信任，努力以和平方式解决分歧和争端。"富邻"就是同周边国家共同实现繁荣，即经济上互利互惠、共同发展。"中国愿意为周边国家提供共同发展的机遇和空间，欢迎大家搭乘中国发展的列车，搭快车也好，搭便车也好，我们都欢迎。"[①]

突出"亲、诚、惠、容"新理念。习近平指出，中国将"秉持亲诚惠容的理念，不断深化同周边国家的互利合作和互联互通，努力使自身发展更好惠及周边国家"[②]。所谓"亲"就是要巩固文化相连、国家相邻、人员相亲的友好情谊，坚持睦邻友好，守望相助。所谓"诚"

---

① 习近平：《守望相助　共创中蒙关系发展新时代》，《人民日报》2014 年 8 月 23 日。

② 习近平：《迈向命运共同体　开创亚洲新未来》，《人民日报》2015 年 3 月 29 日。

是指要真诚，以诚待人，以信取义，争取国家间的信任。所谓"惠"就是要通过中国自身的发展惠及周边国家，实现合作共赢，共同发展。所谓"容"就是倡导包容，坚持求同存异的胸怀，包容他国根据本国国情所制定的政策以及所选择的发展道路。"亲、诚、惠、容"周边外交新理念的提出，表明了中国与邻国发展友好关系的良好愿望。虽然周边国家的发展面临错综复杂的矛盾，但中国希望通过新的周边外交政策，能够消除周边国家的误解，减少摩擦，实现区域内的协同发展。

（三）切实加强同发展中国家的团结合作

发展中国家是国际政治和国际关系中的最大群体，也是推动全球治理现代化的重要力量。没有广大发展中国家的参与支持，推动全球治理现代化的目标就不可能实现。习近平指出："要切实加强同发展中国家的团结合作，把我国发展与广大发展中国家共同发展紧密联系起来。要切实推进多边外交，推动国际体系和全球治理改革，增加我国和广大发展中国家的代表性和话语权。"[1]无论是在过去，还是在当下，中国与发展中国家的关系的主旋律始终是相互支持、合作发展。

在中国的外交版图上，非洲占有举足轻重的地位。习近平指出，对待非洲朋友，我们讲一个"真"字；开展对非合作，我们讲一个"实"字；加强中非友好，我们讲一个"亲"字；解决合作中的问题，我们

---

[1]　习近平：《在中央外事工作会议上的讲话》，《人民日报》2014年11月30日。

讲一个"诚"字。习近平作为国家元首首次出访，就访问了非洲三国，还以多种形式与十多位非洲国家领导人进行了会晤。中国与非洲国家联合举办中非合作论坛约翰内斯堡峰会，共同推出中非"十大合作计划"，把中非合作推向新高度。埃博拉疫情爆发后，中国第一时间向相关非洲国家伸出援手，履行了负责任大国的国际义务。

中国与拉美和加勒比海国家虽然相隔万里，但友好关系源远流长。党的十八大以来，习近平出访数个拉美国家，与加勒比地区多国领导人举行双边会谈，宣布建立平等互利、共同发展的中拉全面合作伙伴关系，正式创建中国——拉共体论坛，传承友谊、增进互信、推进合作、共谋发展，打造中拉关系"五位一体"新格局，提升了我国同拉美和加勒比国家的整体合作水平，实现我国同发展中国家整体合作机制的全覆盖。中国同阿拉伯国家共同致力于构建"1+2+3"合作新格局，促使全面合作、共同发展的中阿战略合作关系迈上新台阶。中国同太平洋建交岛国，在平等互利基础上建立相互尊重、共同发展的战略伙伴关系。在中国的推动下，亚洲基础设施投资银行获多国积极参与，金砖国家新开发银行和金砖国家应急储备安排亦稳步推进。不少具有中国特色的倡议与设想付诸实施，有力推动了南南关系总体向前发展。

四、"一带一路"倡议是推动全球治理现代化的中国方案

2013 年 9 月，习近平在哈萨克斯坦纳扎尔巴耶夫大学发表演讲

时，呼吁共同建设"丝绸之路经济带"；不足一个月，他在访问印度尼西亚时又提出共同建设"21世纪海上丝绸之路"的倡议，"一带一路"倡议正是这两大倡议的简称。"一带一路"是推动世界治理现代化的中国方案，它不仅体现了中国新一轮的改革开放目标，同时也开启了中国所推动的全球治理变革的进程。

（一）辉煌传奇的再次续写

形成于2000多年前的古代丝绸之路，在历史上开辟了一条贯穿东西南北，连接欧亚和直通印度洋的通商要道，其间丝绸之路沿线国家和地区在丝绸、茶叶、瓷器、香料、珠宝等领域的商品交换不断走向繁荣，可谓构成了我国古代与欧亚国家贸易往来的重要路径。"在新的历史条件下，我们提出'一带一路'倡议，就是要继承和发扬丝绸之路精神，把我国发展同沿线国家发展结合起来，把中国梦同沿线各国人民的梦想结合起来，赋予古代丝绸之路以全新的时代内涵。"①

"一带一路"为泛欧亚大陆深度合作提供了一个崭新的多边合作方案，构建了中国与世界进行深度战略互动的战略平台。"一带一路"的主旨是冀望与沿线相关国家一起解决当前国际性的难题，实现泛欧亚大陆及其沿岸地区的互联互通和贸易投资便利化，进而形成利益共同体和命运共同体。"中国提出'一带一路'倡议，就是要以加强传统陆海丝绸之路沿线国家互联互通，实现经济共荣、贸易互补、民心

---

① 习近平：《借鉴历史经验创新合作理念　让"一带一路"建设推动各国共同发展》，《人民日报》2016年5月1日。

相通。"①"一带一路"沿线关涉 60 多个国家，人口计约 44 亿，占世界总人口的 63%，GDP 达 21 万亿美元，占世界 29%，沿线有一些国家系收入不发达国家，大都是因为资源禀赋、产能基础、地缘政治等约束，在发展中出现落差。其中有 9 个为最不发达国，总体上讲主要是基础设施落后，产能和社会事业的发展有掣肘。"一带一路"的复兴与共建可以将各自的比较优势进行互补、互惠、互促。总体上讲，"一带一路"东西牵着发展势头强劲的东亚经济圈和发达的欧洲北美经济圈，形成了欧亚非大陆经济对接整合的大格局，建立起了世界跨度最长、最具活力和潜力的经济大走廊。

海洋是人类活动不可或缺的重要构成部分，开展人类的海洋合作对于维护地区稳定，实现沿海周边国家可持续的共同发展具有重要的战略意义。全长 11000 余海里的 21 世纪海上丝绸之路，是面向海洋世纪的新构想，其合作向度分别是从中国沿海港口过南海到印度洋并延伸至欧洲，从中国沿海港口经南海到南太平洋。在全球海图上，这恰似两条发端于中国的人动脉，亦如两条把 44 亿人紧紧连在一起的大彩虹。21 世纪海上丝绸之路的要义是从海上流通欧亚非三个大陆，形成一个完整的现代经贸、文化海上和陆地地环。21 世纪海上丝绸之路，必将成为新的世界历史条件下建设"和平海洋""互通海洋""和谐海洋""透明海洋""合作海洋"的重要战略平台。

---

① 习近平：《携手追寻民族复兴之梦——在印度世界事务委员会的演讲》，《人民日报》2014 年 9 月 19 日。

（二）推动全球治理变革的中国方案

近年来，面对金融危机后全球经济增长乏力和经济结构失衡，美欧虽然同意加快全球治理变革，但不想自动放弃对全球治理的控制权和主导权，动力明显不足。守成大国不作为，新兴大国就需主动积极作为。习近平指出："中国将积极参与全球治理体系建设，努力为完善全球治理贡献中国智慧，同世界各国人民一道，推动国际秩序和全球治理体系朝着更加公正合理方向发展。""一带一路"就是推动世界治理变革、化解全球治理赤字的中国方案，它不仅体现了中国新一轮改革开放的目标要求，同时也开启了中国所推动的全球治理变革的进程。

"一带一路"承载着全球治理变革的基本方向。进入 21 世纪第二个 10 年，世界向何处去，人类向何处去，是关系世界前途、人类命运的重大课题，也是习近平着力思考的重大问题。如果说构建人类命运共同体反映了当今世界共生共存、共利共荣的大趋势，那么"一带一路"则是朝着这一目标迈进的扎实行动。"一带一路"蕴含的以和平合作、开放包容、互学互鉴、互利共赢为核心的丝路精神，它所倡导的建设和平之路、繁荣之路、开放之路、创新之路、文明之路，既是"一带一路"的价值准则和鲜明标识，也是全球治理变革的主流和价值取向。

"一带一路"顺应了广大发展中国家期待全球治理变革的诉求。长期以来，在全球治理格局中，广大发展中国家一直处于被动接受的地位，虽然其对全球治理变革的要求和渴望比较强烈，但受制于自身的综合国力，这种要求始终无法得到实现。"一带一路"始终以发展中国家为重点方向，强调通过互联互通为这些国家提供更多公共产品，致力于建立发展创新、增长联动、利益融合的开放型经济格局，联手培育新的经济增长点和竞争优势，很好地体现了发展中国家的利益。这对于在全球治理体系中发掘新的经济增量，构建全球性的生产网络和全球价值链体系，派生新的世界竞合格局必将起到积极作用。

"一带一路"是对现有全球治理体制的创新完善。推进全球治理变革势在必行，但这种变革并不是推倒重来，也不是另起炉灶，而是创新完善。"一带一路"倡议，是中国在不改变现有国际规则的情况下，通过发挥自身优势进行的增量改革，它通过推动建立亚洲基础设施投资银行和设立丝路基金等，形成了与包括国际货币基金组织、世界银行等在内的现有多边开发银行相互补充的投融资开发平台；它通过与包括英国、西班牙等发达国家在内的沿线国家发展战略的对接，形成了政策协调、规划对接的巨大合力。同时，这种非颠覆性的变革，也很好地避免了历史上常常出现的新兴大国与守成大国之间的对抗和冲突。

（三）把中国梦同沿线各国人民的梦想结合起来

习近平在多个场合反复指出，我们提出"一带一路"倡议，就是要把我国发展同沿线国家发展结合起来，把中国梦同沿线各国人民的梦想结合起来。加快"一带一路"建设，有助于加强不同文明交流互鉴，促进各国共同发展。

高举和平共处、共同发展的大旗。"一带一路"倡议是在全球治理格局发生复杂变化、中国已经成为世界第二大经济体的背景下提出的。世界期待中国体现更多的大国责任担当，中国也希望为世界和平发展作出更多贡献。两种因素的叠加，使得中国历史性地提出了"一带一路"倡议。但与此同时，也有人认为，中国的"一带一路"倡议是"中国要搞自己的'马歇尔计划'""中国进行地缘战略布局"。这表明，尽管"一带一路"有助于助推沿线国家的发展，但还不足以消除人们对"一带一路"倡议的保留与怀疑，这就要求我们对"一带一路"倡议作出更为明确的回应。面对这些杂音，习近平旗帜鲜明地指出："中国愿在和平共处五项原则基础上，发展同所有'一带一路'建设参与国的友好合作。"①"一带一路"倡议下的中国与世界分享的是发展经验，而不是社会制度和发展模式；中国与"一带一路"沿线国家建设的是和谐共存的大家庭，而不是破坏稳定的小集团。时代已经变化，世界正在改变，但中国推动世界和平发展的初心并未改变。

推动务实合作。2008 年国际金融危机之后，世界经济一直在低谷徘徊，各种逆全球化言行甚嚣尘上。在这样的时代背景下，"一带一路"倡议不仅具有理念创新意义，更具有实践创新意义，它不仅表达了打造人类命运共同体的国际新理念，也勾勒了共商共建共享的人类发展新思路。话语的力量，源自崇高的追求，也源自负责任的担当。"一带一路"建设不是空洞的口号，而是看得见、摸得着的实际举措，将给地区国家带来实实在在的利益。四年来，在中国政府推动下，"一带一路"正在从构想变为现实，从战略规划变化变为具体项

---

① 习近平：《携手推进"一带一路"建设——在"一带一路"国际合作高峰论坛开幕式上的演讲》，《人民日报》2017 年 5 月 15 日。

目，中国与"一带一路"沿线国家互通互联的大格局正在形成。也正是因为此，"一带一路"倡议才为世界所广泛认可，"一带一路"的"朋友圈"才不断扩大。但我们也要看到，与"一带一路"的战略构想相比，与沿线各国特别是沿线各发展中国家的迫切期待相比，我们还有很多的事情的要做。正是基于这样的考虑，习近平在"一带一路"国际合作高峰论坛开幕式上的演讲中提出：将向丝路基金新增资金1000亿元人民币，将同30多个国家签署经贸合作协议，将从2018年起举办中国国际进口博览会，将在未来3年向参与"一带一路"建设的发展中国家和国际组织提供600亿元人民币援助……这些务实举措不仅充分彰显一个大国的诚意与担当，也必将为"一带一路"建设注入强大动力。

坚持共商、共建、共享的原则。中国是"一带一路"建设的倡议者，无疑要承担着重大的主体责任。但也要看到，"一带一路"倡议，实际上也是中国向全球提供的"公共物品"，无论是作为一种战略、机制、框架，还是作为一种理念、机制、平台，都具有鲜明的世界性和公共性。这就一方面要求我们要摆脱国家中心主义的束缚，坚持正确义利观，以义为先、义利并举，能够从世界的视角认知"一带一路"，另一方面也希望沿线国家能够从自身的利益出发，积极参与到"一带一路"建设中来。习近平指出："一带一路"不是中国一家的独奏，而是沿线国家的合唱，"不论来自亚洲、欧洲，还是非洲、美洲，都是'一带一路'建设国际合作的伙伴。"[1] 共商，就是集思广益，好

---

[1] 习近平：《携手推进"一带一路"建设——在"一带一路"国际合作高峰论坛开幕式上的演讲》，《人民日报》2017年5月15日。

事大家商量着办，使"一带一路"建设兼顾双方或各方利益和关切，体现双方或各方智慧和创意；共建，就是各施所长，各尽所能，把优势和潜能充分发挥出来，聚沙成塔，积水成渊，持之以恒加以推进；共享，就是让建设成果更多更公平惠及沿线各国人民，打造利益共同体和命运共同体。以合作取代对抗，以共赢取代独占，这是中国的倡议，也是参与国家的共同期盼。

第九章

推动管党治党科学化

党的领导是中国特色社会主义的本质特征和最大优势。建设中国特色社会主义、推进治国理政现代化、建设社会主义现代化国家，离不开党的领导这个坚强领导核心。推进治国理政现代化，必然要求同步提升新形势下管党治党的科学化水平。党的十八大以来，以习近平同志为核心的党中央把全面从严治党纳入"四个全面"战略布局，从理论和实践两个层面大力推进全面从严治党，推动管党治党从宽松软走向严紧硬，纯洁了党风，严明了党纪，凝聚了党心民心，提升了党的建设科学化水平，开创了马克思主义党的建设新境界，为治国理政现代化提供了有力保证。

一、从严管党治党是党的建设科学化的必然要求

我们党是马克思主义执政党，从创建之日起就严格按照马克思主义建党学说指导党的自身建设和党的事业发展，明确提出和大力倡导

严格管党治党，通过加强自身建设确保党的事业不断取得新的胜利。全面从严治党既植根于马克思列宁主义建党学说，又源自中国共产党自身建设实践经验的科学总结，同时也是借鉴世界一些老党大党执政经验教训的理性选择。只有坚持全面从严治党，才能在尖锐复杂的挑战考验面前做到"打铁能够自身硬"，承载起党在新时代的使命，提高党的建设科学化水平，推进党的事业更好更快发展。

（一）从严管党治党是马克思主义政党性质和使命的必然要求

无产阶级肩负着推翻资本主义，建立社会主义，最终实现共产主义的宏大使命。无产阶级政党由无产阶级中最先进成员组成，是为"绝大多数人"谋利益的先进政党，这种阶级的先进性和肩负使命的宏大性决定了马克思主义政党必然是一个具有高度组织性纪律性的政治组织。马克思、恩格斯强调："过去的一切运动都是少数人的或者为少数人谋利益的运动。无产阶级的运动是绝大多数人的、为绝大多数人谋利益的独立的运动。"[①] 他们还指出，"共产党人是各国工人政党中最坚决、始终起推动作用的部分。"[②] 为了建设一个与资产阶级性质完全不同的、确保无产阶级取得革命胜利的无产阶级政党，马克思、恩格斯特别重视党的组织原则和纪律规范，特别注重加强党的自身建设。1859 年，马克思指出："我们现在必须绝对保持党的纪律，否则将一事无成。"[③] 列宁强调，无产阶级政党要成为工人阶级的先进

[①] 《马克思恩格斯选集》第 1 卷，人民出版社 2012 年版，第 411 页。
[②] 《马克思恩格斯选集》第 1 卷，人民出版社 2012 年版，第 413 页。
[③] 《马克思恩格斯全集》第 29 卷，人民出版社 1972 年版，第 413 页。

部队，保障党员的质量比数量更加重要，要善于纯洁自己的队伍，党内要实行严格的纪律，认为党的纪律是铁的纪律，要求通过各种政策措施铲除党内派别活动，反对党内特殊化和各种官僚主义现象。

我们党坚持以马克思主义为指导，从党成立那天起，就把马克思主义的先进属性和使命责任印在党的旗帜上。中国共产党是中国工人阶级的先锋队，同时是中国人民和中华民族的先锋队。全心全意为人民服务是党的唯一宗旨。这一性质宗旨，是我们党区别于其他政党最显著的标志，也是马克思主义政党先进性纯洁性的集中体现。毛泽东把建设一个"全国范围的、广大群众性的、思想上政治上完全巩固的布尔什维克化的中国共产党"称为伟大工程，经过革命战争的不断磨砺，最终把一支在经济社会条件落后、以农民为主要成分的党的队伍建设成为坚强的马克思主义政党。正是由于我们党始终把人民赋予的历史使命扛在肩上、始终注重党在思想上政治上的先进性纯洁性，才能在 28 年艰苦卓绝的斗争中，推翻"三座大山"，实现民族独立和人民解放，建立人民当家作主的新中国。伴随着新中国成立，毛泽东提醒全党要做到"两个务必"，防止停顿起来不求进步。改革开放后，邓小平针对新的历史条件和新的历史任务，提出要根据实践的发展和时代特征不断回答如何体现和保持执政党的先进性问题，强调所有党员都要增强党性，遵守党的纪律和章程，使全党在思想上政治上和精神状态上有显著的进步，党员为人民服务而不谋私利的觉悟有显著的提高，党和群众的关系有显著的改善。习近平在建党 95 周年大会上讲话指出："革命理想高于天。中国共产党之所以叫共产党，就是因为从成立之日起我们党就把共产主义确立为远大理想。我们党之所以

能够经受一次次挫折而又一次次奋起，归根到底是因为我们党有远大
理想和崇高追求。"① 正是因为我们党在革命和建设的不同时期，始终
把党的先进性纯洁性作为马克思主义政党的根本属性来建设，注重从
思想、理论、纲领、政策、组织等方面严格加强自身建设，以严明的
纪律和严格的自身要求推进党的事业，才使我们党在各种困难和考验
面前不断做出新成绩、开拓新道路。

（二）从严管党治党是我们党建设发展历史经验的科学总结

新民主主义革命时期，以毛泽东为主要代表的中央集体，在批判
党内错误思想、整顿党的作风中，形成了加强党的建设的新理论新思
想。1929 年，《中国共产党红军第四军第九次代表大会决议案》明确
指出："红军第四军的共产党内存在着各种非无产阶级的思想，这对
于执行党的正确路线，妨碍极大。"② 随即开展了对红四军党内错误思
想的批判，纠正极端民主化、小团体主义、个人主义、享乐主义等错
误倾向，使人民军队固了根、铸了魂，开启了通过思想建党推进党的
自身建设的新征程。1941 年到 1945 年，针对党内严重的主观主义、
宗派主义、党八股等问题，我们党开展了意义重大、影响深远的延安
整风运动，实现了全党空前的团结统一。新中国成立后，我们党适时
开展整党建党工作，有效遏制各种不良作风对党的损害，特别是果断

---

① 习近平：《在庆祝中国共产党成立 95 周年大会上的讲话》，人民出版社 2016 年版，第
10 页。
② 《建党以来重要文献选编（1921—1949）》（第六册），中央文献出版社 2011 年版，第
726 页。

处理刘青山、张子善腐败案，严肃了党的纪律，树立了从严治党的形象。党的八大从加强思想教育、健全制度、加强监督等方面，提出了从严治党的要求，为加强执政党的建设指明了方向。1962 年，针对党的组织建设问题和从严管理干部问题，刘少奇、邓小平先后提出"党要管党"的重要论断。刘少奇指出："组织工作要正常化，党没有人管了，党不管党不好，要有人来管。"各种问题当中，"起作用更大、影响更大的是干部问题。要重新教育干部，选择干部，鉴定干部，保证干部队伍的纯洁。"① 邓小平在《执政党的干部问题》中提出："党要管党。一管党员，二管干部。对执政党来说，党要管党，最关键的是干部问题，因为许多党员都在当大大小小的干部。"② 此后，党要管党、从严治党成为党的建设一条基本原则和经验。在改革开放和社会主义现代化建设新时期，邓小平、江泽民、胡锦涛都高度重视加强党的建设，对从严治党管党提出了许多新思想新观点新论断。1983 年，我们党开展了整党运动，对党内思想、作风、组织方面的问题进行全面、系统的整顿。1987 年，党的十三大明确指出，从严治党，除了必须把少数腐败分子开除出党之外，还必须着眼于对绝大多数党员经常地进行教育，提高他们的素质。1992 年，党的十四大强调，党的建设必须围绕党的基本路线，坚持从严治党，并把"从严治党"列入党的根本大法。1994 年，党的十四届四中全会把党的建设提到新的伟大工程的高度，强调从思想上、组织上、作

---

① 王东：《毛泽东、周恩来、刘少奇、朱德、邓小平、陈云党的建设理论学习纲要》，中国广播电视出版社 1992 年版，第 224 页。
② 《邓小平文选》第一卷，人民出版社 1994 年版，第 328 页。

风上全面加强党的建设。1997年，党的十五大强调，从严治党是保持党的先进性和纯洁性，增强党的凝聚力和战斗力的保证。2002年，党的十六大提出全面推进党的建设新的伟大工程的重大任务。2007年，党的十七大提出以改革创新的精神全面推进党的建设新的伟大工程。2012年，党的十八大提出全面提高党的建设科学化水平的目标要求。随着管党治党实践的推进，我们党逐渐形成了围绕党的中心工作，从思想建设、组织建设、作风建设、反腐倡廉建设以及制度建设五个方面加强从严治党的经验、理论和实践成果。回顾建党96年的光辉历史，我们党之所以能够从小到大、由弱到强，成功领导中国人民在革命、建设和改革道路上取得一个又一个伟大胜利，就在于我们党始终高度重视加强自身建设，坚持党要管党、从严治党，在党的事业中发挥了坚强领导核心作用。

（三）从严管党治党是汲取世界上许多大党老党经验教训的理性选择

从世界范围看，政党政治从英国议会发端以来，历经300余年演变，政党主导的民主制度已经成为当今世界的普遍现象。随着政党政治社会基础的深刻变化，政党政治呈现出向现代化转型的新特点新趋势，20世纪末以来产生了一波又一波世界政党兴衰现象。一些积极调整自身政策、组织体制和活动策略的政党组织，在主动转型中获得了新发展。当今世界政坛起主导性作用的政党中，有1/3到1/2是冷战后出现的新面孔，这些政党具有不可忽视的适应能力和时代特色。而一些僵化保守、故步自封的老党大党，却因不能适应新形势而逐渐失去民心、丢掉政权甚至衰落下去。比如，印度尼西亚专业集团曾经连续 6 次赢得大选、拥有 3600 万党员，但因独裁和腐败于 1998 年大选中下台。墨西哥革命制度党因推动经济发展有成效曾连续执政长达 71 年，也因腐败而于 2000 年失去政权。在这场政党更替的时代大潮中，苏联和东欧国家共产党在 20 世纪末 21 世纪初接连失去执政地位，教训极其深刻。特别是苏联共产党执政 70 多年后失去执政权，其中有西方势力瓦解分化的外部原因，但更重要的还是内因起决定作用，是苏联共产党自身建设出了问题。苏共对苏联社会主义革命和建设的自我否定，推崇西方民主制度、实行新自由主义的改革等做法，导致整个国家思想混乱，意识形态安全受到威胁。加上党员、干部失去信仰，党的高级领导背叛马克思主义，特权垄断阶层合法化，使得执政基础发生动摇，最终失去政权。

许多长期执政、曾经拥有厚实执政基础的政党，之所以丧失执政地位，一个重要的原因就在于长期忽视党的自身建设，没能从严管党治党，最终酿成恶果。党的建设如果没有严密的组织、严格的管理、严明的纪律、严厉的监督，自身建设就会出现严重问题，不但难以肩负起人民的重托，实现自己的既定目标，还会削弱党的执政基础，失去人民群众的信任和拥戴，最终衰败垮台。上述老党大党自身建设的历史教训告诉我们，执政党建设关系到党的生死存亡，必须毫不放松加强党的自身建设，必须坚持不移推进全面从严治党。我们党是在改革开放的环境中进行建设和改革的，世界政党政治发展的新趋势新特点必然会对我们建党治党产生深刻影响。我们党经过革命、建设和改革的艰辛探索，建立了中国共产党领导的多党合作和政治协商的现代政党政治制度。但是，世界政党政治现代化的新形势，也对我们的政党制度和党的长期执政地位带来了外部冲击和挑战。以美国为首的西方国家出于社会制度差别、意识形态对立和国家利益矛盾，大肆鼓吹一党制就是独裁，没有全民选举就是专制，"公器"不被"公用"必然腐败等论调，加紧对我进行"颜色革命"。尽管我们坚持党的核心领导地位是坚定不移的，但不可否认，由于西方敌对势力"西化""分化"战略的长期经营，也对部分群众和党员干部造成了深刻影响，甚至一些人迎合西方反对党的领导的言论和主张，以腐败问题攻击党的领导。如何应对世界政党政治现代化特别是对我西化分化的新形势新挑战，是加强和完善党的领导的新课题。习近平指出，我们既不能妄自菲薄，也不能故步自封，关键是"打铁还需自身硬"。他强调，要树立世界眼光，深刻总结世界政党兴衰成败的经验教训；要立足中国实际，更加自觉地坚持党要管党、从严治党，要从规律的高度认识和推进全面从严治党，更好地管好党治好党，不断强化党的核心领导地位。

二、着眼实现中国梦提升党的建设科学化水平

实现中华民族伟大复兴的中国梦，是中国共产党对 13 亿中国人民的庄严承诺和宏大目标。实现中华民族伟大复兴，关键在党，关键在党要管党、从严治党。只有坚定不移地推进全面从严治党，切实把党建设好、管理好，才能保持党的先进性纯洁性，增强党的创造力凝

聚力战斗力，提高党的领导水平和执政水平，更好地凝聚中国力量，弘扬中国精神，开拓中国道路，使党始终成为中国特色社会主义事业的坚强领导核心。

（一）应对各种风险挑战、赢得伟大斗争，对提升党的建设科学化水平提出新要求

党的十八大报告指出，发展中国特色社会主义是一项长期的艰巨的历史任务，必须准备进行具有许多新的历史特点的伟大斗争。随着世情、国情、党情的不断变化，具有许多新的历史特点伟大斗争呈现出高度的复杂性、综合性、多变性等特点，对全面从严治党、提高党的建设科学化水平提出新的更高要求。一是世情不断发生深刻变化，迫切要求我们党以更强的驾驭能力适应国际形势新变化。当今世界，在国际战略格局、全球治理体系、全球地缘政治棋局、综合国力竞争方面出现"四个重大变化"，大国关系进入全方位角力新阶段，这些对中国既带来发展机遇，又潜伏重重危机，更加考验党的治国理政智慧和能力。二是我国基本国情内涵发生深刻变化，迫切要求我们党深化从严治党规律研究，更好把握经济社会发展规律和趋势，提高领导经济社会科学发展的能力。当前，我国总体上仍处于社会主义初级阶段，但又呈现出新的重大阶段性特征。我国经济总量位居世界第二，人均收入进入世界中等发达国家行列，改变了贫穷落后面貌。但受传统发展理念、发展方式影响，也出现了资源短缺、环境恶化、生态危机问题，经济、政治、文化、社会之间不平衡不协调问题也比较突出。这些情况，迫切要求我们把全面从严治党与推进经济社会科学

发展统一起来，以新的发展理念推进经济社会更好更稳更有质量地发展。三是我国利益格局深刻变化，迫切要求我们党以更强的能力、更好的自身形象，正确处理各种利益矛盾，大力促进社会公平正义，巩固党与人民群众的血肉联系。随着我国经济结构深刻变化，带来了社会结构深刻变动、利益格局深刻调整，社会活力大大增强。同时形成了不同的利益群体，产生了利益分化、利益矛盾，特别是出现贫富差距拉大、利益格局固化等问题，实现社会公平正义成为当前紧迫需求。这就要求我们把全面从严治党与实现社会公平正义、增进人民福祉统一起来，坚定执政为民的政治立场，密切党与群众的血肉关系。四是治国理政方式深刻变化，迫切要求我们党大力改进领导方式、执政方式，不断提高科学执政、民主执政、依法执政水平。面对国际政治发展新趋势，面对国内日益突出的社会矛盾和人民群众日益高涨的民主法治要求，面对党内存在的脱离群众和治理能力不足等问题，特别是国内问题与国际问题相互交织、经济问题与政治问题相互交织、发展问题与安全问题相互交织，"修昔底德陷阱""中等收入陷阱""塔西陀陷阱"叠加出现等复杂情势，迫切需要通过深化全面从严治党，增强党的先进性纯洁性，提高党的科学执政、民主执政、依法执政能力，更好统筹国内国际两个大局，更好维护和运用我国发展的重要战略机遇期，更好运筹资源力量、平衡各方利益、调节复杂关系，有力应对各种风险挑战，在推进具有许多新的历史特点的伟大斗争中取得新胜利，不断巩固和拓展中国特色社会主义的建设成果。

（二）落实"四个全面"战略布局、推进伟大事业，对提升党的建设科学化水平提出新要求

以习近平同志为核心的党中央，着眼坚持和发展中国特色社会主义全局，提出"四个全面"战略布局，既把全面从严治党纳入"四个全面"战略布局之中，又把全面从严治党作为推进"四个全面"战略布局的根本保证，从战略层面进一步揭示了新形势下全面从严治党规律。"四个全面"体现了党中央治国理政的基本方略，是推进党和国家各方面工作总的引领。我们党要夺取全面建成小康社会的新胜利，进而实现中华民族伟大复兴的中国梦，既要充分发挥全面深化改革、全面依法治国的合力作用，更要充分发挥全面从严治党的领导核心作用。

首先，全面从严治党是全面建成小康社会的必然选择。"历史使命越光荣，奋斗目标越宏伟，执政环境越复杂，我们就越要增强忧患意识，越要从严治党。"①要实现全面建成小康社会的目标，需要共产党人具有忧党、忧国、忧民的忧患意识和责任担当，需要以全面从严治党的方式解决党面临的突出问题。

其次，全面从严治党是全面深化改革的必然要求。要实现"完善和发展中国特色社会主义制度，推进国家治理体系和治理能力现代化"的全面深化改革总目标，需要发挥党总揽全局、协调各方的领导核心作用，通过全面从严治党最大限度调动一切积极因素，以更大的

---

① 习近平：《在党的群众路线教育实践活动总结大会上的讲话》，人民出版社 2014 年版，第 12 页。

决心冲破思想观念的束缚、突破利益固化的藩篱，为全面深化改革提供有力的组织保障和人才支撑。

最后，全面从严治党是全面推进依法治国的内在要求。推进依法治国必须坚持党的领导，全面从严治党不仅是依法治国的前提，也是依法治国的内在要求，是依法治国、依宪执政的组织基础。只有切实深化全面从严治党，按照执政党建设规律管好党、治好党，才能充分发挥党在全面建成小康社会中总揽全局、协调各方的领导核心作用；才能使党真正成为全面深化改革的引领者、设计者和推动者，使改革具有系统性、整体性、协同性；才能正确处理好依法治国与依规管党的关系，以法治思维和法治方式解决好发展、改革和稳定中的实际问题。因此，全面从严治党，既是"四个全面"战略布局的重要组成部分，又是协调推进"四个全面"战略布局的根本保证和现实要求。

（三）解决自身存在矛盾问题、推进伟大工程，对提升党的建设科学化水平提出新要求

"胜人者有力，自胜者强。"我们党是一个勇于正视问题、不断解决问题，善于继承创新、自我完善提高的马克思主义执政党。依靠党的自身力量，发挥自我革命的优良传统和政治优势，解决党自身的问题，是党的建设的一条重要经验，也是我们党带领中国人民实现中国梦的关键所在。新形势下，我们正在进行具有许多新的历史特点的伟大斗争，推进党的建设新的伟大工程，与国内外形势发展变化相比，与党所承担的历史任务相比，与党经受的时代考验相比，党的领导水

平和执政水平、党组织建设状况和党员干部素质、能力、作风，都还有不小差距。有的信仰缺失、精神缺"钙"，斗志懈怠问题凸显；一些干部得过且过，一些基层组织软弱涣散，不能发挥模范带头作用和战斗堡垒作用；一些党员干部作风问题比较突出，对群众疾苦漠然置之，甚至欺压群众、侵害群众利益；形式主义、官僚主义等问题仍然不同程度存在，奢侈浪费现象比较突出；一些领域消极腐败现象仍然严重，权力滥用和腐败侵蚀党的机体活力，不仅大案要案时有发生、令人触目惊心，而且发生在群众身边的腐败现象还较多存在；党内政治生活不规范不严肃，出现了塌方式腐败、系统性腐败、集团性腐败等问题；领导方式和治理方式不够完善和科学，处理重点、难点、热点问题不够有力等等。

治国必先治党，治党务必从严。党坚强有力，人民才能幸福安康，事业才能顺利发展，国家才能长治久安。党和人民事业发展到什么阶段，党的建设就要推进到什么阶段，这是党的建设的一条重要规律。共产党人不惧任何风浪，不怕存在问题，就怕不能发现并解决自身的问题。如果我们党回避问题，积重难返，就总会有不堪重负的一天。全面从严治党，就是要同一切弱化损害先进性纯洁性的现象作斗争，祛病疗伤，激浊扬清，着力解决党自身存在的突出问题，不断推进党的建设新的伟大工程，确保党始终成为中国特色社会主义事业的坚强领导核心。因此，全面从严治党，是我们党在事关生死存亡历史节点上奋起自救的战略决战，是顺应时代大潮对人民呼声期盼的有力回应，是新形势下党中央管好党治好党坚强决心意志的有力宣示。习近平告诫全党，我们面临的"赶考"远未结束，"所有领导干部和全体党员要继续把人民对我们党的'考试'，把我们党正在经受和将要经受各种考验的'考试'考好，努力交出优异的答卷"①。只有发扬刀锋向己的精神，针对党内存在的突出问题，以全面从严治党永远在路上的决心和意志，不断攻坚克难、正本清源，在反腐正风、纯洁党的肌体、强化党的执政根基上，不断打好主动仗、攻坚仗，才能有效克服"塔西佗陷阱"，巩固党的执政地位、实现党的执政使命，以更坚硬的"自身"完成"打铁"的使命。

三、围绕全面从严治党提升党的建设科学化水平

全面从严治党，是贯穿十八大以来党的建设的鲜明主题。从过去的"从严治党"到现在的"全面从严治党"，不只是表述上加了"全面"二字，更是内涵的全面拓展和要求的更新升级。全面从严治党，基础在全面，关键在严，要害在治。"全面"就是管全党、治全党，面向8900多万党员、450多万个基层党组织，覆盖党的建设各个领域、各个方面、各个部门，重点是抓住领导干部这个"关键少数"。"严"就是真管真严、敢管敢严、长管长严。"治"就是从党中央到省市县党委，从中央部委、国家机关部门党组（党委）到基层党支部，都要肩负起主体责任，党委书记要把抓好党建当作分内之事、必须担当的责任；纪委要担负起监督责任，敢于瞪眼黑脸，敢于执纪问责。围绕全面从

① 《习近平关于实现中华民族伟大复兴的中国梦论述摘编》，中央文献出版社 2013 年版，第 85 页。

严治党提升党的建设科学化水平，就要牢牢把握全面从严治党的科学内涵和具体要求，提高管党治党的能力和水平，靠"自身硬"凝聚起不可战胜的磅礴力量，创造无愧于历史的辉煌业绩。

——以坚定理想信念为根本指向。革命理想高于天。坚定理想信念是共产党人的精神追求，是共产党人安身立命的根本，更是党的事业兴旺发达的根基。全面从严治党，根本的是坚定广大党员的理想信念。党的十八大以来，习近平高度重视党员干部的理想信念，强调指出，"形象地说，理想信念就是共产党人精神上的'钙'，没有理想信念，理想信念不坚定，精神上就会'缺钙'，就会得'软骨病'。"① 并指出党员干部的理想信念是有客观标准的，"那就要看他能否坚持全心全意为人民服务的根本宗旨，能否吃苦在前、享受在后，能否勤奋工作、廉洁奉公，能否为理想而奋不顾身去拼搏、去奋斗、去献出自己的全部精力乃至生命。"② 坚定理想信念，最重要的是要抓好思想理论建设这个根本，抓好党性教育这个核心，抓好道德建设这个基础。抓好思想理论建设这个根本，就是用科学理论武装头脑，加强全党的理论武装，按照建设马克思主义学习型政党的要求，深入学习和掌握马克思列宁主义、毛泽东思想，深入学习和掌握中国特色社会主义理论体系，牢固树立辩证唯物主义和历史唯物主义世界观方法论，教育引导党员干部自觉运用马克思主义立场观点方法观察世界，廓清思想迷雾，排除思想干扰，矢志不渝为共产主义理想和中国特色社会主义信念而奋斗。抓好党性教育这个核心，就是要经常不断地开展党性教

---

① 《十八大以来重要文献选编》（上），中央文献出版社 2014 年版，第 80 页。
② 《十八大以来重要文献选编》（上），中央文献出版社 2014 年版，第 116 页。

育，坚持党性锻炼和修养，教育引导党员、干部学习党的历史，大力弘扬理论联系实际、密切联系群众、批评和自我批评的优良传统和作风，牢记"两个务必"，始终保持谦虚谨慎、艰苦奋斗。抓好道德建设这个基础，就是要教育引导党员、干部模范践行社会主义核心价值观，讲党性、重品行、作表率，坚决反对形式主义、官僚主义、享乐主义和奢靡之风，做社会主义道德的示范者、诚信风尚的引领者、公平正义的维护者，自觉净化"生活圈""交际圈""娱乐圈"，培养高尚道德情操和健康生活情趣，认认真真学习、老老实实做人、干干净净做事，以实际行动彰显共产党人的人格力量。坚定理想信念既要从大处着眼，也要从小处用力，特别是从党员干部的廉洁自律、道德修养做起，按照《中国共产党廉洁自律准则》要求自己、修性正心，使理想信念的确立建立在坚实的道德基础之上。

——以改进工作作风为重要抓手。党的作风是党的性质、宗旨的外化。工作作风问题绝对不是小事，关乎人心向背，关系党和人民事业成败。习近平指出，我们党作为马克思主义执政党，不但要有强大的真理力量，而且要有强大的人格力量。真理力量集中体现为我们党的正确理论，人格力量集中体现为我们党的优良作风。作风建设的核心问题是保持党同人民群众的血肉联系。党的十八大以来，党中央把改进工作作风作为全面从严治党的重要抓手，扭住不放，使党的作风建设取得了明显效果。十八大召开不久，中央就通过了关于改进工作作风、密切联系群众的八项规定，中央政治局以上率下、带头贯彻执行，带动全党形成了一股改进工作作风、重塑党的形象的强劲风潮。作风问题涉及很多内容，但人民群众反映强烈的作风问题主要是形式主义、官僚主义、享乐主义、奢靡之风"四风"问题。习近平强调，"四风"问题是违背我们党的性质和宗旨的，是当前群众深恶痛绝、反映最强烈的问题，也是损害党群干群关系的重要根源。"伤其十指不如断其一指。"抓作风建设，就要抓住主要矛盾，集中精力对"四风"问题来一次歼灭战，这样不仅可以有效遏制不良作风的蔓延，还可以为党内其他一些问题的解决创造有利条件。开展党的群众路线教育实践活动、"三严三实"专题教育活动、"两学一做"学习教育活动，都聚焦"四风"问题，就是要把解决"四风"问题作为作风建设的重点。作风问题具有顽固性、反复性，抓一抓会好转，松一松就反弹，不可能一蹴而就、毕其功于一役，更不能一阵风、刮一下就停。作风建设永远在路上，永远没有休止符，必须抓常、抓细、抓长，持续努力、久久为功。解决"四风"问题，要坚持从领导干部抓起，敢于拿自己开刀，用严格的尺子衡量自己，用很高的标准要求自己，用无私无畏的勇气对照、检查、改进、提高自己，用"讲认真"的精神、"有担当"的行动，带头转变工作作风，形成"头雁效应"。改进工作作风，还要注重健全长效机制，加快体制机制改革和建设，健全联系和服务群众机制、群众诉求表达机制、群众权益维护机制、群众利益协调机制，自觉接受群众评议和社会监督，以踏石留印、抓铁有痕的劲头，锲而不舍、驰而不息地抓下去，一个节点一个节点抓，积小胜为大胜，保持力度、保持韧劲，善始善终、善作善成，不断使党的作风全面纯洁起来。

　　——以从严治吏为关键环节。全面从严治党，关键在从严管理干部。习近平高度重视党的干部队伍建设，他强调，党要管党，首先是

管好干部；从严治党，关键是从严治吏。2013 年，习近平在全国组织
工作会议上明确提出好干部标准，即"信念坚定、为民服务、勤政务
实、敢于担当、清正廉洁"，这为新形势下从严治吏指明了方向。从
严治吏，要突出抓好领导干部这个"关键少数"。领导干部掌握着方
方面面的权力，是党的理论和路线、方针、政策的具体执行者，如果
领导干部队伍素质不高、作风不正，从严治吏就是一句空话。党的
十八大以来，我们党在严格选拔、严格管理领导干部上作出一系列重
要部署。2014 年 1 月修订《党政领导干部选拔任用工作条例》，拉开
了干部选拔任用制度改革的大幕，力求形成"有效管用、简便易行、
有利于优秀人才脱颖而出的选人用人机制"。2015 年 4 月，中央决定
在县处级以上领导干部中开展"三严三实"专题教育，着力培塑领导
干部的良好思想品行和务实作风。2015 年 7 月，中央印发《推进领
导干部能上能下若干规定（试行）》，对解决干部能上不能下问题作出
具体规定、提供重要遵循。从严治吏，要切实把好选人用人关。党的
十八大以来，各级党组织贯彻中央要求，在严肃整治买官卖官、跑官
要官、拉票贿选等不良现象和问题基础上，严格落实党章规定的领导
干部六个方面基本条件和党的好干部标准，坚持德才兼备、以德为
先，坚持五湖四海，严把干部选拔任用的政治关、作风关、能力关、
廉洁关，进一步端正了选人用人导向。从严治吏，要强化对干部的管
理监督。好干部是选出来的，也是管出来的。要全面加大干部管理监
督力度，坚持以严的标准要求干部，以严的措施管理干部、以严的纪
律约束干部，做到管理要全面、标准要严格、环节要衔接、措施要配
套、责任要分明，使各级各类干部都严格按照党的原则和规矩办事，

保持良好作风形象。从严治吏，要特别注重抓好基层党组织和基层党员干部。贯彻党要管党、从严治党方针，必须扎实做好抓基层、打基础的工作，强化基层党组织整体功能，建立和落实严密的基层党组织工作制度，推动服务群众、做群众工作制度化、常态化、长效化，使基层党组织领导方式、工作方式、活动方式更加符合服务群众的需要，使每个基层党组织都成为坚强战斗堡垒。

——以零容忍惩治腐败为基本态度。民心是最大的政治，正义是最强的力量。反对腐败、建设廉洁政治，是我们党一贯坚持的鲜明政治立场，是人民关注的重大政治问题。严厉惩治腐败是全面从严治党最显著的特征。党的十八大以来，我们党以对腐败零容忍的态度，以有腐必反、有贪必肃的坚定决心，从大处着眼、从小处着手，严厉惩贪治腐，上至周永康、郭伯雄、徐才厚、令计划、苏荣等大"老虎"，下至一些村官和办事员级别的"苍蝇"，纷纷中箭落马，党内腐败现象明显得到遏制。反腐倡廉必须常抓不懈，拒腐防变必须警钟长鸣。当前，滋生腐败的土壤依然存在，反腐败形势依然严峻复杂，一些不正之风和腐败问题仍然影响恶劣。要深入推进反腐败斗争，就要下大气力拔"烂树"、治"病树"、正"歪树"，做到有腐必反、除恶务尽。党风廉政建设和反腐败斗争永远在路上，严惩腐败决不能放松。习近平强调："保持高压态势不放松，坚决遏制腐败现象蔓延势头。重症要用猛药。查处腐败问题，必须坚持零容忍的态度不变、猛药去病的决心不减、刮骨疗毒的勇气不泄、严厉惩处的尺度不松，发现一起查处一起，发现多少查处多少，不定指标、上不封顶，让那些想搞腐败的人断了念头、搞了腐败的人付出代价。"① 防治腐败，教育是基础，要不断健全惩治和预防腐败体系，把这项重大政治任务贯穿到改革发展稳定各项工作之中，坚持标本兼治、综合治理、惩防并举、注重预防，以改革精神加强反腐败体制机制创新和制度保障，坚定不移转变作风，坚定不移反对腐败，建设廉洁政治，努力实现干部清正、政府清廉、政治清明。防治腐败，严惩是关键，要保持惩治腐败的高压态势，坚持零容忍的态度不变、猛药去病的决心不减、刮骨疗毒的勇气不泄、严厉惩处的尺度不松，把反腐利剑举起来，形成强大震慑。防治腐败，制度是保证，要健全和完善党内监督、民主监督、法律监督和舆论监督体系，强化对权力运行的制约和监督，形成不敢腐、不能腐、不想腐的有效机制，铲除腐败现象的生存空间和滋生土壤。

——以严明党的纪律为保障。"道私者乱，道法者治。"党要管党、从严治党，就要靠严明的纪律和规矩。习近平指出，加强纪律建设是全面从严治党的治本之策，要把纪律建设摆在更加突出的位置，坚持纪严于法、纪在法前，把纪律和规矩挺在前面。党面临的形势越复杂、肩负的任务越艰巨，就越要加强纪律建设，越要维护党的团结统一，确保全党统一意志、统一行动、步调一致向前进。无数案例证明，党员"违法"，无不始于"违纪"。党员遵守纪律，就不会滑向违法犯罪的深渊。只有从严执纪，才能全面从严治党。党的十八大以来，党中央坚持把纪律挺在前面，强调党纪严于国法，进一步严明党内纪律，完善纪律规定，加大执纪问责力度，取得明显效果。《中国

---

① 《习近平关于全面从严治党论述摘编》，中央文献出版社 2016 年版，第 187 页。

共产党纪律处分条例》将党的纪律整合为政治纪律、组织纪律、廉洁纪律、群众纪律、工作纪律和生活纪律六大纪律，并开列负面清单，对党章规定的党纪要求进行具体化，充分体现了纪在法前、纪严于法的要求，划出了党组织和党员不可触碰的底线。严明党的纪律，首要的是严明政治纪律和政治规矩。政治纪律是最重要、最根本、最关键的纪律，遵守政治纪律是遵守党的全部纪律的重要基础。因此，扎紧党纪党规的笼子，要把遵守政治纪律和政治规矩放在首要位置，通过抓住这个纲，把严肃其他纪律带起来。习近平强调，遵守党的政治纪律，最核心的，就是坚持党的领导，坚持党的基本理论、基本路线、基本纲领、基本经验、基本要求，同党中央保持高度一致，自觉维护中央权威。严明党的政治纪律，要不断增强政治意识、大局意识、核心意识、看齐意识，做到坚守政治信仰、站稳政治立场、把准政治方向，提高政治敏锐性和政治鉴别力，坚决反对自由主义，不为噪音所扰、不为流言所惑，在重大政治原则问题上保持清醒头脑、站稳政治立场，坚决维护党中央权威、维护习近平总书记的核心地位。党章是党的根本大法，是全党必须遵循的总规矩。严明党的纪律，就要强化党章意识，自觉用党章规范自己的一言一行，把学习党章作为必修课，争做学习党章、遵守党章、贯彻党章、维护党章的模范。严明党的纪律，关键在于增强纪律的执行力。各级党组织和领导干部在执行党的纪律上不能有任何含糊，不能让党纪党规成为"纸老虎""稻草人"，在任何时候、任何情况下，都要按照党的纪律规矩办事，切实做到有纪必执，有违必查，使纪律真正成为"带电的高压线"，自觉担负起执行和维护党的纪律的责任。

　　——以制度建设为法治支撑。制度问题带有根本性、全局性、稳定性和长期性。习近平对加强党的制度建设高度重视，强调全面从严治党要建立健全相关制度，全方位扎紧制度笼子，用制度管权管事管人。党要管党、从严治党，必须有坚强的制度作保证，坚持依规治党、制度治党是新形势下管党治党的必然趋势和现实需要。首先，坚持依规治党、制度治党，有利于把正全面从严治党的走向。全面从严治党，直接指向是权力、作风，最终目标是治理腐败、优化政治生态、加强党的领导。十八大来，党中央在全面从严治党中始终坚持制度治党，以党纪国法为准绳，以客观事实为依据，不搞群众运动，不搞人身攻击，保证管党治党的法治化，使打虎拍蝇、整风肃纪等始终沿着法治轨道进行，保证了全面从严治党的规范性、科学化。其次，依规治党、制度治党，有利于集成全面从严治党的成果。十八大以来，在全面从严治党的实践中，一方面，通过纠治歪风邪气发现和查找了制度漏洞，这些漏洞需要尽快弥补；另一方面，在全面从严治党过程中，形成了一些行之有效的做法，需要以制度形式固定下来，以长久发挥作用。针对这些实际问题和现实需求，党中央及时制定相关文件规定，弥补制度中存在的漏洞，在深入调研论证基础上，及时把实践中一些创新做法、新鲜经验上升为制度，依靠制度的力量巩固集中整顿作风的成效、"打虎拍蝇"的战绩，防止问题回潮和反弹，进一步提高了管党治党的制度化规范化水平。第三，坚持依规治党、制度治党，有利于协调推进"四个全面"战略布局。党的十八届三中全会把深化党的制度建设改革作为全面深化改革的六大任务之一，党的十八届四中全会把加强党内法规制度建设作为依法治国的重要内容进行强调，党的十八届五中全会把加强党的制度化建设作为完善党领导经济社会发展工作体制机制的重要内容进行强调，党的十八届六中全会更是直接聚焦完善规范党的制度，专题研究加强和规范党内政治生活和强化党内监督问题。因此，坚持依法治国、制度治党，是党中央治国理政的重要战略主线，是协调推进"四个全面"战略布局的重大现实要求。我们党是国家治理现代化的领导者、组织者、实践者，国家治理现代化的前提是我们党的自身建设要实现制度化、法治化，这样才能全面提高国家治理现代化的程度和水平。党的十八届六中全会就加强和规范党内政治生活和强化党内监督进行专题研究部署，有力破解当前党内政治生活和党内监督存在的弊病和顽症，严格建章立制，出台系列举措，指出了病症，开出了药方，对于烧旺党内政治生活的大熔炉、增强党的自身免疫机能具有重大意义，使依规治党、制度治党站在了一个新的历史起点上。

四、在思想建党制度治党文化强党中提升党的建设科学化水平

全面从严治党，要害在"治"，"治"既包含惩治、惩腐，解决好宽松软的问题，也包含调治、治理，解决好党的建设系统性调理、整体性升级的问题。管党治党是一项系统工程，要真正取得长远实效，提高党的建设科学化水平，必须要标本兼治、综合治理，把"惩戒""立制"、理心等结合起来。习近平在全面从严治党的丰富实践中提出了许多新思想新观点，特别是强调思想建党、制度治党与文化强

党统筹推进，对全面从严治党具有重要创新意义，标志着我们党对全面从严治党规律的认识不断深化，更加符合党的建设、党的事业发展实际需要。

（一）坚持思想建党与制度治党紧密结合

重视思想建党是我们党的优良传统和强大政治优势。毛泽东在领导中国革命和建设过程中，特别重视思想建设，历来把思想建党放在首位。他强调要坚决同党内存在的各种非无产阶级思想开展斗争，用马克思主义思想观点教育广大党员，在实践中形成了党的思想建设、组织建设、作风建设"三位一体"的党建格局。作为马克思主义政党，必须把思想建党作为保持根本性质宗旨的看家本领，在管党治党上注重返璞归真、固本培元，在坚定理想信念、践行根本宗旨、加强党性修养上用足功夫，把党员干部的世界观这个"总开关"拧紧，树立正确的人生观、价值观、事业观、权力观。习近平强调，加强思想建党要抓住思想教育的重点，加强党性和道德教育，让广大党员、干部受警醒、明底线、知敬畏。同时，习近平也强调坚持制度治党，他指出，要完善党内法规制度体制机制，构建以党章为根本，若干配套党内法规为支撑的党内法规制度体系。强调最根本的是认真执行民主集中制，要用制度治权，全方位扎紧制度笼子，反对特权思想和特权现象。强调善于运用法治思维和法治方式推动工作，使制度真正成为硬约束。因此，党的十八大以来，我们党加快了制度建设步伐，从 2014 年开始到 2016 年 11 月，进一步修改党章，充实、修改或出台 2 部准则、25 部条例，以及一系列规则、规定、办法、细则等比较完备的党内法规体系，党内监督的总体基干性制度框架已经确立。

从思想上建党，是我们党把马克思列宁主义建党学说与中国革命建设和改革相结合的伟大创造，为党的建设赋予了政治灵魂和科学导向，也是党的建设的优良传统和自身优势。思想建党在党建系统中处于核心层面，决定着党的建设的性质和方向，同时也为制度治党提供方向引领。制度治党是国家和政党治理现代化的必然要求，是现代政治发展的大势所趋。思想教育并不能解决所有问题，需要运用制度来系统化和规范化，同时，思想建党的经验和成果也需要运用制度来凝练和巩固。因此，习近平特别强调思想建党与制度治党的紧密结合、优势互补。在党的群众路线教育实践活动总结大会上，习近平指出，"从严治党靠教育，也靠制度，二者一柔一刚，要同向发力、同时发力。"①把制度建设提升到制度治党的新高度，充分表明党对制度建设的高度重视，突出了制度治党的重要性。制度治党离不开正确的思想引领，否则就缺乏执行制度的思想基础，就容易迷失方向、难有成效。思想建党要靠制度治党来保障和巩固，否则就难以为继、缺乏支撑。坚持把思想建党与制度治党结合起来推进全面从严治党，有利于最大限度发挥思想建党和制度治党两方面的各自优势、克服其弊端，使管党治党效果最大化、最优化。这符合党的建设规律，也符合依法治国方略，因而具有强大生命力。

---

① 习近平：《在党的群众路线教育实践活动总结大会上的讲话》，人民出版社2014年版，第16页。

（二）文化强党是思想建党、制度治党的目标和最终落点

在全面从严治党实践中，习近平多次强调文化建设问题，强调全党要增强文化自信，并把文化作为治党之本来对待。在十八届中央纪委七次全会上，习近平强调：要坚持治标不松劲，不断以治标促进治本，既猛药去疴、重典治乱，也正心修身、涵养文化，守住为政之本。制度是一种"硬件"，需要思想道德和文化传统这个软件来驱动。只有良好制度与思想道德、文化传统三者结合，制度治党才有生命力、才能坚持长久。从政党建设的制度化进程来说，所谓制度化的过程包含制度生成、制度维持、制度内化三个方面。生成就是逐渐形成，维持就是执行落实。内化就是在生成、维持的基础上，把制度规定转变成主体自觉的行为准则，把制度要求转化为主体认同的道德规范，使制度的强制性要求变为主体主动适应的文化传统。这里最关键就是人的思想觉悟的提升、文化环境的优化。政治文化渗透于党内生活和党的建设的方方面面，党建总格局中的思想建设、组织建设、作风建设、制度建设和反腐倡廉建设，每一种建设都蕴含着党内政治文化因素，都受到党内政治文化的影响和制约。无论是否有意识，党在制定自己的路线方针政策、确定赖以遵循的制度纪律时，每个党员和领导干部在从事党内外的公务活动时都受到政治文化观念的支配，体现着一定的文化思想和文化风格。坚持文化强党，就要注重革除那些玩弄特权的官僚习性、个人独裁的家长制作风、唯上不唯下的扭曲人格等人治传统、集权倾向和特权思想，培育规则至上、主体平等、机会公平、权责相当等为主要内容的新型制度文化，做到制度面前人人平等，没

有特权，没有例外，没有变通，不管级别多高、权力多大都不能践踏制度，否则违者必惩、惩者必严，这样才能形成尊崇制度、遵守制度、维护制度的良好氛围，制度才能真正落地落实并发挥作用。

（三）注重思想建党、制度治党和文化强党良性互动

制度形塑政党的"体格"，思想道德成就政党的"质地"，文化传统造就政党的"强大"。思想建党在管党治党中居于首位，是制度治党、文化强党的前提和基础，决定着党的建设的性质和方向。只有加强思想建党才能保证制度治党、文化强党的正确方向，为制度治党、文化强党奠定思想前提和认识基础。制度治党是思想建党、文化强党的有力保障，思想教育需要相应制度来系统化和规范化，文化强党要靠制度治党提供规范内容和规则引导。只有注重加强以党章为根本的党的制度体系建设，不断强化制度的执行力，才能使思想建党、文化强党有坚强保障。文化强党是思想建党、制度治党的目的和落点。思想建党最终要构建一种以先进理论为主体的政党思想文化，制度治党目的是要培育现代条件下管党治党必需的法治文化和规则文化。只有坚持文化强党，培育积极健康的党内政治文化，才能形成良好的思想理论基础，形成尊重和落实制度的良好整体环境。因此，要注重思想建党、制度治党、文化强党的良性互动、相互配合，"思想教育要结合落实制度规定来进行……要使加强制度治党的过程成为加强思想建党的过程，也要使加强思想建党的过程成为加强制度治党的过程"①，

---

① 习近平：《在党的群众路线教育实践活动总结大会上的讲话》，人民出版社 2014 年版，第 18 页。

同时要把文化强党贯穿于思想建党、制度治党的全过程，使思想建党、制度治党、文化强党紧密结合、互为促进、相辅相成，不断构建管党治党新局面、新生态，提高全面从严治党的整体质量和效果。

第十章

增强解决治国理政矛盾问题的本领

工欲善其事，必先利其器。党的十八大以来，习近平一再强调要学习掌握唯物辩证法的根本方法，学习好、运用好各方面的知识，不断增强辩证思维能力，提高驾驭复杂局面、处理复杂问题的本领。他关于掌握科学的思想方法和工作方法，增强解决治国理政矛盾问题本领的重要论述，为我们在新形势下进一步增强治国理政实践的科学性、主动性、系统性、整体性、协同性，提供了科学的理论指导和正确的努力方向。

一、增强本领是关乎事业发展的大事

治国难，治大国更难，治理世界最大发展中国家难上加难。当代中国治理的难度突出表现在：中国人口众多，是一个超大型国家的治理；中国发展非常不平衡，是一个非均衡发展中大国的治理；中国时逢"史无前例历史大变局"，是一个巨量规模转型大国的治理；中国改革发展取得了巨大成就，却又处在一个发展任务日益艰巨、内外压力不断增大，长期累积的矛盾问题日益集中凸显的特殊时期，是一个突破各种发展障碍、向现代化艰难转进大国的治理。在这样的历史条件和现实形势下治国理政，开展伟大斗争、推进伟大工程、赢得伟大事业，没有相应和本领，没有继承前人、又超越前人的卓越建树，是断然不可想象的。

在当今中国治国理政，不仅面临着纷繁复杂的老问题，还面临着许许多多的新问题。2014 年 6 月 9 日，习近平在"两院"院士大会上指出，我国经济规模很大、但依然大而不强，经济增速很快、但依然快而不优。不发展有不发展的问题，发展起来有发展起来的问题，而发展起来后出现的问题并不比发展起来前少，甚至更多更复杂了。这和邓小平当年讲"发展起来以后的问题不比不发展时少"是同一个意思。不仅如此，习近平在党的十八届五中全会第二次全体会议上的讲话，还进一步认为，现在各种风险已经不是孤立的了，而是相互交织并形成一个风险综合体。

所以，破解面临的发展难题和风险问题，是我们全面建成小康社会必须完成的任务，是必须迈过的一道坎儿。这就是习近平讲的"爬坡过坎"问题：破解大而不强、快而不优问题，实现优质高效、由大向强的发展日标，这是"爬坡"问题；破解风险综合体问题，不让小风险演化为大风险，不让个别风险演化为综合风险，不让局部风险演化为区域性或系统性风险，不让经济风险演化为社会政治风险，不让国际风险演化为国内风险，这 5 个"不让"是"过坎"问题。习近平认为，未来几年，可能是我国发展面临的各方面风险不断积累甚至集中显露的时期。具体而言，我们面临的重大风险，既包括国内的经济、政治、意识形态、社会风险以及来自自然界的风险，也包括国际经济、政治、军事风险等。如果发生重大风险又扛不住，国家安全就可能面临重大威胁，全面建成小康社会进程就可能被迫中断。因此，必须把防风险摆在突出位置，"图之于未萌，虑之于未有"，力争不出现重大风险或在出现重大风险时扛得住、过得去。习近平在十八届五中全会第二次全体会议上讲转方式、补短板、防风险，讲的就是"爬坡过坎"问题的三大破解之道。

转方式、补短板、防风险，要求我们站在时代的前列，勇于直面问题，一刻也不能停止学习，通过学习长本事，不断增强解决治国理政矛盾问题的本领。治国理政现代化的一项重要内容和要求，就是治国理政本领的强化。习近平指出，现在，有的干部学风不浓、玩风太盛。这样"以其昏昏，使人昭昭"是不行的！是要贻误工作、贻误大事的！党和国家的事业越是向纵深发展，就越要不断增强辩证思维能力。要实现党的"两个 百年"奋斗目标，关键在党，关键落实在干部，关键靠干部增强自身本领。当前，我国社会各种利益关系十分复杂，随着改革不断深化，对利益关系的触及也将越来越深。"事必有法，然后可成"，只有坚持运用唯物辩证法和各方面的知识，善于处理和驾驭好局部和全局、当前和长远、重点和非重点的关系，才能在权衡利弊中趋利避害、在统筹协调中精心谋划，从而为推进事业发展作出最为有利的抉择、决策和举措。

二、破解"本领恐慌"是重大时代课题

本领恐慌是一切恐慌中最根本最可怕的恐慌。有人说，恐慌是人的天性之一，如心理恐慌、情感恐慌、办事恐慌、说话恐慌、交际恐慌等，这些恐慌可以归结为一种恐慌，那就是本领恐慌。从实际工作看，所谓本领恐慌，就是一个人对要胜任的工作和完成的任务认识不明确，把握不准确，不知怎么办，因此而产生的担忧和恐惧。

1939 年，毛泽东在延安在职干部教育动员大会上提出了"本领恐慌"的概念，指出党员队伍中存在"本领恐慌"的问题："现在我们的队伍里面发生了这样一个矛盾，就是我们的干部不学习便不能够领导工作……我们队伍里边有一种恐慌，不是经济恐慌，也不是政治恐慌，而是本领恐慌。过去学的本领只有一点点，今天用一些，明天用一些，渐渐告罄了。好像一个铺子，本来东西不多，一卖就完，空空如也，再开下去就不成了，再开就一定要进货。"[①] 铺子不进货就要关门倒闭，党员干部不学习同样也会被淘汰。时代在变化，环境在变化，任务也在变化，特别是随着经济社会的快速发展和体制改革的不断深化，产生本领恐慌的可能性以及由此带来的压迫感和危机感越来越大。习近平在中央党校建校 80 周年庆祝大会暨 2013 年春季学期开学典礼上指出，本领恐慌在党内相当一个范围、相当一个时期都是存在的。他从治国理政的高度洞察到，解决"本领恐慌"是全党面临的

---

① 《毛泽东文集》第二卷，人民出版社 1993 年版，第 177 页。

一个重大现实课题。

习近平重提本领恐慌，为全党敲响了警钟。从现实看，很多同志都有做好工作的主观愿望，干劲也很足，但却缺乏新形势下做好实际工作的真本事，面对许多新情况新问题，不懂规矩和门道，缺乏知识和本领，往往习惯于用老思路、老套路蛮干瞎干，结果是虽然做了不少工作，有时还很辛苦，但是路子不对头，常常事与愿违，甚至搞出一些南辕北辙的事情。这就是习近平讲的，老办法不管用、新办法不会用、硬办法不敢用、软办法不顶用，出现了不同程度的"知识恐慌""本领恐慌"。

这种本领恐慌反映在党员干部特别是领导干部思想和工作的方方面面，形式多种多样，概括起来主要有以下三种现实表现：一是能力退化。在实际工作中，有的同志知识透支，知识老化、思想僵化、观念硬化、能力退化现象严重。对于新的形势任务，满足于以前的旧知识、老经验，只能靠过去的"老本"来应付，工作起来缺乏有针对性、实效性的思路办法，显得捉襟见肘、力不从心。有的同志即便清醒意识到了自己知识匮乏、本领不够，但却不知怎么办，不知从何入手补上"能力退化"这个短板，对于新情况新问题，往往措手不及、缺少有效应对之策，显得很无奈、很茫然。有的同志虽然事业心、责任感都很强，但是，由于能力不够、方法不当，往往干出一些费力不讨好的事情，工作上显得压力很大、信心不足。因而，一些干部产生了"求稳""无为""不添乱"的心态，工作中不求无功、但求无过、浑浑噩噩、死气沉沉。二是工作浮夸。主要表现是工作浅表化，华而不实、眼高手低，形式主义猖獗。有的干部干工作挑三拣四、挑肥选瘦，缺乏正确方法引导，习惯于发号施令。有的干部责任心较差，工作不认真、不细致，走马观花、蜻蜓点水，浮躁之气严重，习惯以会议贯彻会议，以文件落实文件。有的领导干部开展工作急功近利、好大喜功，置群众切身利益于不顾，千方百计"造势"，热衷于向上级"邀功"，喜好大搞"面子工程""形象工程"。三是视野狭隘。工作中，有的干部自我感觉比较良好，往往对自己的一点点本事、一点点成绩沾沾自喜、孤芳自赏、自我陶醉。有的干部看不到自己和别人在素质能力上的差距，偏好忙于各种琐屑事务和应酬，小进即喜、小富即安。有的干部对上级决策和工作部署一知半解，领会不准、不深，但却自命不凡、自以为是，听不进不同意见。这些干部知识、理论视野狭窄，导致能力素质低下，井底之蛙、自以为是、虚张声势，完成任务方法少，推脱责任能力却很强。凡此种种，不仅工作上不会有任何实际成效，而且还会造成反效果，严重阻碍正常工作顺利开展，阻碍经济社会各项事业健康发展。

干部产生本领恐慌，既有客观原因，也有主观原因，但主要的还是其主观原因。在现实中，有的干部缺乏学习本领的自觉意识，不能把坚持学习、时时增长本事，作为一种经常性的任务和责任，自以为"车到山前必有路，官到岗上必胜任"，往往热衷于事务性工作，学用脱节，在学习本领上应付差事，待到意识到本领缺乏、产生本领恐慌时，又不能正确看待和解决这个问题，往往在新的形势任务面前缩手缩脚，不求有功，只求无过。有的干部不能客观看待自身本领，自以为能当领导干部就可以自然堪为人师。特别是，有的领导干部工作中小有进步，取得一些小成绩，往往会受到一些部属吹捧，就会自我放大本领，把自己看得无所不能。在思想修养上，有的干部职务提高了、岗位重要了，但相应的素质能力到没有跟上，在思想和工作进步上消极被动，久而久之就会心浮气躁，虽然一心想干大事，却只能流于掩饰知识恐慌，偏好搞表面文章。现实表明，如果领导干部思想上不能正确认识自身能力不足，不能客观对待自身工作中存在的问题，不仅不能克服自身本领恐慌，而且还会不懂装懂、装腔作势，掩饰无知无能，加重本领恐慌。

党员干部特别是领导干部，是党和国家各项事业的组织者、领导者和实施者。当前，干部本领恐慌已经成为制约社会经济发展的关键，解决干部本领恐慌，提高干部领导能力，已经成为我们必须面对和解决的一个迫在眉睫的问题。习近平重提本领恐慌，就是要求全党同志特别是各级领导干部都要有加强学习的紧迫感、增强本领的使命感、落实各项任务的责任感，切实把外部的巨大压力，转化为内部的高度自觉，从而转化为推进中国特色社会主义事业、实现"两个一百年"奋斗目标的强大动力。

三、治国理政必须掌握的"看家本领"

习近平强调，掌握治国理政的"看家本领"，首先要有"缺什么、补什么"的意识。当今时代是知识爆炸的时代，正确选择学习内容十分重要。因此，领导干部要本着"缺什么、补什么"的原则，有针对性地填补自身知识的"短板"，不断优化知识结构、丰富知识储备，努力成为工作上的行家里手。

第一，强调学习中国特色社会主义理论体系和马克思主义立场观点方法。习近平指出，马克思主义理论素养是领导干部素质的核心和灵魂，掌握马克思主义理论是领导干部的基本功，没有这项基本功，坚守共产党人的信仰，共筑精神家园也就无从谈起。他多次强调学马克思列宁主义是中国共产党人的传家宝，是我们做好一切工作的看家本领。他指出，对于领导干部来说，尤其是要下大力气学习马克思主义理论和中国特色社会主义理论体系，不断提高思想觉悟和理论水平，提高战略思维、创新思维和辩证思维能力，真正增强用科学理论武装头脑、指导实践、推动工作的本领。

党的十八大以来，习近平在治国理政实践中特别重视、多次强调马克思主义哲学的学习和运用问题。2013 年 12 月 3 日，在主持中央政治局第十一次集体学习时指出，学哲学、用哲学，是我们党的一个好传统。2014 年 10 月 8 日，在党的群众路线教育实践活动总结大会上强调，党员干部必须自觉运用贯穿于马列主义、毛泽东思想特别是中国特色社会主义理论体系中的立场观点方法，武装头脑、指导实践、推动工作。2015 年 1 月 23 日，在主持中央政治局第二十次集体学习时，强调要更加自觉地坚持和运用辩证唯物主义世界观和方法论，增强辩证思维、战略思维能力。2016 年 1 月 18 日，在省部级主要领导学习贯彻党的十八届五中全会精神专题研讨班上指出，新发展理念的提出，是对辩证法的运用；新发展理念的实施，离不开辩证法的指导。2016 年 5 月 17 日，在哲学社会科学工作座谈会上，强调哲学社会科学要坚持以人民为中心的研究导向，在增强吸引力、感染力、影响力、生命力上有所作为，等等。纵观习近平总书记系列重要讲话，会看到学习掌握马克思主义世界观方法论，学习掌握科学的思想方法和工作方法，是贯穿习近平治国理政新理念新思想新战略的一个重要内容。

一是习近平关于实现中华民族伟大复兴的中国梦，关于坚持走中国特色社会主义道路，关于准确把握、主动适应经济发展新常态等重要论述，蕴含和体现着辩证唯物主义世界物质统一性原理、物质决定意识的原理。习近平指出，这个原理告诉我们，当代中国最大的客观实际，是我国仍处于并将长期处于社会主义初级阶段，这是我们认识当下、规划未来、制定政策、推进事业的客观基点，不能脱离这个基点。同时，他强调，既要看到初级阶段基本国情没有变，也要看到现阶段经济社会发展呈现出的新特点。经过近40年的改革开放，我国社会生产力、综合国力、人民生活水平实现了历史性跨越，基本国情内涵不断发生变化，面临的国际国内风险、面临的难题发生了重要变化。必须运用科学世界观方法论，从全局和战略高度深入考察这些变化，清醒认知和把握我国经济社会发展阶段性特征、发展目标、发展道路和发展态势。

二是习近平关于"五位一体"总布局、"四个全面"战略布局和新发展理念等重要论述，蕴含和体现着唯物辩证法联系和发展的观点，和唯物史观生产力与生产关系、经济基础与上层建筑相互关系的原理。2013年11月9日，习近平在《关于〈中共中央关于全面深化改革若干重大问题的决定〉的说明》指出，经济、政治、文化、社会、生态文明各领域改革和党的建设改革紧密联系、相互交融，任何一个领域的改革都会牵动其他领域，同时也需要其他领域改革密切配合。如果各领域改革不配套，各方面改革措施相互牵扯，全面深化改革就很难推进下去，即使勉强推进，效果也会大打折扣。他把社会发展看成是生产力和生产关系、经济基础和上层建筑、社会生产各部类、各领域、各方面，人与社会、当代与后代等彼此相互联系、相互促进、不可分割的过程，要求我们用系统思维和发展的眼光推动工作，更加注重改革发展的系统性、全面性、整体性、协同性，统筹推进重点领域和关键环节改革与发展。

三是习近平关于坚持和强化问题导向的重要论述，蕴含和体现着辩证唯物主义矛盾观点和矛盾分析方法。习近平强调，用矛盾观点看待事物、推进工作，必须坚持问题导向。必须把握好经济社会发展全局与重点、主流与支流，善于把认识和化解矛盾作为打开工作局面的突破口，在积极面对和化解矛盾中不断前进。他指出，在任何工作中，我们既要讲两点论，又要讲重点论，没有主次，不加区别，眉毛胡子一把抓，是做不好工作的。他说，今天我们强调不能简单以国内生产总值增长率论英雄，提出加快转变经济发展方式、调整经济结构，提出化解产能过剩，提出加强生态文明建设等，都是针对一些牵动面广、耦合性强的深层次矛盾的。

四是习近平关于顺应形势、抓住机遇、推进事业发展的重要论述，蕴含和体现着马克思主义认识论尊重客观规律与发挥人的主观能动性辩证统一的观点。他强调，辩证唯物主义并不否认意识对物质的反作用，必须把握好解放思想与实事求是、遵循客观规律与发挥主观能动性的关系，充分发挥人民群众的积极性、主动性和创造性，在历史发展的关键时刻顺应形势、抓住机遇。要坚持实践第一的观点，不断深化认识，不断总结经验，实现理论创新和实践创新良性互动，牢牢把握战略主动权，等等。

总之，习近平治国理政新理念新思想新战略作为一个立体、多层次的科学体系，每一部分内容，无论是发展目标、发展道路、发展理念、战略布局，还是发展保障、发展环境等，都在最深和最高层次上贯穿和体现着马克思主义世界观方法论，蕴含着马克思主义的立场观点方法。党员、干部在学习中国特色社会主义理论时，必须努力掌握贯穿其中的马克思主义立场观点方法，做到真学、真懂、真信、真用。形势越是复杂，任务越是艰巨，就越需要我们不断增强辩证思维能力，发扬照辩证法办事的优良传统，更好地把握时代脉搏、协调各种关系。学好用好唯物辩证法，在真抓实干中绽放真理光芒，在改革发展中彰显思想力量，我们就能在具有许多新的历史特点的伟大斗争中不断取得新胜利。

第二，强调学习历史。重视历史学习，是中国共产党人的优良传统。作为一个用马克思主义政党，中国共产党历来非常重视对广大党员干部进行历史教育，以历史学习来巩固共产主义理想信念、培育爱国主义情怀，从历史中汲取治国理政的本领。

习近平多次专门论述历史学习。他在 2011 年中央党校秋季学期开学典礼上专门谈《领导干部要读点历史》，指出党历来重视对历史的学习和对历史经验的总结与运用，善于从不断认识和把握历史规律中找到前进的正确方向和正确道路，这是我们党 90 多年来之所以能够领导中国革命、建设、改革不断取得胜利的一个重要原因。他强调历史是最好的教科书。学习党史、国史，是坚持和发展中国特色社会主义、把党和国家各项事业继续推向前进的必修课。

习近平关于历史学习的重要思想具有极其丰富的内容，概括而言，主要包括：一是将历史的学习和总结当作我们党领导工作的一个重要的思想和方法，这是党在各个历史时期不断取得胜利的一个重要原因。他指出，党员干部特别是领导干部不管处在哪个层次和岗位，都应该读点历史，通过丰富历史知识，不断深化对人类社会发展规律、社会主义建设规律和共产党执政规律的认识。二是学习中国历史，明确历史学习的根本任务和正确方法。他认为，领导干部学习历史，最终要落实到提高历史文化素养和领导水平上。强调学习中国历史，了解和懂得自古以来中国人民创造的灿烂历史文化，从中汲取有益于加强修养、做好工作的智慧和营养；要学习和发扬中华民族的优良传统，比如"崇尚民族团结"和"自强不息"；要学习和借鉴中国历史上治国理政的丰富经验，如"儒法并用""德刑相辅"、重视人才的选拔和运用等；要注重学习鸦片战争以来中国近现代史和中共党史，加深对近现代中国国情和社会发展规律的认识。在深化学习中国历史的同时，还应该学习一些世界历史知识。三是党史研究和宣传工作必须坚持党性原则，要牢牢把握党的历史的主流和本质，以史鉴今、资政育人。他认为，革命传统资源是我们党的宝贵精神财富，蕴含着丰富的政治智慧和道德滋养。用党史教育全党和全国人民是党史工作服务党和国家大局的重要内容。深入研究、认真学习、全面宣传党史，坚决反对任何歪曲和丑化党的历史的错误倾向，充分发挥党史在以史鉴今、资政育人方面的作用，是党和国家工作大局中一项十分重要的工作。四是从历史学习中总结宝贵经验和启示，是民族复兴的动力和源泉。他指出，近代以后，中华民族遭受的苦难之重、付出的牺牲之大，在世界历史上都是罕见的。但是，中国人民从不屈服，不断奋起抗争，终于掌握了自己的命运。改革开放以来，我们总结历史经验，不断艰辛探索，终于找到了实现中华民族伟大复兴的正确道路，取得了举世瞩目的成果。习近平关于历史学习的重要论述，高屋建瓴，具有强烈的现实针对性，对于当前党员干部进一步深化对历史规律的认识，增强治国理政的本领，具有极其重要的指导意义。

第三，强调调查研究是领导干部必须掌握的"本领"。深入实际、调查研究，是党的优良传统和工作作风。习近平在中央党校 2011 年秋季第二期学员入学开学典礼上作了题为《深入实际　实事求是　提高调查研究的水平和成效》的讲话，把调查研究看作领导干部的"基本功"，是领导干部整体素质和能力的一个组成部分，是领导干部必须掌握的"本领"。他指出，调查研究是谋事之基、成事之道。没有调查，就没有发言权，更没有决策权。研究、思考、确定全面深化改革的思路和重大举措，刻舟求剑不行，闭门造车不行，异想天开更不行，必须进行全面深入的调查研究。

在习近平看来，调查研究说起来简单，但要真正发挥好辅助决策的作用，必须不断锤炼"硬功夫"，掌握"真本领"，否则就会走过场。一要扎实深入。调查研究，是对客观实际的了解和分析研究，目的是把握真实情况事情的全貌，把问题的本质把准认清，把解决问题的思路和对策研究透彻。这就要求开展调查研究必须离开办公室，沉下身子、放下架子，深入基层、深入群众、深入实际，多层次、多渠

道、全方位地掌握实际情况。既要调查上级，又要调查下级；既要走
访干部，又要走访群众；既要解剖典型，又要把握全局；既要总结好
经验，又要直面研究实际困难、复杂情况、尖锐矛盾。要"一竿子插
到底"，多做些"不打招呼""不作安排"的随机性调研，防止只看"盆
景式"典型，满足于听听、转转、看看，蜻蜓点水、浅尝辄止，避免
调查研究走过场。二要抓住重点。调查研究的重点，是了解情况、掌
握规律、解决问题。调查研究，人下去了，并不意味着就能够听到真
实声音、掌握真实情况、解决难点问题。因此，必须带着感情、带着
责任、带着问题下去。感人莫过于情。干部下基层调查研究，本身就
是一种责任和担当，必须带着强烈的责任意识。要"身入"更要"心
入"，与老百姓真心交流、真情互动、真诚相待。只有让老百姓感受
到干部是在真心倾听群众呼声，真诚关心群众疾苦，真心诚意地为群
众排忧解难，才能获得群众真心支持，从而取得真实情况，掌握事情
的全貌。做好调查研究的正确方法，就是带着问题下去，到基层去看
个究竟，到群众中寻找答案，才能真正做到从客观实际出发，透过现
象认清本质，从而正确地分析、研究和解决问题。三要把握主旨。调
查研究的根本目的，是在真实了解情况的基础上解决问题。真正解决
好人民群众最关心、改革发展中最现实的问题，必须关注创新、关注
民生、关注改革。创新是事业发展的强大助推力。基层实践是创新的
源头活水，更是落实、检验创新的主渠道。干部到基层调查研究，必
须关注、包容、支持和鼓励创新，推动创新成果在落地生根。民生是
治国之本、理政之基、为官之要。关注、重视、保障和改善民生，是
党和政府一切工作的出发点或落脚点。干部开展调查研究，本质上就

是关注、保障和改善民生的生动实践，必须想群众之所想，急群众之所急，解群众之所忧。全面深化改革是历史的选择、人民的呼唤。关注、支持、参与改革，是各级干部必须牢牢把握的工作重点。干部在开展调查研究，要高度重视基层探索实践，把鼓励基层改革创新、大胆探索作为推动改革落地的重要方法。

调查研究是做好领导工作、推进我们党治国理政取得实效的一项基本功，调查研究能力是党员干部特别是领导干部整体素质和能力的重要组成部分。功到自然成。这方面没有任何捷径可走，只有带着对党和人民的真诚、推进事业的带伤，带着直面问题、解决问题的担当精神，认认真真、持之以恒、久久为功，把功夫下足，才能练成真本事，取得实实在在的效果。

第四，要增强同新媒体打交道的本领。习近平指出，各级党政机关和领导干部要学会通过网络走群众路线，上网了解群众所思所愿，收集好想法好建议，理应成为新媒体时代干部开展群众工作的"标配"。当前微博、微信等新媒体快速兴起，社会已经进入信息"爆炸时代"，干部必须要紧跟时代步伐，充分掌握与网络自媒体时代发展大势相适应的工作新方法、新思路。

同新媒体打交道是互联网时代干部必须掌握的本领。作为一名党政干部特别是领导干部，能够平等地与不同背景的网民交流，听取不同声音与意见，作出理性的判断和决策，本身就是能力素质进步的一种标志。用好新媒体、传播正能量、发出好声音，在复杂的网络生态中形成一股清流，应该成为各级官员的责任和义务。

当前，我国互联网普及率已经超过 50%，网民接近 7 亿人。移动互联网早已成为民意集散地，其中手机网民占比达 90.1%。一名领导干部，如果担心自己说错话被人追究、担心太出头被人笑话，而拒绝接触新媒体，拒绝直接与网民交流互动，就不可能深入了解民意，不可能与时俱进，提升为人民服务的能力和水平。干部使用新媒体，要理直气壮、光明正大。要对网民有信心，相信网民不会因为干部耿直说话、敢于直面热点而群起攻之。而那些自以为躲开新媒体，就可以高枕无忧、万事大吉的领导干部，一旦因为某些热点事件、难点问题被推上一线，直接面对群众，特别是面对网民围观，反而会因为相关素质能力缺失而陷入被动。因此，必须睁开眼看世界，主动适应网络信化和自媒体时代对自身工作的要求，狠下一番功夫，着力提高应对新媒体时代的能力，才能赢得工作主动，在事业发展上大有作为。

四、在扎实的学习实践中走向未来

如何破解"本领恐慌"？习近平指出，就是要加强学习！他在2012 年中央党校秋季开学典礼上强调，对于领导干部来说，学习不只是个人的问题，也不是一般性的问题，而是关系到党和国家工作的推进、社会主义现代化事业的发展和党的执政地位的巩固问题。在2013 年中央党校春季学期开学典礼上又进一步强调，领导干部学习不学习不仅仅是自己的事情，本领大小也不仅仅是自己的事情，而是关乎党和国家事业发展的大事情。

加强学习，是解决"本领恐慌"的唯一途径。"本领"源自求知善学。

自古学无止境，"昔仲尼，师项橐。古圣贤，尚勤学"。习近平提倡大兴学习之风，目的就是让党员干部特别是领导干部，努力学习各方面知识，努力在实践中增加才干，加快知识更新，优化知识结构，拓宽眼界和视野，担当起肩上的职责和历史的使命，在为党和人民的建设事业中有所作为。

本领是能力素质的体现。党员干部必须将"本领恐慌"转化为学习的动力，要扎扎实实地向书本学习，向实践学习，向广大人民群众学习，向专家学习，向国外学习，在扎实的学习实践中走向未来。习近平在中央党校 2009 年秋季开学典礼讲话中要求向书本学，向实践学，向群众学。在中央党校 2013 年开学典礼讲话中，从中国特色社会主义事业伟大而波澜壮阔、前无古人这一特征出发，要求学习应该全面、系统、富有探索精神，提出"向专家学者学习"，"向国外有益经验学习"。只有这样，才能全面摆脱"本领恐慌"，不断增强"本领自信"。

第一，要把握正确的学习方向。习近平强调，要把"马克思主义所指引的方向"作为干部学习方向，全党特别是领导干部要高度重视学习中国特色社会主义理论及贯穿其中的马克思主义立场观点方法，学习历史唯物主义，读马列原著。明确指出，忽视了马克思主义，学习就容易陷入盲目状态甚至误入歧途。

学习要做到"三个同步"：一是与党的基本理论同步。我们党历经 96 年风雨，战胜了各种艰难险阻，始终立于不败之地，发展成全球第一大政党。我们党之所以能健康稳定发展，一个根本原因在于党始终与群众同心，不断进行理论创新，不断进行自我完善和革新。社会主义是一门科学。广大党员干部要坚定社会主义、共产主义基本信念，就必须加强对马列主义、毛泽东思想等党的理论知识的学习，结合国情认真研究解决问题的方式方法。二是与党中央的要求同步。党的凝聚力战斗力，来自于党员干部遵守政治纪律和政治规矩，不折不扣、卓有成效地执行党中央的指示要求。而要做到这一点，就必须深入学习领会党的知识，自觉坚持党的领导，坚持党的基本理论、基本路线、基本纲领、基本经验、基本要求，在思想上政治上行动上与党中央保持高度一致，自觉维护党的权威。只有学习自觉、思想上才能自觉，才能有效防止和克服地方和部门保护主义、本位主义，杜绝"上有政策，下有对策"。三是与经济社会发展同步。发展是硬道理。党中央提出"两个一百年"奋斗目标，关键点还是着落在发展上。当前的重点任务主要有两方面，一是贯彻落实从全面严治党要求，二是聚精会神、一心一意推进经济社会全面发展。如何落实全面从严治党、推进推进全面发展？关键要坚持学习实践，坚持踏实干事业，坚持深入调查研究，问政于民、问需于民、问计于民，从本本中更从人民群众中、从扎扎实实的学习实践中汲取智慧和力量，找到解决问题、促进发展的好方法、好路子。

第二，要勤学善思。习近平强调，学习必须下"苦功夫"，要锲而不舍，持之以恒，才学有所成。学习不能心浮气躁、浅尝辄止，而应当先易后难、由浅入深，循序渐进、水滴石穿。勤学与善思不可分割。"学而不思则罔，思而不学则殆"，学习与思考、勤学与善思是相互联系和相辅相成的。

学习要勤学、善思。习近平指出，要"博学之，审问之，慎思之，明辨之，笃行之"。学习要善于挤时间。现实生活中，常听到有的同志常说自己想学习，但"工作太忙，没有时间学习"。听上去好像有些道理，但这决不是放松学习的理由。党中央强调要转变工作作风，能不能多一点学习、多一点思考，少一点无谓的应酬、少一点形式主义的东西，这也是转变工作作风的重要内容。要"勤学"，春秋时期孔子的学生宰予白天睡觉，学习不勤，孔子骂他"朽木不可雕也"。"勤"，就是学风，"业精于勤，荒于嬉"，没有勤奋学习的态度，学习就不可能经常持久。只有勤奋努力，下真功夫、苦功夫、细功夫、久功夫，才能学有所成。要"多学"，形势任务不断变化，对干部知识储备和能力要求无论是覆盖范围还是深度上标准更高，学习上既要精通，也要广泛涉猎，努力成为复合型干部。要"善思"。习近平指出，学习和思考、学习和实践是相辅相成的，正所谓"学而不思则罔，思而不学则殆"。学习与思考是相辅相成的，不能学成书呆子，在学习中要注重思考，抓住实质和精髓，让有益的知识入脑入心。

第三，强调学以致用。毛泽东曾讲，"读书是学习，使用也是学习，并且是更重要的学习"①。习近平指出，学习的目的全在于运用。领导干部加强学习，根本目的是增强工作本领、提高解决实际问题的水平。他反复强调，领导干部要发扬理论联系实际的马克思主义学风，带着问题学，拜人民为师，做到干中学、学中干，学以致用、用以促学、学用相长。"纸上得来终觉浅，绝知此事要躬行"。如果学习的落脚点没有落到学以修身、付诸实践、知行合一上，看再多的书，

---

① 《毛泽东选集》第一卷，人民出版社1993年版，第181页。

学再多的理论，也是空学。因此，必须联系实际学习，通过知识积累提升能力，指导工作。

增强治国理政的本领必须扎根于群众的创造性实践中，要自觉融入实践强化磨炼。当今时代，国内外形势多元、创新、发展、变化日新月异，知识更新速度大大加快，要跟上时代的脚步仅仅依靠闭门读书是不够的。"站在岸上学不会游泳"，必须坚持从实践中学习，向群众学习，才能了解新形势、发现新问题、解决新矛盾。学习的最终目的还是在于运用，领导干部加强学习最终是为了服务实践、增强工作本领、提高解决实际问题的能力。所以，党员干部在学习中要发扬理论联系实际的学风，既把学到的知识运用于实践，又在实践中增长解决问题的新本领，在实践中把知识转化为能力。

学以致用，要以问题为导向。习近平指出，你脑子里装着问题了，想解决问题，想把问题解决好，才就会自觉去学习。因此，要紧紧抓住干部能力素质提高这个本质问题，围绕"该干什么、该怎么干"的主题，引导广大党员干部"带着问题学"，不断提高改革发展、繁荣经济、凝聚群众、促进和谐的能力，使党员干部敢于用智慧破解矛盾，善于用汗水赢取民心。

第四，要坚持终身学习。习近平指出，学习的态度不同，取得的效果自然就不一样。在学习上有了浓厚的兴趣，才会变"要我学"为"我要学"，变"学一阵"为"学一生"，养成"活到老、学到老"的态度。干部要增强学习的自觉性主动性，就要主动减少应酬，排除干扰，积极通过各种方式和途径学习。要带着兴趣学，把对党的事业的无限热爱、对科学理论的坚定信仰、对科学知识的不倦追求，转化为学而不厌的动力，努力养成乐于学习、善于学习的良好习惯；要持之以恒地学习，以锲而不舍的精神深入学、持久学、终身学，真正做到活到老、学到老。

总而言之，学习与治国理政相互联系、密不可分。全面协调推进党和国家各项事业健康发展，迫切需要我们加强学习实践，不断深化对中国特色社会主义建设规律的认识，不断提升推进经济社会发展的各种能力和水平，不断提升治国理政的现代化能力和水平。"纷繁世事多元应，击鼓催征稳驭舟"。我们必须通过在学习中增智，在实践中强能，在重大活动中检验，优化能力结构、丰富能力储备，从而有效破解"本领恐慌"难题。

后　记

《治国理政现代化》是国防大学确定的重大课题，也是中央马克思主义理论研究与建设工程重大项目暨国家社科基金重大项目《"四个全面"战略布局研究》所要探讨回答的重要内容。该课题由主编提出总体框架和初步提纲并经课题组成员讨论后形成撰写提纲。主编和副主编负责统稿和定稿。各章撰写人是：肖冬松（导论和后记），李志军（第一章），高宁（第二章），郭海军（第三章），孙经国（第四章），李海涛（第五章），邓海英（第六章），王伟海（第七章），颜旭（第八章），汤俊峰（第九章），郭凤海（第十章）。覃东升为本课题研究、结题和出版做了大量事务性工作。

感谢课题鉴定专家认真审读并提出宝贵修改意见。他们是：王怀超教授，鉴定专家组组长，中央党校原副教育长，博士生导师；张彬教授，国防大学马克思主义教研部原副主任，博士生导师；郭建宁教授，北京大学马克思主义学院原院长，博士生导师；孙代尧教授，北京大学马克思主义学院副院长，博士生导师；曲跃厚教授，中央军委后勤保障部，硕士生导师。

感谢国防大学科研部周立存部长、王锡武副部长以及成果管理室罗军主任、赵小松参谋、刘杰参谋对本课题研究的大力支持。感谢人民出版社曹春副编审为课题成果的出版做了大量工作。

责任编辑：曹　春
封面设计：汪　莹

图书在版编目（CIP）数据

治国理政现代化／肖冬松 主编 . —北京：人民出版社，2017.8
ISBN 978－7－01－018045－8

I. ①治…　II. ①肖…　III. ①中国特色社会主义－社会主义建设模式－研究　IV. ① D616

中国版本图书馆 CIP 数据核字（2017）第 197382 号

治国理政现代化
ZHIGUO LIZHENG XIANDAIHUA

肖冬松　主编

人民出版社 出版发行
（100706　北京市东城区隆福寺街 99 号）

北京盛通印刷股份有限公司印刷　新华书店经销

2017 年 8 月第 1 版　2017 年 8 月北京第 1 次印刷
开本：710 毫米 ×1000 毫米 1/16　印张：20
字数：221 千字

ISBN 978－7－01－018045－8　定价：56.00 元

邮购地址 100706　北京市东城区隆福寺街 99 号
人民东方图书销售中心　电话：(010) 65250042　65289539